MORENO EM ATO
A construção do psicodrama
a partir das práticas

Dados Internacionais de Catalogação na Publicação (CIP)
(Câmara Brasileira do Livro, SP, Brasil)

Knobel, Anna Maria Antonia Abreu Costa
   Moreno em Ato : a construção do psicodrama a partir das práticas / Anna Maria Antonia Abreu Costa Knobel. – São Paulo : Ágora, 2004.

Bibliografia.
ISBN 85-7183-886-0

1. Moreno, Jacob Levy, 1889-1974 2. Psicodrama – História 3. Sociometria – História I. Título. II. Título: A construção do psicodrama a partir das práticas.

04-2604   CDD-150.19809

Índice para catálogo sistemático:

1. Psicodrama : Método psicanalítico : História   150.19809

Compre em lugar de fotocopiar.
Cada real que você dá por um livro recompensa seus autores
e os convida a produzir mais sobre o tema;
incentiva seus editores a encomendar, traduzir e publicar
outras obras sobre o assunto;
e paga aos livreiros por estocar e levar até você livros
para a sua informação e o seu entretenimento.
Cada real que você dá pela fotocópia não autorizada de um livro
financia o crime
e ajuda a matar a produção intelectual de seu país.

MORENO EM ATO
A construção do psicodrama a partir das práticas

Anna Maria Antonia Abreu Costa Knobel

EDITORA
ÁGORA

MORENO EM ATO
A construção do psicodrama a partir das práticas
Copyright © 2004 by Anna Maria Antonia Abreu Costa Knobel
Direitos desta edição reservados por Summus Editorial

Capa: **Brasil Verde - BVDA**
Diagramação e fotolitos: **All Print**

Editora Ágora
Departamento editorial:
Rua Itapicuru, 613 – 7º andar
05006-000 – São Paulo – SP
Fone: (11) 3872-3322
Fax: (11) 3872-7476
http://www.editoraagora.com.br
e-mail: agora@editoraagora.com.br

Atendimento ao consumidor:
Summus Editorial
Fone: (11) 3865-9890

Vendas por atacado:
Fone: (11) 3873-8638
Fax: (11) 3873-7085
e-mail: vendas@summus.com.br

Impresso no Brasil

Ao Samuel e à Juliana,
com quem compartilho uma vida feliz.

In Memoriam

Susy Negrão
Marcelo Campedelli
Mariza Villela
Vicente Antonio Araújo
com quem dividi formidáveis momentos de vida.

Agradecimentos

Ao prof. dr. Alfredo Naffah, que me ensinou muito sobre o árduo e prazeroso ofício de escrever a dissertação de mestrado, que originou este livro.
Ao prof. dr. José Fonseca, ao dr. Wilson Castello de Almeida e ao prof. dr. Antonio Carlos Cesarino, coordenadores do Grupo de Estudos de Moreno (GEM), com quem aprendi a ler Moreno, apreciando diferentes pontos de vista.
Aos meus colegas de grupo de orientação na PUC, psicólogos Judith Vero, Sonia Mansano, Ronny Campos, Lorene Soares, Leonardo Luiz, Mario Milanello, Dorli Kamkhagi, Marcos Medeiros e Carlota Zilberleib, com os quais dividi frustrações e vitórias no *métier* de escrever.
Aos meus colegas do GEM, Carlos Borba, Célia Padis, Cláudio Pawel, Glória Hazan, Luís Russo, Márcia Barreto, Márcia Almeida Baptista, Maria Angélica Sugai, Marta Figueiredo, Murilo Viotti, Milene De Feo, Ronaldo Pamplona, Rosa Cukier e Stela Fava, membros de minha "família psicodramática".
Ao Grupo Vagas Estrelas: Camila Salles Gonçalves, Ana Luiza Tarabay, Carlos Borba, Eliza Parahyba Campos, Glória Hazan, José Fonseca, Ronaldo Pamplona, Terezinha Tomé Baptista, Ana Carolina Oliveira Costa, Arthur Kaufman, Kelma Assumpção de Souza e Roberto Mandetta, com quem divido minhas descobertas e angústias sobre esse novo modelo de psicodrama público, em constante construção.

Às minhas amigas Márcia Barreto e Cleide Martins, pela leitura cuidadosa e pelas sugestões precisas sobre o texto. Aos meus supervisores, Miguel Perez Navarro, Antonio Carlos Eva e Carlos Calvente, que me acolheram e me estimularam em muitas questões profissionais. Aos meus terapeutas, Bernardo Blay Neto (z'l), Pedro Paulo Uzeda Moreira (†), Artur M. Rodriguez e Dalmiro Bustos, com os quais realizei um estimulante percurso interior. Aos meus pais, Laura (†) e Carlos Abreu Costa (†), que me criaram com amor, e a Carlos Abreu Costa Jr., irmão e amigo querido.

Sumário

Apresentação 11

Prefácio 15

Introdução 21

Percursos existenciais e certo modo de constituição
do Eu (1889-1919) 35

PARTE I
O teatro do improviso transforma-se em drama
da existência (1920-1924) 63

   1. O teatro do improviso como demonstração
   estética de liberdade [§1-§2] 72
   2. O teatro do improviso encena os conflitos da atriz
   [§3-§4] 77
   3. Construção cênica do método psicodramático
   [§5-§14] 84
   4. Efeitos do novo método [§15-§20] 93

PARTE II
A construção da sociometria (1925-1934) 105
   Conceitos e técnicas sociométricas usados em
   Hudson 124

 Dimensões da interação em um pequeno grupo 129
  1. Projeto inicial da pesquisa: seus fundamentos e etapas [§1-§2] 132
  2. Cenário social de Elsa e de suas companheiras [§3-§23] 140
  3. Bem-querer, malquerer: o jogo dos afetos [§24-§34] 154
  4. Novas etapas da pesquisa: testes de espontaneidade, de situação e *role-playing* [§35-§42] 162
  5. Análise dos jogos espontâneos com foco na espontaneidade, nas situações e nos papéis [§43-§76] 174

PARTE III
O psicodrama clínico (1935-1940) 213

 1. O método psicodramático [§1-§4] 218
 2. O método psicodramático em ação [§5-§17] 227
 3. O processo de reorganização psicodramática do paciente [§18-§26] 249
 4. O grupo [§27-§28] 256
 5. As questões do debatedor e as respostas de Moreno [§29-§34] 261

Conclusões 269

Referências bibliográficas 279

Apresentação

"Quando aprender a pintar com a mão direita, passarei a pintar com a esquerda, e quando aprender a pintar com a esquerda, passarei a pintar com os pés". A frase é de Paul Gauguin, um dos gênios da pintura do século XIX. O que leva um ser humano, após ter atingido um ponto máximo de seu desempenho, a recomeçar tudo de novo, tentando colocar-se no ponto zero? Muito provavelmente, o medo de se congelar em certas realizações, de tomá-las por absolutas, de esquecer que no âmbito humano tudo é relativo: a realidade só é abordável por perspectivas, ângulos, pontos de vista. E o desejo de enriquecer esse conjunto de perspectivas, de caminhos possíveis.

Anna Maria Knobel pensa de forma muito consonante com o pintor francês: após ter atingido um ponto máximo na sua carreira como psicodramatista (tendo já conquistado todos os títulos e graus que poderia), resolveu colocar tudo em suspenso, para realizar uma dissertação de mestrado em psicologia clínica e reconstituir toda a teoria e técnica que utiliza em seu trabalho, tentando recomeçar do ponto zero. E quando digo: "tentando", pretendo constatar que essa é uma proposta nunca *inteiramente* realizável. Constitui uma atitude metodológica de *suspensão* dos conhecimentos anteriormente adquiridos, para explorar o campo sob uma nova luz, sob um novo ângulo, e foi bastante utilizada pela fenomenologia, sob o nome de *redução*. Mas, como disse Merleau-Ponty (no Prefácio de *Fenomenologia da Percepção*), o maior ensinamento da redução é a impossibilidade de uma redução completa. Ou seja, tentar se colocar no ponto zero significa mais procurar olhar para as coisas *como se fosse a primeira vez* (podendo *admirar-se, espantar-se* com o que se descobre), do que negar uma história ou uma adesão ao mundo que são constituintes do sujeito humano.

De qualquer modo, nem foi pela perspectiva fenomenológica que Anna Maria resolveu entrar, mas pela leitura estrutural de texto, proposta por Goldschmidt e Guerroult. Bastante conhecida e popularizada entre os alunos de filosofia (era bastante difundida nos cursos de filosofia da USP, até a época que pude acompanhar), mas quase que totalmente estranha aos meios psicológicos, constitui um tipo de análise de texto que decompõe os seus elementos para revelar a sua articulação interna própria (que é o que dá tal e qual estrutura àquele texto singular). É pois um método que trabalha com a produção de sentido, a partir da estrutura interna do texto. Anna procurou adaptar essa proposta – comumente usada em textos filosóficos – para a leitura e a interpretação dos textos de J. L. Moreno, autor do psicodrama. Decisão ousada, ao meu ver, por duas razões: a primeira delas, pela transposição de uma metodologia de um campo do saber para outro (o que não é nada fácil); a segunda, por se tratar de um dos autores mais prolixos de todo o universo psicoterapêutico (quem já leu seus textos, sabe do que estou falando!).

Entretanto, ancorada numa grande paciência e num desejo enorme de poder redescobrir seu universo de referência sob uma nova luz, Anna lançou-se à tarefa. Produziu uma dissertação de mestrado de nada menos do que duzentas e trinta e nove páginas, por meio de uma pesquisa árdua e consistente, conquistando respeito e admiração da banca que a avaliou. É essa mesma dissertação, transformada em livro, que agora lhes chega às mãos. O que ela traz de mais interessante é possibilitar ao leitor acompanhar a lenta e laboriosa construção do psicodrama pelas práticas de Moreno e – pela primeira vez, que eu saiba – poder seguir a escrita desse autor, com consistências, inconsistências, cortes, subtrações, ao lado das grandes e importantes intuições teóricas. Apesar de ter-me afastado do psicodrama há mais de uma década (tendo, desde então, me tornado psicanalista), poder orientar este trabalho foi um grande prazer: significou revisitar os inícios da minha clínica (ocorridos há mais de trinta anos), em companhia de uma pesquisadora inteligente, sensível e, sobretudo, corajosa. É sempre muito rico e prazeroso estar em tão boa companhia.

Alfredo Naffah Neto
Psicanalista, mestre em Filosofia pela
Universidade de São Paulo (USP), doutor
em Psicologia Clínica pela Pontifícia Universidade
Católica de São Paulo (PUC-SP) e professor-titular
da mesma universidade no Programa de Estudos
Pós-Graduados em Psicologia Clínica.

Prefácio

Aristóteles propõe uma Poética em que os espectadores delegam poderes ao personagem para que este atue e pense em seu lugar; Brecht propõe uma Poética em que o espectador delega poderes ao personagem para que este atue em seu lugar, mas se reserva o direito de pensar por si mesmo, muitas vezes em oposição ao personagem. No primeiro caso, produz-se uma "catarse", no segundo, uma "conscientização". O que a Poética do Oprimido propõe é a própria ação!

AUGUSTO BOAL – *Teatro do oprimido*

Quisemos iniciar este prefácio por uma citação de Boal porque entre nós é ele quem mais nitidamente salientou a importância política e a força transformadora que o teatro pode ter.

Moreno gestou lentamente, passo a passo, o psicodrama que conhecemos hoje. Sua prática e suas idéias e concepções teóricas foram se desenvolvendo no decorrer de sua vida e de acordo com as modulações de suas características de personalidade, de suas necessidades subjetivas, enfim, de sua história pessoal. Mas não é sempre assim com todos os criadores? Ele era basicamente um homem de ação: irrequieto, curioso, desejador. Também impetuoso, apaixonado, desordenado. Sua obra reflete tudo isso com a marca indiscutível de seu gênio.

Como sabemos, ele partiu do teatro. Da ação, como teria de ser. Percebeu desde sempre o grande potencial revolucionário (ou a grande força potencial) do teatro, e conseguiu ir além, quando fez com que tudo surgisse de dentro das pessoas. Foi além do teatro: não havia ensaio, texto, não havia nada prévio, apenas um aquecimento e, logo, *ação!* Claro que essa ação, exatamente por ser improvisada, surgia revelando as contradições e características (positivas e negativas) do personagem.

Pois assim é sua produção: não se desenvolve organizadamente, do começo para o fim, mas vai e volta, confunde datas, mistura textos, reinterpreta coisas já escritas de outra forma. De certa maneira, revoluciona até mesmo a própria forma de expor idéias científicas. Permite-se "licenças poéticas-psicodramáticas". Moreno não faz questão de ser verdadeiro todo o tempo, sinalizando que há muitas verdades (a verdade teatral é também uma verdade, em um outro registro existencial). Por acaso não é verdadeira de alguma forma a fantasia de uma criança brincando? Quando se aborda a "realidade suplementar", não é disso que estamos falando?

Mas por isso mesmo é difícil de ler. Causa dor de cabeça aos exigentes, embora na realidade não seja o único autor *psi* importante a inventar histórias. Como relata Anna Maria Knobel no início de seu texto, Freud também o fazia.

Dessa forma, trabalhos como o presente são extremamente bem-vindos, sobretudo quando executados com a maestria deste livro. A autora, profissional das mais conceituadas do movimento psicodramático brasileiro, escolheu uma forma particularmente rica de realizar essa obra.

Anna Maria selecionou trechos emblemáticos da obra de Moreno e procedeu a uma verdadeira exegese. Durante sua cuidadosa releitura, foi sistematicamente interrompendo (decompondo) muitas passagens, recolhendo do próprio Moreno elementos para "completar" o que faltava de explicitação e de teorização em cada um. Com essa "decomposição" da estrutura dos textos conseguiu desvelar muitos dos elementos do sistema moreniano de pensamento.

Claro que para executar essa tarefa com competência seria necessário possuir o detalhado conhecimento dos escritos de Moreno, além da grande experiência didática e profissional que Anna Maria Knobel ostenta – além de uma enorme dose de humildade e paciência. Paciência para revisitar os textos já tantas vezes lidos e discutidos, humildade para se deixar surpreender por descobertas novas, como se fizesse a primeira leitura. Essa é, sem dúvida, a melhor forma de conhecer qualquer coisa, mesmo que essa coisa não seja totalmente nova: não deixar que a representação já arquivada em nossa cabeça contamine a atitude de atenção e respeito na expectativa da revelação do novo.

Gostaria de remeter-me novamente ao texto de Boal utilizado na epígrafe deste prefácio. Ele diz que o teatro não é em si revolucionário, mas uma arma que pode ser utilizada para a revolução e que para isso deve ser apropriada pelo povo.

Embora Boal conheça naturalmente o psicodrama, não fala dele em seus escritos, talvez porque Moreno nunca tenha explicitado com clareza intenções revolucionárias. Mas eram outros tempos, e Moreno pretendeu criar uma nova utopia: a Revolução Sociométrica.

Entretanto, o psicodrama pode ir mais além que o teatro. Afinal, ele lida com a liberação da espontaneidade, e essa é seguramente a capacidade humana mais explosiva.

Na *Revista Brasileira de Psicodrama* (1996), Anna Maria Knobel apresenta um excelente artigo: "Estratégias de direção grupal". Ela mostra uma exaustiva pesquisa de Moreno sobre evolução e funcionamento dos grupos e fala da visão que o autor tem sobre a interdependência entre os fenômenos individuais e os coletivos. Daí retira fundamentos estratégicos para a direção de grupos. Fala de grupos pequenos, mas nossa experiência mostra que em grandes grupos essa estratégia se ajusta perfeitamente. Entre os desenvolvimentos mais recentes da prática psicodramática em nosso meio está a crescente freqüência com que se realizam sessões abertas (inclusive gratuitas) de psicossociodrama. A demanda por esse tipo de atividade, que havia minguado nos últimos anos, parece estar novamente em ascensão. Os amargos anos da ditadura, que despolitizaram as pessoas, e a "síndrome cultural narcísica" do fim do século (Fonseca) talvez estejam começando lentamente a dar lugar a outro desenvolvimento mais solidário do existir. Mas essa discussão é para outra ocasião.

Neste livro, além de outros momentos, todos igualmente brilhantes, Anna Maria Knobel "disseca" os elementos do trabalho sociométrico (e sociodramático), ao abordar analiticamente a pesquisa-ação feita em Hudson. Aí se mostra outra vez com grande vigor a vocação social (e política: a prática psicodramática em si, pela própria forma, não é um instrumento de adaptação, mas de mudança). Dessa atuação em Hudson (como também em Sing-Sing, por exemplo), o trabalho perspicaz da autora extraiu (e religou a outros escritos anteriores) esclarecimentos sobre variadas técnicas psicodramáticas: sua criação, sua utilidade, seu sentido.

Por fim, e não por ser menos importante, uma das facetas mais discutidas e sempre controvertidas de todas as formas de psicoterapia: o modo de ação (o "mecanismo da cura") é bastante e inteligentemente contemplado. O fato de Moreno não ter formação psiquiátrica "oficial", assim como de não pertencer a nenhuma das escolas de interpretação psicológica então existentes (a mais influente era a psicanálise), propiciou-lhe a liberdade de trabalhar a região para a qual sempre focalizou sua atenção: o relacional, o interpessoal, o social. Nesse "social" descobriu grande parte das forças que ocasionam distúrbios psicológicos e a forma de manejá-las para resolver esses conflitos de maneira ativa e solidária.

Naturalmente, ainda há muito a dizer sobre este excelente livro. Mas é preferível deixar o próprio leitor descobrir suas virtudes e fruir dos conhecimentos aqui tão cuidadosamente alinhados. Foi um prazer escrever estas maltraçadas...

Antonio Carlos Cesarino
Psiquiatra, doutor em medicina pela Universidade de Heidelberg (Alemanha), psicodramatista pela Sociedade de Psicodrama de São Paulo e terapeuta supervisor pela Federação Brasileira de Psicodrama

Introdução

Há muitos anos, em 1969, tive meu primeiro contato com o psicodrama, participando de uma atividade em grupo dirigida pelo dr. Jayme Rojas-Bermúdez, um psiquiatra colombiano radicado na Argentina, que coordenava cursos de formação em psicodrama em São Paulo. Essa atividade tinha por finalidade apresentar o método a psicólogos e psiquiatras. Fiquei encantada com as possibilidades desse tipo de trabalho. Resolvi, então, iniciar um processo de psicoterapia em um grupo de psicodrama dirigido pelo dr. Pedro Paulo de Uzeda Moreira, que tinha como *ego auxiliar* a psicóloga Regina Marcondes. Fui completamente tomada pela liberdade de poder experimentar, no *palco*, papéis e cenas completamente inusitados ou, ao contrário, de dramatizar situações que evidenciavam minhas dificuldades na vida real, que podiam, então, ser vividas de forma diferente, em um contexto lúdico e acolhedor. O relacionamento com meus companheiros de grupo também era extremamente significativo, pois eles participavam das minhas cenas, tornando-se facilmente grandes parceiros íntimos. Eu também podia entrar em sua vida, não apenas como ouvinte, mas como participante, interpretando alguma pessoa importante para eles. Nesse processo, nossas histórias mesclavam-se, constituindo um território interpessoal rico e instigante.

Os aspectos lúdicos dos procedimentos dramáticos, a mobilização de meu imaginário e de minhas fantasias, bem como a convivência em grupo, eram elementos novos nesse processo de psicoterapia bastante diferente daquele experimentado por mim em dois anos de psicanálise de grupo com o dr. Bernardo Blay. Nesse ano, 1970, fiz um curso de formação em psicodrama socioeducacional com Maria Alicia Romaña e participei como *ego auxiliar* oficial do V Congresso Internacional de Psicodrama e I de Comunidade Terapêutica, promovidos pelo Grupo de Estudos de Psicodrama de São Paulo (GEPSP) e pela Associacion Argentina de Psicodrama, no Museu de Arte de São Paulo (Masp), que contou com a participação de cerca de duas mil pessoas.

Só pude iniciar minha formação em 1971, pois, na época, eram exigidas 240 horas prévias de psicoterapia psicodramática com um terapeuta didata. Fiz parte da primeira turma de alunos da recém-criada Sociedade de Psicodrama de São Paulo (SOPSP), pois, devido a uma série de problemas ocorridos naquele congresso, alguns psicodramatistas formados e outros em formação resolveram separar-se de Bermúdez, fundando uma escola de psicodrama que tivesse uma coordenação eleita.

Seguiram-se anos repletos de novas experiências profissionais e, principalmente, da criação de laços de amizade, que ainda permanecem, mesmo passados tantos anos.

Terminado o curso, apesar de saber fazer psicodrama, eu não entendia muito bem como ele funcionava. Tudo parecia ocorrer meio por acaso; algumas vezes as dramatizações davam certo, havia algum tipo de resolução cênica dos conflitos e/ou momentos catárticos com a possibilidade de compreensão do vivido; outras vezes não, o percurso dramático levava a becos sem saída e as cenas encerravam-se meio chochas.

Visando superar essas dificuldades, vários psicodramatistas, que trabalhavam juntos em uma clínica situada na rua Pio XII, no bairro do Paraíso, na cidade de São Paulo, reuniam-se semanalmente para estudar e/ou fazer supervisões autodirigidas. Faziam parte do grupo, que ficou conhecido como grupo da Pio XII: Aníbal Mezher, Anna Maria Knobel, Antonio Carlos Eva, Marcelo Campedelli, Marisa Villela, Miguel Perez Navarro, Nairo Souza Vargas, Nícia Azevedo, Susy Negrão, Vania Crelier, Vera Rolim e Vicente Araujo.

Por sugestão do dr. Antonio Carlos Eva, o grupo resolveu contratar, nos feriados da Semana Santa de 1975, um psicodramatista argentino que havia participado de um simpósio promovido pelo Serviço de Psiquiatria do Hospital das Clínicas de São Paulo, para coordenar uma supervisão do grupo. Conhecemos, então, o dr. Dalmiro Manuel Bustos.

Após esse encontro, decidimos iniciar um processo de psicoterapia psicodramática com ele, em sistema de maratona (um fim de semana inteiro), inicialmente a cada dois meses, e depois mensal, que perdurou por cerca de cinco anos.

Nesse período, foram publicados vários livros, monografias e artigos de autores brasileiros, que enriqueceram significativamente a compreensão do psicodrama. Entre eles estão os trabalhos de Betty Milan (1976), Regina Monteiro (1979), Alfredo Naffah (1979) e José Fonseca (1980).

Entre as traduções, sem dúvida as mais importantes, nessa época, foram as de Garrido Martín (1978) e Dalmiro Bustos, além dos livros desse autor (BUSTOS, 1974, 1975, 1979), publicados na Argentina em 1974-1975, que também circulavam entre nós.

Todas essas influências definiram meu papel de psicodramatista, que foi se desenvolvendo com minha participação, durante vários anos, na unidade didática Sociometria e Grupo da Sociedade de Psicodrama de São Paulo (SOPSP). Em 1981 apresentei, nessa instituição, uma monografia, para obtenção do título de professor supervisor pela Federação Brasileira de Psicodrama (Febrap), sobre "*O teste sociométrico centrado no indivíduo*".

Durante muitos anos, trabalhei com atendimento clínico, com supervisão e como professora de psicodrama. Fiz parte também de vários grupos de estudo de psicodrama e de psicanálise, além de vários processos de supervisão. Minha psicoterapia psicodramática pessoal, individual e em um grupo autodirigido com o dr. Bustos perdurou por cerca de vinte anos. Fiz, ainda, um processo de psicoterapia psicanalítica mais curto, com o psicólogo Artur M. Rodrigués.

Recentemente, participei do Grupo de Estudos de Moreno (GEM), que se reúne semanalmente no Centro de Estudos do Relacionamento Daimon, para ler e discutir sistematicamente a obra desse autor. Entre 1995 e 2002, compartilhei com muitos companheiros[1] as dificuldades e o prazer de buscar entender e contextualizar os textos originais do criador do psicodrama. O grupo foi coordenado inicialmente por José Fonseca e Wilson Castello de Almeida e, depois, por Fonseca e Antonio Carlos Cesarino.

Outra influência importante que também tem contribuído para reformular meu modo de pensar o psicodrama vem sendo vivida no *Grupo Vagas Estrelas*, criado e dirigido por Camila Salles Gonçalves, do qual participo desde 1997. Ali vimos tentando sistematizar teórica e praticamente um novo tipo de psicodrama público, que inclui apresentações curtas de teatro experimental, que encenam enredos com *scripts* ensaiados, após os quais as pessoas da platéia que desejarem podem assumir o lugar de algumas das *personagens*, seja para viver seus dramas, seja para modificá-los. As possibilidades de mobilização, *catarse* e elaboração desse

---

1. Nesse período foram membros do grupo: Carlos Borba, Célia Padis, Claudia Vidigal, Claudio Pawel, Glória Hazan, Luis Russo, Márcia Barreto, Márcia Almeida Baptista, Maria Angélica Sugai, Elisabeth Maria Sene Costa, Marta Figueiredo, Milene de Feo, Murilo Viotti, Ronaldo Pamplona, Rosa Cukier e Stela Fava.

método surpreendem nossa equipe[2] a cada sessão. Além disso, como a maior parte das apresentações está registrada em vídeo, formou-se um rico material para pesquisa sobre esse tipo de psicodrama.

Todos esses percursos levaram-me, em 1999, ao Programa de Estudos Pós-Graduados em Psicologia Clínica da Pontifícia Universidade Católica (PUC). Procurar, como orientador de meu mestrado, o prof. dr. Alfredo Naffah foi uma conseqüência natural desses caminhos. Definir o tema e o método da pesquisa foi um processo mais complexo. Era claro para mim que eu não desejava estabelecer correlações entre o psicodrama e outras abordagens teóricas.

Resolvi tentar entender a teoria, a partir das práticas de J. L. Moreno, o criador do método, pois, como afirma Garrido Martín (1978, p. 8): "na terapia moreniana a ação superou a palavra".

Elegi três relatos do autor, cada um centrado em uma das diferentes vertentes que constituem seu método: a do teatro do improviso, a do estudo das relações e a da clínica.

Tomei, como representante do trabalho com o *teatro espontâneo*, o atendimento de Bárbara e George, ocorrido em meados de 1920, que Moreno (1946/1997, p. 52-4) descreve em seu livro de 1946. Esse trabalho é apontado pelo autor como um dos quatro episódios fundantes do psicodrama. Os demais são: o *psicodrama da queda de Deus*, quando aos quatro anos, brincando com seus amigos, ele interpretou o

---

2. Fizeram e/ou fazem parte desse grupo, além de sua diretora: Ana Luiza Tarabay, Anna Maria Knobel, Carlos Borba, Elisa Parahyba Campos, Glória Hazan, José Fonseca, Ronaldo Pamplona e Terezinha Tomé Baptista. Como convidados, participaram também Ana Carolina Oliveira Costa, Arthur Kaufman, Diego Amadeu Bragante, Kelma Assumpção de Sousa, Luis Russo e Roberto Mandetta.

papel de Deus (1893) e achou que podia voar; os *jogos de improviso* com crianças nos jardins de Viena (1908-1911) e o *sociodrama de primeiro de abril* no *Komöedianhaus*, quando, trabalhando com um grupo de cerca de mil pessoas, tentou definir possíveis formas de liderança para o momento político-social caótico que ocorria na Áustria em 1921.

Escolhi, como trabalho relacional, o estudo *Dimensões da interação em um grupo pequeno* (MORENO, 1934, v. 2, p. 202-33), que apresenta e comenta os procedimentos sociométricos usados por Moreno para melhorar o ajustamento social de *Elsa TL*, uma das internas marginalizadas do reformatório de Hudson. Esse texto é um registro extenso das intervenções da equipe do autor naquela instituição, podendo ser considerado um verdadeiro roteiro sociométrico. Penso que ele permite compreender como Moreno utilizou, descreveu e teorizou acerca da abrangência, da aplicabilidade e dos efeitos transformadores das técnicas e dos índices relacionais.

Para discutir suas *práticas clínicas*, selecionei o atendimento de Karl, um paciente em surto psicótico, que julgava ser Adolf Hitler, trazido por sua esposa Marie, para ser tratado por Moreno em seu pequeno hospital psiquiátrico em Beacon Hill, no fim da década de 1930. Esse atendimento, denominado pelo autor de *protocolo de Adolf Hitler*, é reconhecido pelos psicodramatistas como um paradigma do método moreniano de atendimento de psicóticos. Naffah, na apresentação da edição brasileira do livro de Moreno *Fundamentos do psicodrama* (1959, p. 9-11), no qual esse relato é feito, afirma que "enquanto descrição de um protocolo clínico, esse ensaio tem o mérito de revelar, na prática, as relações entre *psicodrama* e *loucura*, além de situar Moreno como um verdadeiro precursor da *antipsiquiatria*".

Uma vez escolhido como tema da pesquisa entender a construção do psicodrama a partir da análise de três textos de J. L. Moreno, nos quais ele descreve suas práticas, foi necessário definir o método de análise desses relatos.

Ao buscar diferentes propostas metodológicas, deparei com algumas afirmações interessantes. Purificacion Gomes, por exemplo, ao discutir o processo de escrita em psicanálise, afirma que, nos relatos clínicos de um autor, nos confrontamos mais com os processos internos do narrador do que com o inconsciente dos clientes. Segundo ela, atualmente "os psicanalistas escritores[3] [...] afirmam a irredutível subjetividade de toda e qualquer narrativa que desenvolvem [...] [pois] toda narrativa refere-se a processos internos do próprio narrador e não do paciente" (GOMES, 1999).

O próprio Freud afirmou que, muitas vezes, inventava casos clínicos para relatar suas descobertas, pois "os exemplos verdadeiros são muito mais complicados e, expor detalhadamente apenas um deles, esgotaria todo o espaço disponível" (FREUD, 1892-1899, p. 121-230).

Lygia Fagundes Telles, em entrevista a Alcione Araújo, aponta que "não existe memória pura, entre ficção e fatos reais há um sistema de vasos comunicantes"[4]. Lembranças se transformam em ficções e, com a mesma facilidade, ficções convertem-se em recordações. Assim, é impossível perceber com precisão a origem dos fatos, discriminar o que se refere a eventos reais e o que está transformado pela imaginação.

Nos textos de Moreno, essa mistura é tão evidente que seu biógrafo, René Marineau (1989, p. 11), afirma:

[...] descobri que muitas histórias de Moreno são verdadeiras e que, no caso de não serem histórias exatas, há freqüentemente alguma justificativa no uso que ele fez do que designou de *verdade poética e psicodramática* [grifo meu]: essa verdade não visa nenhuma demonstração precisa dos fatos, mas uma representação subjetiva da realidade.

---

3. Creio que suas observações podem ser aplicadas a outros modelos teóricos de atuação clínica, como o psicodrama.
4. *O Estado de S. Paulo*, Caderno 2, 25 jul. 2000.

Em vista desses dados podemos pensar que, mesmo quando a narrativa moreniana parece descritiva, apresentando os fatos em sua dimensão histórica e objetiva, ela deve ser entendida como um discurso do autor, que traz consigo várias intenções, algumas explícitas, outras não. Por exemplo, o relato do trabalho com Bárbara e George é descrito sob o título *O berço do psicodrama* (MORENO, 1946, p. 49), sendo considerado, pelo autor, como o momento da passagem do *teatro espontâneo* para o *psicodrama*. Ele tenta demonstrar de forma relativamente acabada como o método foi eficiente já em um de seus atos inaugurais. É provável que apareçam condensados ali elementos da teoria e da técnica que se desenvolveram durante um período de tempo mais longo, pois, segundo Marineau, o psicodrama foi se constituindo por meio de um processo gradual de muitas experimentações.

Penso que o esforço de Moreno em condensar a origem do *psicodrama* em quatro eventos notáveis resultou, contraditoriamente, em um empobrecimento da possibilidade de reflexão, não permitindo que o leitor acompanhasse suas dúvidas e questionamentos durante o processo de criação do novo método.

Cabe, então, ao psicodramatista de hoje, a tarefa de procurar entender, por si só, como as práticas se articulam, quais são seus elementos fundamentais, quais são suas lacunas e que aberturas podem permitir novas contribuições. Assim, ao definir como percurso desta pesquisa analisar três textos de Moreno, não pretendo apenas satisfazer uma curiosidade acadêmica, fazendo desfilar teorias e práticas do passado, geradas em circunstâncias determinadas, mas sim *assegurar o contato vivo e polêmico entre o pensamento de outrora com o de hoje*.

Para tentar dar conta desse desafio, busquei nas idéias de Victor Goldschmidt (1963, p. 139-47) e Martial Guerroult (1956, p. 45-68) a instrumentalização teórica necessária para realizar, mesmo que de forma menos rigorosa do que a proposta por esses professores, a leitura e a análise dos textos de Moreno.

Escolhi esses autores, pois, segundo Porchat[5], a comunicação apresentada por Goldschmidt no XII Congresso Internacional de Filosofia (Bruxelas, 1953), intitulada "Tempo histórico e tempo lógico na interpretação dos sistemas filosóficos", e o artigo de Martial Guerroult sobre "O problema da legitimidade da história da filosofia"[6] constituem os dois momentos mais significativos da metodologia científica em análise de textos de filosofia.

Guerroult, professor na Sorbonne e no College de France, introduziu o *método das estruturas* (ou das razões) na história da filosofia. É um método de análise que decompõe os elementos de um sistema, tentando mostrar *como* e *por que* eles se conjugam. Sua análise não destaca meramente as estruturas, mas busca indicar, de algum modo, suas razões. Para ele, a compreensão da arquitetônica da obra rege o entendimento dos próprios conceitos. Dizendo de outra forma, mais do que analisar e decompor os elementos de um sistema, deve-se descobrir *por que* sua articulação se faz desse modo e não de outro. São as respostas acerca dos motivos da ordem dos argumentos que, ao permitirem a melhor intelecção de um sistema, fazem desse método um instrumento preciso a ser usado para elucidar textos difíceis e para resgatar das sombras teorias apenas entrevistas.

Além disso, como cada doutrina, tal qual uma obra de arte, é singular e autônoma, para ser compreendida precisa

---

5. Oswaldo Porchat, Prefácio (GOLDSCHMIDT, 1963, p. 5-10).
6. As principais idéias desse texto de 1956 foram revistas e desenvolvidas pelo próprio autor em uma conferência proferida na Faculdade de Filosofia da Universidade de Otawa, em 19 de outubro de 1970, que também usei como norteadora de minha análise.

ser considerada *em si* e *por si*, o que requer um estudo meticuloso da interioridade da obra.

Resumindo a proposta desse autor, podemos dizer que a compreensão da construção dos conceitos rege a intelecção dos próprios conceitos, permitindo conhecer as intenções mais profundas da teoria.

Goldschmidt, professor da Faculdade de Ciências e Letras de Rennes, também buscou regras que permitissem alcançar na exposição e interpretação dos sistemas filosóficos uma real reconstrução do pensamento do autor, refazendo seus próprios caminhos de argumentação e de descoberta, *reescrevendo*, por assim dizer, sua obra, sem nada ajuntar que ele (o autor) *não pudesse* ou *devesse* assumir explicitamente como *seu*. Tal atitude exige que o intérprete se faça discípulo – ainda que provisoriamente – e discípulo fiel. No referencial psicodramático equivaleria a dizer que o intérprete deve tomar o lugar do autor, lendo a obra com os olhos deste último.

Goldschmidt ressalta ainda que existe uma solidariedade estrutural entre as teses e os movimentos do pensamento que nelas culminam, pois as filosofias, como explicitação e discurso, constituem um pensamento no qual as teses se pretendem verdadeiras em razão dos movimentos e processos de investigação dos quais resultam.

Para ele, percorrer a estrutura que se constrói ao longo da progressão metódica de uma obra e que define sua arquitetônica é situar-se em um *tempo* que não é dos relógios, nem vital, nem psicológico, mas puramente *lógico*. Essa temporalidade (ou ordem) das razões é o lugar em que o intérprete deve situar-se para refazer os caminhos do autor, *repondo em movimento a estrutura de sua obra*. Ressalta, ainda, que é o autor quem define a seqüência metodológica, cabendo ao leitor a função de desvelá-la, compreendendo por que foi estabelecida dessa ou daquela forma. Usando suas palavras: *a iniciativa desse tempo [lógico] não é do intérprete, mas do autor.*

Neste livro vou utilizar o método proposto por esses autores, aplicando-o ao relato das práticas morenianas, já que a análise detalhada dos textos do autor é fundamental, pois, segundo Guerroult, qualquer conclusão acerca de um texto só pode ser correta se os dados nos quais ela se assenta forem colocados tanto íntegra como integralmente, ou seja, de forma *exata* e *completa*.

Como um instrumento de *prospecção preliminar*, ofereço, antes da análise de cada texto, alguns dados biográficos de Moreno, que visam localizar o tempo, o lugar e as influências às quais ele estava sujeito quando realizou tais atendimentos. Penso que essa contextualização histórica complementa e enriquece a compreensão das influências que marcaram a estruturação das práticas de certa maneira.

Tento apontar também as lacunas, vieses e contradições desses escritos, pensando por que podem ter ocorrido.

Quando a narrativa não o faz, pesquiso os elementos teóricos que podem dar sustentação a essas práticas, *usando apenas os conceitos que já haviam sido definidos pelo autor, no momento dos procedimentos*. Esse cuidado é fundamental para podermos entender as práticas morenianas, sem dados teóricos anacrônicos, mas apenas a partir das noções que já haviam sido formuladas até o momento de cada ação.

Vale dizer, por fim, que entendo serem esses relatos das práticas morenianas mais significativos como configurações concretas e encarnadas que ilustram seu método e a construção da teoria do que como fatos verídicos.

Dividi este livro em três partes.

A Introdução traz algumas considerações acerca das circunstâncias e inquietações que me levaram a fazer esta pesquisa, após trinta anos de prática clínica. Aborda também como defini o tema e o método usado na dissertação de mestrado que resultou neste livro.

Em seguida, acompanho os percursos existenciais de Moreno entre 1889 e 1919. Descrevo como, ao pesquisar os dados biográficos do autor visando delinear o contexto histórico e as circunstâncias de sua vida, nos diferentes períodos em que as práticas descritas foram realizadas, dei-me conta de que, nos primeiros anos de sua vida, ele experimentou de forma intuitiva algumas situações, cujos vestígios constituiriam mais tarde um dos fundamentos de seu método de ação. Refiro-me à forma como, em sua infância e juventude, ele lidou com a exclusão social decorrente de sua origem, pois, além de apátrida, era judeu, na Áustria fortemente anti-semita, do fim do século XIX e início do XX.

Proponho que o fato de Moreno ter criado *personagens* em sua vida, definindo pela ação quem ele era, ajudou-o a perceber a importância desse tipo de experiência para a constituição do Eu, levando-o a ancorar sua teoria psicológica na interpretação de múltiplos papéis.

Também defendo a idéia de que o poema religioso "As palavras do pai", além de seu caráter místico expressa também, de forma metafórica, a compreensão intuitiva do autor acerca da existência de uma complexa rede de mútuas determinações e complementaridades entre todos os seres do universo.

Apesar de esses temas não fazerem parte do eixo central da pesquisa, apresento-os porque eles permitem integrar indissoluvelmente a vida e a obra de Moreno. Ele foi um criador intuitivo e indutivo, que usou suas experiências singulares como percursos para suas criações, e podemos tomar emprestadas as palavras de Clarice Lispector, quando ela diz: "Renda-se como eu me rendi. Mergulhe no que você não conhece como eu mergulhei. Não se preocupe em entender, viver ultrapassa qualquer entendimento".

A Parte I mostra como o teatro do improviso transforma-se em processo psicoterápico entre 1920 e 1924.

Inicio esse percurso fazendo um pequeno apanhado histórico das circunstâncias da vida de Moreno na época em que realizou o processo de atendimento de Bárbara e George. Em seguida, realizo a análise do texto do autor dividindo-o em quatro movimentos internos: o teatro do improviso como demonstração estética de liberdade e como encenação dos conflitos da atriz; a constituição do método psicodramático e, por fim, os resultados do novo método. A análise evidencia a força das idealizações românticas de todos os participantes do *teatro do improviso* no enamoramento e posterior casamento dos dois *protagonistas*; o lugar de aliado e informante de Moreno ocupado por George nesse processo e as dificuldades do *diretor* para perceber as idealizações do jovem poeta, tomando suas informações como queixas realistas, que deveriam ser atendidas. Apoiada em Vernant, faço um paralelo entre alguns aspectos da tragédia grega e o *teatro do improviso*, visando enriquecer a compreensão da catarse psicodramática.

A Parte II aborda o período de 1925 a 1935, quando se dá a construção da sociometria. Apresento, nesse capítulo, os primeiros tempos de Moreno na América e as circunstâncias que possibilitaram a implantação do projeto de reorganização sociométrica da instituição penal de Hudson. Como no texto analisado não são apresentadas nem a teoria nem as técnicas *sociométricas* que Moreno havia descrito em várias outras partes do livro *Quem sobreviverá?*, exponho inicialmente os conceitos envolvidos. A análise do texto "Dimensões da interação de um pequeno grupo" (MORENO, 1934, v. 2, p. 202-33) é feita em cinco movimentos internos. Como veremos, a descrição desse trabalho, além de ser longa e carregada de índices numéricos, prima pela disparidade entre a proposta inicial de organização de seus argumentos e o desenvolvimento das práticas, o que cria sérias dificuldades para a compreensão das conclusões do autor. Em vista disso, foi necessário um trabalho minucioso de análise e de reorganização do texto, que podem levar os leitores menos informados e/ou interessados no tema a abandonar os meandros das argumentações. Peço a boa vontade e empenho de todos na leitura dessa análise, pois ela traz elementos importantes para a compreensão integrada de grande parte dos conceitos do psicodrama.

A Parte III trata do psicodrama clínico, abrangendo o período de 1935 a 1940. Inicialmente são apresentados os dados históricos da construção do Sanatório de Beacon Hill e, a seguir, a análise do *Psicodrama de Adolf Hitler*, no qual Moreno atende Karl, um paciente em surto psicótico, que, durante a Segunda Guerra Mundial, julgava ser Adolf Hitler, considerando o *führer* um usurpador.

O trabalho de Moreno é bastante inusitado para a época, pois encena no *palco* psicodramático os delírios do paciente, promovendo seu encontro com diferentes *personagens* de seu mundo fantasioso e doente, que são encarnadas pelos *egos auxiliares*. Ao mesmo tempo, estimula a participação dos membros do grupo: alunos, funcionários e outros pacientes, promovendo o que chama de *acting out* terapêutico, que resulta em inúmeros momentos catárticos e elaborativos. A partir deles, o mundo psicótico de Karl vai se aproximando da realidade compartilhada, ao mesmo tempo em que ocorre um grande envolvimento de todos os presentes. Isso leva nosso autor a afirmar que "o psicodrama de Adolf Hitler tornou-se o psicossociodrama de toda nossa cultura, espelho do século XX" (MORENO, 1959, p. 217).

Por fim, aparecem as perguntas do professor da Universidade de Colúmbia convidado para comentar esse atendimento, bem como as réplicas de Moreno a suas observações.

A análise desse texto, feita em cinco movimentos e enriquecida por material teórico pesquisado em outros escritos da época, permite compreender com nitidez o trabalho clínico de Moreno com pacientes em surto psicótico.

Nas conclusões destaco as constâncias metodológicas presentes nos três textos analisados, discutindo seus pressupostos. Enfatizo também alguns pontos desvelados pela aplicação do método das razões e do tempo lógico aos três tipos de prática de Moreno.

Percursos existenciais e certo modo de constituição do Eu

1889-1919

*Se meu nome é uma porção de nada,
que desaparece como um arco-íris
no céu, quem sou eu?*

MORENO[1]

Apresento inicialmente alguns dados da vida de Jacob Levy Moreno que, a meu ver, contribuíram para a criação da teoria e do método psicodramático, estabelecendo algumas correlações entre sua vida e sua obra.

Ele nasceu na Romênia, em 1889, em uma família de judeus sefarditas[2] de origem turca, que emigrou para Viena por volta de 1895, quando ele tinha seis ou sete anos. Foi o primeiro dos seis filhos do casal, três homens e três mulheres.

Seu pai nunca se adaptou à vida na Áustria, não conseguindo sequer falar fluentemente o alemão. Como caixeiro-viajante, permanecia pouco tempo em cada lugar, man-

---
1. Moreno, The religion of God-father (In: JOHNSON, 1972, p. 197).
2. Descendentes dos judeus que viveram em Portugal e Espanha por cerca de 500 anos, até 1492, quando foram expulsos pelos reis católicos Fernando e Isabel, espalhando-se pela Europa, pelo Oriente Médio e pelas Américas.

tendo, em vista disso, laços profundos apenas com sua origem turca/sefardita. Sua mãe, conforme ele também relata em autobiografia (MORENO, 1985), era mais sociável, tinha facilidade para aprender idiomas e, em cerca de dois anos, acostumara-se com a vida em Viena. Viviam em um bairro pobre, onde moravam judeus e não-judeus; sua vida centrava-se fundamentalmente nas relações familiares, pois eram estrangeiros e refugiados. Além disso, tinham de conviver com católicos bastante agressivos em relação aos judeus, que, naquela época, eram tolerados pelo governo, desde que não perturbassem a estabilidade na nação. Moreno afirma que sua família estava à margem da corrente principal da sociedade austríaca, que se expressava por um nacionalismo germânico bastante agressivo, associado a fortes laços com a Igreja Católica.

Esse momento histórico, que coincide com o final do reinado do Imperador Francisco José, é descrito por Mezan (1985) como um período no qual havia forte agitação política e social, com intensas disputas entre quatro forças políticas: a primeira era o Partido Social Democrata, que representava os operários; a segunda, o Partido Social Cristão, ligado à pequena burguesia ascendente, aos católicos e aos camponeses, lutava contra o capitalismo, que seus membros consideravam estar associado aos interesses do judaísmo internacional; o terceiro era o Partido Liberal, que defendia a alta burguesia; o braço desorganizador do sistema era constituído pelo Partido dos Pangermanistas, ainda mais anti-semita do que os cristãos sociais. Pregava a dissolução da Monarquia e a união dos povos de língua germânica ao Reich de Berlim. As disputas entre esses grupos eram tão acirradas que, entre 1890 e 1908, os gabinetes parlamentaristas mantinham-se por pouquíssimo tempo no poder, gerando grande desorganização política no país. As únicas constantes eram o anti-semitismo e a adesão ao nacionalismo germânico.

Os Moreno pouco se envolviam com essas questões, mas sofriam o impacto desse clima de instabilidade e, principalmente, da discriminação étnica.

Em sua autobiografia, nosso autor continua afirmando que "sempre procurou ser um bom menino na escola, sentando-se na primeira fileira, visando, inicialmente, compensar suas dificuldades com o idioma alemão" (MORENO, 1985, p. 32). Com isso, torna-se o *queridinho dos professores*, ajudando-os em pequenas tarefas, ensinando novos alunos, estando sempre atento em como se fazer necessário ou destacado. Aprende cedo a transformar uma situação adversa em vantajosa, mantendo essa postura sedutora, mesmo depois de ser capaz de se expressar fluentemente em alemão. Relata, também, que ninguém sabia se ele era ou não judeu. Procurava passar despercebido em relação a essa questão, criando um incessante jogo de ambigüidades. Já nessa época imbui-se do que ele descreve como uma "necessidade de fazer coisas grandiosas para alcançar uma espécie de vitória interna, que não podia ser alcançada a menos que fizesse coisas extraordinárias" (MORENO, 1985, p. 44).

Provavelmente, com esse tipo de ação buscava compensar sua situação marginalizada de imigrante, evitar a rejeição advinda de sua origem e provocar, se possível, admiração por parte dos colegas e professores.

Graças a essa postura, desde cedo, o menino refugiado, pobre e judeu foi descobrindo e explorando novas formas de ser, construídas por meio de ações que lhe garantiam melhor aceitação e uma representação de si mesmo, mais positiva do que a original. Dizendo de outra forma, o *aluno bonzinho, estudioso, sempre pronto a ajudar* permite que o jovem Moreno evite sua exclusão social, possibilitando relacionamentos mais amenos e valorizados com seus colegas e professores.

Segundo Marineau, a infância foi o período mais feliz da vida de Moreno. Nessa época era muito ligado ao pai, Moreno Nissim Levy, um comerciante que viajava pela Europa central e pelo Oriente Médio, chegando até a Síria e a Palestina. Em vista dessas viagens, que, na época, podiam demorar meses ou até anos, pois eram feitas por terra, rios ou por mar, ele permanecia pouco tempo com a família. Certa vez, ao voltar para casa, seu pai trouxe a notícia de que seu irmão mais velho, médico em Istambul, havia falecido em uma epidemia de cólera, e disse que gostaria que seu filho mais velho seguisse o exemplo do tio, sendo médico também. Moreno, a esse respeito, diz simplesmente: "E foi isso que eu fiz" (MARINEAU, 1989, p. 32).

Com cerca de 9 ou 10 anos, Moreno faz duas grandes viagens com o pai, que marcam definitivamente sua ligação afetiva com ele, pois, pela primeira vez, desfruta sua companhia sem a interferência da mãe. Além disso, fora da Áustria, em lugares nos quais conhecia os costumes, falava o idioma e tinha amigos, ele era outra pessoa: ativo, alegre e destemido. Na primeira dessas viagens vão para Calaresi, na Romênia, onde os irmãos de sua mãe tinham negócios; na segunda, para Constantinopla (hoje Istambul), onde seu pai tinha muitos parentes, inclusive um tio, que mantinha várias esposas em um harém. Por ser ainda um menino, teve permissão para visitá-lo, vivendo uma experiência que o encantou especialmente, sendo descrita com detalhes em sua autobiografia.

Mas nem tudo era tranqüilo em relação às viagens de seu pai. Devido à grande instabilidade política nas regiões que percorria, seus clientes muitas vezes deixavam de lhe pagar ou de se interessar pelo que haviam encomendado. Com isso, sua capacidade econômica para manter a família foi tornando-se bastante instável e precária.

Por volta de 1905, quando Moreno tem 16 anos, sua família passa por mais uma grande crise e seu pai resolve sair da Áustria e tentar a vida em Berlim. Essa mudança acaba tendo conseqüências importantes em sua vida: a principal é que ele não se adapta nessa cidade, ficando ali apenas três semanas. Com a permissão dos pais, volta para Viena para continuar seus estudos, passando a morar e a manter-se por si mesmo. Por outras razões, sua família também não consegue permanecer em Berlim; como seu pai não tem documentos, depois de pouco tempo é impedido de trabalhar na cidade. Partem para Chemnitz, na Saxônia, onde as leis eram menos severas, em busca de novas oportunidades. Ali as tensões entre o casal crescem junto com suas dificuldades econômicas. Moreno vai a Chemnitz para tentar aproximar os pais, mas não tem sucesso. Pouco depois, seu pai acaba abandonando a família, desaparecendo completamente da vida deles. Segundo seu biógrafo, há indícios de que tenha voltado para Constantinopla, onde teria morrido em 1925.

Mesmo sabendo que as viagens constantes, o insucesso profissional e as ligações amorosas do pai fora de casa poderiam ter contribuído para a separação do casal, esse adolescente nega essas razões para o rompimento e culpa a mãe pelo ocorrido. Fica ressentido com ela por muitos anos e, mesmo quando ela retorna a Viena com seus irmãos, mantém-se afastado dela.

Segundo Marineau, na época da separação de seus pais, Moreno teve uma espécie de revelação mística. Em uma noite, andando pela pequena cidade alemã, pensando sobre o que deveria fazer da vida, pois a crise familiar estava em seu ápice, viu-se diante de uma estátua de Jesus, iluminada pela pálida luz da lua. Afirma que "parado ali diante de Cristo em Chemnitz, comecei a acreditar que eu era uma pessoa extraordinária, que eu estava no planeta para cumprir uma extraordinária missão" (MARINEAU, 1989, p. 37). Como Jesus, deveria escolher a identificação com toda a humanidade, e não apenas com a própria família. Deveria tomar o caminho do Universo, escolhendo todos os homens e mulheres como irmãos. Segundo ele, a partir desse momento, houve um excesso de significado em tudo que fez e em tudo que aconteceu em torno dele. Chamou esse estado de *megalomania normal*, considerando-o "tão fundamental para o homem de natureza espiritual como são os pulmões para a respiração" (MARINEAU, 1989, p. 37).

Mezan (1998, p. 112-38), em um estudo sobre as correlações entre a criação artística e a elaboração da dor, mostra que a perda do pai é uma das experiências dolorosas mais intensas que podem ser vividas por um ser humano. Assinala que, muitas vezes, quando uma vivência emocional poderosa não consegue ser representada, sendo apenas sentida, ela pode ser interpretada, conforme os elementos culturais envolvidos, como uma revelação divina. Provavelmente foi isso que aconteceu com esse adolescente, só e perdido, sem familiares a quem recorrer, que se identifica com Jesus, na tentativa de ultrapassar um momento de grande desorganização pessoal, de profundo sofrimento e de desamparo.

Nos dois anos seguintes, vive uma forte depressão. Abandona a escola, rompe com a mãe e com os tios. Passa a maior parte de seu tempo livre lendo os mais diversos autores, sem supervisão alguma. Seus assuntos preferidos são textos místicos e biografias de grandes santos e profetas, como Buda e São Francisco de Assis, como também alguns textos apócrifos sobre Jesus. Descobre que todos haviam deixado suas famílias muito jovens, para morarem sozinhos e explorarem o mundo longe da proteção e das facilidades do lar, concretizando suas idéias na própria vida. Esse passa a constituir seu novo ideal.

Por volta dos 18 anos deixa crescer a barba, que naquela época só era usada por homens idosos, e adota uma atitude terna e paciente. Dá-se conta também de que seus olhos azuis cativam e impressionam profundamente as pessoas. Passa a usar dia e noite uma capa verde-escura, que o torna facilmente reconhecível. Diz estar criando um *tipo*, um *papel* inspirado na vida dos santos, que, uma vez encontrado, jamais seria esquecido (MORENO, 1985, p. 47).

Sobrevive trabalhando como *professor*, sendo um tipo especial de preceptor: aberto, tolerante, capaz de suscitar a imaginação e a espontaneidade do aluno; tem êxito principalmente com crianças inquietas, curiosas e um tanto desobedientes, como Elizabeth Bergner. Lisel, como ela era chamada pela família, apresentava problemas escolares e de comportamento, sendo rebelde, agressiva e mentirosa contumaz. Moreno é incumbido de ajudá-la, pois já era professor de seus irmãos. Procura estimular seu interesse pela poesia, oferecendo-lhe obras desconhecidas, com temas mais interessantes e fortes do que lhe era permitido ler na escola. Essa prática, que mistura educação com exploração do desconhecido e do proibido, além de estimular as fantasias da garota, cativa seu interesse.

Segundo Marineau, Lisel, em sua autobiografia, relata que se sentia profundamente envolvida com o ar solene, carinhoso e, ao mesmo tempo, brincalhão e terno do jovem professor. Ele não deveria ter mais do que 20 anos, mas, por usar barba, parecia-lhe um ancião de mais de 100 anos. Estava sempre sorrindo; era alto, magro, tinha belos olhos azuis, cabelos pretos e um sorriso fascinante. Conta que ele cativava sua imaginação, oferecendo-lhe poemas maravilhosos que ela nunca pudera ler. Quando iam ao Prater, um parque de Viena, exploravam campinas lindas e grandes, bem longe da alameda principal. Não precisavam usar a bola para jogar, pois "brincavam com o próprio sol que podia ser tocado com as mãos" (MARINEAU, 1989, p. 49). A partir dessas experiências, relata que começou a sentir a vida mais lúdica e interessante.

Moreno estimulou também o talento de Lisel para o teatro, incentivando a mãe dela a lhe propiciar esse tipo de estudo, no qual foi extremamente bem-sucedida. Mais tarde, Elizabeth participa do grupo de Teatro de Improviso de Moreno. Adulta, transforma-se em atriz profissional, atuando tanto no teatro como no cinema. Emigra para os

Estados Unidos, onde tem grande sucesso, usando de forma construtiva seu talento e exibicionismo.

Recente reportagem do jornal *O Estado de S. Paulo* acrescenta outros dados biográficos bastante interessantes acerca dessa atriz. Relata que a trama do filme *A malvada* foi inspirada em um episódio real de sua vida (1897-1986). O enredo desse filme, ganhador de quatorze Oscars, dirigido por Mankiewicz e produzido por Zanuck em 1950, com Bete Davis, Anne Baxter, George Sanders e Marilyn Monroe, conta a história de uma jovem muito ambiciosa que se torna amiga e assistente de uma famosa atriz. A partir dessa relação de intimidade, tenta roubar-lhe o marido e a carreira. A reportagem destaca que, na vida real, Elizabeth Bergner, ao contrário da personagem vivida por Bete Davis no filme, percebe prontamente as intenções da jovem e a despede antes que ela consiga realizar seus planos[3]. Essa rapidez de resposta diante de ameaças relacionais coaduna-se com o temperamento da jovem aluna, descrito por Moreno.

O próximo passo importante na vida de Moreno ocorre em 1908, quando, com 19 anos, ele encontra Chaim Kellmer, um estudante de filosofia, com quem estabelece uma amizade profunda e duradoura. Juntos criam a *Religião do Encontro* e fundam, com mais três amigos, Hans Brauchbar, Hans Feda e Andreas Petö, a *Casa do Encontro*. Essa comunidade, baseada em princípios místicos, no amor altruísta e incondicional pelas outras pessoas, na alegria e no otimismo, abriga famílias que passam por Viena em busca de novos lares na América ou na Palestina. Segundo Mezan, essa cidade era, desde a segunda metade do século XIX, a "metrópole de todos os povos da Europa central, a meio caminho entre o Ocidente e o Império Otomano [...] encruzilhada do mundo" (MEZAN, 1985, p. 36) e estava lotada de pessoas em trânsito.

---

3. *O Estado de S. Paulo*, Caderno 2, 6 maio 2000.

Naquele lugar, que era mantido graças a doações, esses jovens ajudam as pessoas a conseguir documentos, emprego e assistência médica, permitindo-lhes ficar ali, até terem sua situação de migrantes encaminhada. Moreno vive, então, outra importante personagem, o *benfeitor da humanidade*, o *profeta*.

Em 1909, entra na Universidade, inscrevendo-se provisoriamente no curso de Filosofia, pois, como havia abandonado os estudos, não podia cursar medicina, seu objetivo desde menino, conforme desejo de seu pai. Em 1910, consegue regularizar sua situação escolar, fazendo vários exames, que lhe permitem transferir-se para a tão almejada Escola de Medicina de Viena. Naquela época, essa foi uma conquista extraordinária para um jovem estrangeiro pobre e judeu.

Durante o curso, continua o trabalho com os migrantes, realizando *grupos de encontro*, nos quais os principais problemas que afligem essas pessoas podem ser levantados e debatidos. Depois das discussões acirradas e sérias sobre questões de relacionamento, rivalidades e ressentimentos entre elas, cantam e dançam. Ali se associam: assistência prática, compartilhamento emocional dos problemas com momentos de alegria, espontaneidade e descontração, em um estilo de vida que ele chama de *existencialismo heróico*. Segundo Moreno, esse movimento ultrapassaria o existencialismo intelectual, tendo, como primeiro princípio, a inclusão total do ser e o esforço para manter, de momento a momento, de forma ininterrupta, o fluxo natural da existência, porquanto "nenhum momento pode ser vivido sem cuidado, pois cada um deles pertence ao ser; nenhuma parte pode ser deixada de fora porque cada uma delas é parte do ser" (MORENO, 1959, p. 226).

Essa crença no valor de cada ação e de cada instante, bem como a aceitação de cada um como é, constituirá uma das bases de seu pensamento e de suas futuras práticas.

Nesse mesmo período, com o apoio de Kellmer, Moreno assume outra personagem, o *contador de histórias* para crianças nos jardins de Viena. Estimula-as a brincar, sonhar e representar, buscando nessas brincadeiras espontâneas novos nomes para elas e novos pais imaginários. Valoriza mais o contato direto com a natureza, a imaginação e o jogo do que o estudo por meio dos livros.

Segundo Marineau (1989, p. 52), essa atitude inusitada criou a suspeita de que ele seria um pedófilo tentando atrair crianças. Começa a ser procurado pela polícia e pela administração das escolas. Em vista disso, percebe que tinha de parar com esse projeto, não devido às crianças, que adoravam participar, mas por causa dos adultos, que não haviam entendido sua proposta.

Logo depois, em 1913, envolve-se com outra atividade. Certo dia, testemunha uma prostituta sendo advertida por um policial, que a impede de atrair clientes na rua durante o dia, com sua forma chamativa de se vestir e agir. Fica inconformado com essa discriminação e começa a visitar várias casas de prostituição no distrito Luz Vermelha, bairro onde elas viviam confinadas. Convida para essas visitas um médico especialista em doenças venéreas e o editor do jornal *Der Morgen*. Organizam grupos de discussão nos quais são encaminhados os principais problemas que as afligem. Não procuram transformá-las, mas criar um espaço onde elas possam ajudar-se mutuamente. Mais tarde, incluem no grupo um advogado, que passa a cuidar dos inúmeros problemas legais que elas têm. Moreno vive aqui mais duas personagens: *coordenador* e *participante de grupo*. Nessa atividade dá-se conta do efeito transformador que as pessoas podem ter umas sobre as outras, quando estimuladas cooperativamente.

Essa iniciativa tem ótimos resultados: as prostitutas organizam-se e marcam um grande encontro no final de 1913. Entretanto, isso gera um grande conflito entre elas e os membros da sociedade puritana. A polícia acaba intervindo, encerrando mais uma das iniciativas de Moreno.

A Casa do Encontro, por sua vez, é mantida até 1914, quando começa a Primeira Guerra Mundial, e cada um dos seus fundadores segue caminhos diferentes.

Em 1915, como não conseguira alistar-se no Exército, por não ter uma nacionalidade definida, trabalha como médico em Mittendorf. Nesse local, habitantes austríacos de origem e fala italiana, considerados pouco confiáveis pelo governo que está em guerra com a Itália, são obrigados a viver segregados. A personagem *pesquisador social* configura-se. Moreno (1985, p. 80) relata em sua autobiografia que nesse campo teve contato com Ferruccio Bannizone, um italiano de personalidade impressionante, psicólogo clínico autodidata, que, apesar de não haver concluído o curso na Universidade, influenciava fortemente o funcionamento do campo. Todos traziam seus problemas para ele, que procurava resolvê-los da melhor maneira possível. Com base em suas intervenções e informações, Moreno passa a pesquisar os relacionamentos em cada barraca, entre as barracas e nos diferentes setores de trabalho existentes no campo. Descobre o sentido e a importância da pertinência aos grupos e das afinidades e incompatibilidades entre as pessoas como elementos articuladores da vida social.

Trabalha também com o bispo de Trento, grande líder dessa população, que, junto com alguns padres e freiras, tenta melhorar a vida de seu povo naquele lugar. Aos poucos, percebe que as relações entre as pessoas, a comunicação e o poder fluem por canais muito diferentes dos constituídos pelas estruturas oficiais do campo. Com base em suas observações, começa a transferir famílias nos alojamentos, tendo, como critério para essas intervenções, as afinidades entre elas. Verifica que, em função dessa prática, os desajustamentos diminuem, a cooperação e a ajuda mútua aumentam. Segundo ele, essa experiência serviu como base de seus futuros estudos sobre grupos.

Findos quase dois anos em Mittendorf, Moreno é transferido para Sillein, na Hungria, onde trabalha com o dr. Wragasy, um neurocirurgião, que havia desenvolvido um tratamento padrão para diferentes doenças. Realizava a trepanação do crânio e aplicava iodo diretamente no tecido exposto do cérebro. Com essa técnica, o número de óbitos era enorme, mas como esse médico era o chefe do campo, era impossível para qualquer de seus subordinados fazê-lo modificar seus métodos. Moreno afirma ter percebido, naquela ocasião, a importância da estrutura de poder nos hospitais, pois a autoridade encarregada e/ou as normas vigentes podem levar os profissionais que ali trabalham a ajudar os pacientes tanto a se recuperar ou provocar sua morte.

Depois de algum tempo nesse lugar, retorna à capital do país com algumas economias, pois não havia gasto a maior parte de seus rendimentos. Está disposto a terminar seu curso o mais rapidamente possível.

Em fevereiro de 1917, com 28 anos, recebe o diploma de médico pela Universidade de Viena, resolvendo morar no campo e clinicar para pessoas simples. Trabalha primeiro em Kottingbrunn, nos arredores daquela metrópole. Um dia, fazendo uma caminhada até Vöslau, pequeno vilarejo a quarenta quilômetros da capital, cruza por acaso com um senhor de meia-idade, que o aborda amigavelmente. Depois de uma breve conversa, fica sabendo que ele é o prefeito da cidade, o primeiro operário a ascender a esse cargo. Ao descobrir que Moreno é médico, convence-o a mudar-se para lá, como substituto do chefe da saúde pública municipal, que havia falecido. Seu salário nessa função seria pago por uma fábrica local, devendo cuidar dos trabalhadores da cidade. Moreno aceita a oferta e instala-se em uma ótima casa de pedra, localizada em um aprazível local chamado Vale de Maio.

Nessa época, começa a passar seu tempo livre em Viena, freqüentando os cafés Museum e Herrenhoff, onde se reúnem diferentes grupos de intelectuais e de artistas, com os quais cria laços de amizade. Estavam interessados em pensar e discutir a situação do país, expressar seus pontos de vista e buscar soluções para uma sociedade que está desintegrando-se. Por volta de 1918, fundam um jornal mensal, inicialmente chamado *Daimon*. Dele participam importantes nomes da época, como os poetas Franz Werfel e Peter Altenberg, o filósofo Martin Buber, o sociólogo Max Scheler, o dramaturgo Georg Kaiser, os escritores marxistas Gustave Landeauer, Hugo Sonnenschein e Ernest Toller. Participam também os tchecos: Max Brod, Robert Musil, Otokar Brezina e Franz Kafka.

Moreno torna-se o editor do jornal, sendo responsável por manter sua organização prática. Segundo Marineau (1989, p. 67), apesar do cargo, não teve nenhuma liderança intelectual nessa publicação, que foi mantida por cinco anos, com vários nomes: *Der Neue Daimon* e depois *Die Gefährten*, ou seja, os associados.

Publica nesse jornal uma trilogia de artigos: *A divindade como autor*, *A divindade como pregador* e *A divindade como comediante*, textos que têm inspiração mística e se centram na valorização do ato criador e na necessidade de cada um entender os outros a partir das razões deles. Esse tema já havia sido proposto por ele no texto *Convite ao Encontro*, de 1915, em que escreve: "e eu te verei com teus olhos e tu me verás com os meus".

Como médico de família em Vöslau, volta a desempenhar o antigo papel messiânico dos tempos de estudante: o *Godplayer*, personagem que encarna a criatividade do deus que existe em cada um. Para isso, leva uma vida sem contatos sexuais, mantém o anonimato, nenhum de seus pacientes sabe seu nome; não se interessa por bens materiais, atendendo sem cobrar as consultas, já que vivia com o salário pago pela indústria têxtil local. Tais atitudes, entretanto, acabam tendo o efeito inverso: logo cria fama de *Médico do*

Povo, de *Wunder Doctor*, ou *Doutor Maravilhoso*, vivendo outra personagem em sua vida. Muitas vezes, em sua prática médica, ajuda famílias que têm algum tipo de dificuldade de relacionamento, discutindo com elas seus conflitos, como já fizera com as prostitutas e com os refugiados. Chama essa abordagem relacional dos problemas de *Teatro Recíproco*, pois cada um influi nos demais. Em Vöslau encontra Marianne Lörnitzo, a professora da escola local, com quem tem um relacionamento muito intenso e especial. No início, mantêm uma paixão platônica e espiritual, mas depois passam a morar juntos. Isso confunde os habitantes da cidade; seus pacientes não entendem como um homem tão santo pode manter um relacionamento marital com essa jovem, sem serem casados. Os nacionalistas, por sua vez, não aceitam a união de uma de suas simpatizantes com um judeu.

Apesar disso, eles vivem um relacionamento muito forte, que origina uma experiência mística de revelação compartilhada, a partir da qual Moreno escreve, em 1919, uma série de poemas que intitula *Das Testament des Vater*[4].

Como essa obra define um dos pilares do pensamento moreniano, penso que vale a pena interromper a descrição das *personagens* e das ações que vinham constituindo o percurso existencial de nosso autor, para fazer algumas considerações sobre as principais idéias veiculadas nesse poema.

Ele tem sido exaustivamente estudado, sendo entendido pela maioria dos analistas como uma expressão do misticis-

---

4. Esses poemas foram publicados, anonimamente, pela primeira vez em 1922 pela editora Gustav Kiepenheuer, de Potsdam. Em 1941 o próprio Moreno traduziu o livro para o inglês, quando, segundo Zerka Moreno (Introdução à edição brasileira, p. 7-8), grande parte dos poemas originais foi retirada e outros foram acrescentados. As traduções disponíveis em espanhol e português foram feitas com base na versão norte-americana.

mo cósmico de Moreno, pois fala da interdependência entre Deus e todos os seres.

Garrido Martín assinala que nesse livro a crença bíblica do Gênesis é muito clara: tudo foi criado por Deus e todo ser traz em si uma centelha do criador. Afirma também que,

apesar de *As palavras do pai* parecerem irradiar um pensamento panteísta, devido à onipresença divina no mundo através da criação, essa é apenas uma primeira impressão, pois na hora da verdade, Deus está sempre ausente (GARRIDO MARTÍN, 1978, p. 28-31).

Creio que essa afirmação se ancora no fato de o livro não propor uma religião que permeie a ligação entre Deus e o homem, fazendo apenas uma proclamação da similaridade entre ambos, enquanto criadores.

Para Fonseca (1980, p. 49), o jovem Moreno tem uma postura muito próxima à de um *tzaddik*, homem de virtudes exemplares que substituía o rabino no antigo hassidismo, servindo de modelo e guia para os membros de sua comunidade. Esse autor acrescenta que, nesse movimento místico espiritualista, que tem sua origem na Cabala e como grande mestre Baal Shem, a harmonia entre os homens e Deus ocorre graças ao contato entre as pessoas, substituindo-se a erudição pela prática da virtude e pela alegria. Chega-se ao divino pela convivência humana, e não pelo culto formal.

Naffah considera *As palavras do pai* uma obra na qual Deus renuncia ao céu pela terra, à espiritualidade pura por uma existência carnal e à vida eterna pela vida mundana. Isso aproxima esse poema do antigo hassidismo, surgido no século XVIII na Europa Central, que, segundo esse autor, foi um movimento religioso que poderia ser descrito em suas origens

como uma espécie de veia dionisíaca irrompendo no seio do judaísmo tradicional, transformando o culto em cerimonial de canto e dança, a oração formal em uma comunhão cósmica com a divindade e a obediência aos rituais em uma desobediência também ritualizada (NAFFAH NETO, 1989, p. 57).

Marineau (1989, p. 75) vê esse poema como uma conseqüência lógica da infância e da adolescência de Moreno, que nele expressa suas idéias sobre religião e propõe uma filosofia sobre o homem e a natureza, na qual todos são co-criadores de um universo nunca terminado.

O próprio Moreno, na edição norte-americana do livro, resume os pontos principais dessa obra, afirmando que nela apresenta o que chama de sua *filosofia do universo como um todo*, uma proposta que não poderia ser escrita por nenhum homem, pois cada homem é apenas parte do todo e sua visão é sempre parcial. O único ser capaz de "contemplar o universo de uma só vez é seu criador, o próprio Deus". Isso resulta em uma *filosofia da divindade no tempo presente*, ou seja, o Deus que se apresenta nesse poema aparece com sua própria subjetividade, viva, criativa e no presente, é um deus em si mesmo, não ligado a nenhuma religião, que fala na primeira pessoa, contando as experiências que a divindade tem de si mesma (MORENO, 1919/1941, p. 21-186).

O início desse longo poema proclama:

I

Eu sou Deus,
O Pai,
o criador do Universo

estas são as Minhas palavras,
as palavras do Pai.

Em sua análise, Moreno continua afirmando que a divindade tem, com o universo em constante expansão, uma relação de amizade e não de soberania. Em conseqüência, cada ser se envolve e participa da criação do mundo que há de vir com o que ele chama de contínua *fome de criar*. Em outras palavras, é a *criatividade* que dá sentido à existência humana e é por meio dela que o homem se faz participante da divindade. Em função dessa dinâmica, surge uma interdependência profunda e definitiva entre todos os seres.

Nesse texto, fica claro um processo de deslocamento na representação da divindade que, segundo Moreno, vai transformando-se gradualmente: no Antigo Testamento dos judeus há o *Deus-Ele*, no Novo Testamento cristão aparece o *Deus-Tu* e n' *As palavras do pai* revela-se o *Deus-Eu*, que insere a divindade em cada um e relaciona Deus com criatividade (MORENO, 1919/1941, p. 19).

No que se refere à história de vida de nosso autor, Marineau oferece uma proposta instigante, segundo a qual esse livro evidenciaria também uma tentativa simbólica de Moreno de tomar o lugar de seu próprio pai, criando uma nova dinastia[5].

Ancelin-Schutzenberger (1997, p. 17) acredita que essa necessidade de negar o pai estaria mais relacionada a Freud do que ao pai biológico de Moreno. Apóia-se em um texto escrito por nosso autor em 1956, centenário de Freud, quando ele afirma que, se na psicologia o século XX pertenceu inteiramente a Freud, o século XXI pertenceria a ele, mostrando clara intenção de superar o pai da psicanálise.

Para tornar mais complexas as possibilidades de entendimento desse poema, em 1941, o próprio autor afirma que

---

5. Em relação a essa proposta, em 1992, quando fiz um curso com Zerka Moreno em Boughton Place, lugar onde o teatro de Moreno foi remontado depois da venda e demolição do sanatório de Beacon Hill, perguntei-lhe especificamente se seu marido teria tido a intenção de fundar uma nova dinastia. Ela respondeu-me elegantemente, dizendo que era uma idéia interessante, mas que nunca ouvira Moreno afirmar algo nesse sentido.

a palavra *pai* foi usada ali como metáfora, que não deve ser entendida no sentido humano, como antepassado específico, mas como indicador da cadeia total de todos os ancestrais, não apenas os humanos, mas também os animais e os mais diversos organismos, anteriores à existência humana (MORENO, 1941/1992, p. 123).

A partir dessa afirmação, o poema *As palavras do pai* também pode ser entendido como uma obra que expressa a valorização das origens, a interdependência entre todos os elementos da vida, a continuidade e, portanto, a valorização do próprio pai[6].

Isso aparece nas estrofes XXXVIII a XLI, quando Moreno fala do Criador:

XXXVIII

Como pode uma coisa
Criar outra coisa,
sem que esta outra coisa
crie a primeira?
Como pode uma primeira coisa
criar uma segunda,
sem que a segunda
também crie a primeira?
Como pode uma segunda coisa
criar uma terceira,
sem que a terceira

---

6. Essa proposta apóia-se no fato de a filiação paterna ser muito importante para o judeu, que se identifica a partir de seu nome próprio e do nome de seu pai da seguinte forma: diz seu nome, seguido da expressão *ben* (que quer dizer filho) e depois o nome de seu pai. No caso de Moreno teríamos: Jacob *ben* Nissim, ou seja, trata-se de Jacob filho de Nissim (ou quem sabe, de Jacob *ben* Moreno, o que talvez possa ter originado o nome: Jacob Moreno).

também crie a segunda?
Como pode uma terceira coisa
criar uma quarta,
sem que a quarta
também crie a terceira?
Como pode um pai gerar um filho,
sem que o filho
também gere seu pai?
Como pode um avô
gerar um neto,
a não ser que o neto
seja um avô para seu avô?
O primeiro criou o último
e o fim criou o começo.
Eu criei o mundo
e, portanto, Eu devo ter criado a Mim
mesmo.

XXXIX

Eu sou o Pai
e ninguém é Meu pai.
Eu sou o Criador
e ninguém é meu criador.
Eu sou Deus
e ninguém é meu profeta.

XL

Eu não sou teu Deus,
Eu sou Deus.
Eu não sou o Deus desta nação
nem o Deus daquela nação,
Eu sou Deus.

> Eu não sou o Deus desta classe
> ou o Deus daquela classe,
> Eu sou Deus.
>
> XLI
>
> Eu não sou chamado por nome algum,
> Eu sou.
> Eu sou
> somente para criar
> somente para te criar.
>
> (MORENO, 1919, p. 68-9)

Vemos nesses versos como Moreno mostra sua compreensão intuitiva acerca da existência de uma complexa rede de mútuas determinações e complementaridades entre todos os seres, explicitando-as por meio de metáforas poéticas e religiosas.

É interessante pensar que, quando escreve *As palavras do pai*, Moreno está com 30 anos, teve muitas experiências que aparecem configuradas poeticamente nessa obra. Conforme ele diz: "a imaginação teológica trabalha de forma muito parecida com a imaginação do artista, [... só que] a imaginação teológica cumpre sua tarefa até o extremo. O teólogo aplica sua imaginação ao tema mais sublime: a idéia de Deus" (MORENO, 1919, p. 58-69).

Segundo Marineau, no fim da vida, em trechos de sua autobiografia, Moreno conta que, antes de escrever esse poema, foi tomado por vozes interiores que lhe revelaram o que deveria ser escrito:

> de repente, senti-me renascido, comecei a ouvir vozes, não como um doente mental, mas como alguém que sente que pode ouvir uma voz que atinge todos os seres e fala a todos os seres na mesma linguagem, uma linguagem que é com-

preendida por todos os homens, dá-nos esperança, dá-nos direção, dá ao nosso cosmo direção e sentido. O universo não é exatamente uma floresta bravia ou um feixe de forças selvagens. É basicamente criatividade infinita. É essa infinita criatividade que é verdadeira em todos os níveis da existência, seja ela física, social ou biológica, esteja na nossa galáxia ou em outras extremamente distantes de nós; no passado, no presente ou no futuro ela nos enlaça a todos. Estamos todos ligados uns aos outros pela responsabilidade de todas as coisas. Não existe responsabilidade limitada, parcial. E nossa responsabilidade faz de nós automaticamente, co-criadores do mundo [...]. (In: MARINEAU, 1989, p. 71-72).

Assim, pela descrição dessa experiência vital de Moreno e Marianne, parece que o poema *As palavras do pai* foi concebido em um estado alterado de consciência, de êxtase. Segundo Vernant, esse é um estado que, além de expressar a completa comunhão com o divino, pode configurar-se em dois tipos diferentes de transe: no primeiro, o próprio ser humano, graças a poderes ou práticas especiais, "adentra o outro mundo, e ao retornar a esta terra, guarda a lembrança de tudo que viu no Além". Na Grécia antiga, isso acontecia com os *magos*.

Na segunda forma de transe:

não é mais um indivíduo excepcional que sobe até os deuses, são os deuses que, a seu bel-prazer, descem à terra para possuir um mortal, cavalgá-lo, fazê-lo dançar [...] trata-se de, por um momento, no próprio quadro da cidade ter a experiência de tornar-se outro, não no absoluto, mas outro em relação aos modelos, às normas, aos valores próprios de uma determinada cultura. (VERNANT, 1981, p. 178-338).

Segundo esse autor, isso acontece nos êxtases de Dionísio, que encarna no Olimpo a figura do Outro, pois é um deus estrangeiro, cuja origem está fora da Grécia, na Trácia.

Vemos que a experiência de Moreno e Marianne se insere nesse tipo de abertura da condição humana, que Vernant chama de "bem-aventurada alteridade". Podemos acompanhar essa vivência na continuação da descrição de Moreno citada por Marineau (1989, p. 73):

O que aconteceu a Marianne e a mim durante esses dias de revelação está profundamente impresso em minha mente... Marianne e eu esperávamos noite após noite, para ouvir a voz. Então certa noite ouvimos a voz que cantava mais forte do que antes. Foi como se Deus estivesse se comunicando conosco a partir de horizontes infinitos
Andávamos para cima e para baixo da colina, excitados com o aroma das flores e com o silencioso esvoaçar dos pássaros noturnos pelo céu. Eu estava caminhando pelo espaço e o espaço caminhava através de mim, ininterruptamente, sem parar. Milhões de outras pessoas estavam andando através do espaço, na mesma hora, sem parar, sem parar, sem parar. Era como se o universo estivesse em movimento num número ilimitado de dimensões. Para onde me voltasse uma nova dimensão se manifestava. Eu via o céu, estrelas, planetas, oceanos, florestas, montanhas, cidades, animais, peixes, pássaros, protozoários, pedras e centenas de outras coisas. Vi, então, cada uma delas abrindo a boca, cada homem, cada árvore, cada pedra, cada partícula do universo gritando em uníssono: eu sou deus, o pai, o criador do universo. Estas são as minhas palavras, as palavras do pai.

Mezan também correlaciona a experiência religiosa dos profetas hebreus com a experiência da alteridade, mas o faz por outros caminhos teóricos. Ao verter para o português as palavras de Isaías, proferidas no hebraico do século VIII a. C.: *Kadosh, kadosh kadosh*, diz que elas geralmente são traduzidas como *Santo, santo santo*, mas que santo não expressa o sentido exato do hebraico *kadosh*, que significa *inteiramente separado, radicalmente outro*. Aquilo com que Isaías depara, o que toma para ele o aspecto de Deus sentado sobre um trono, é a alteridade absoluta, aquilo que não tem registro na experiência dos homens"(MEZAN, 1998, p. 114).

Assim, é possível pensar que essa vivência intensa e singular acerca da complementaridade existencial entre todos os seres tenha sido compreendida por Moreno como uma revelação religiosa. Atualmente, essa correlação entre todos os elementos do cosmo tem sido traduzida em modelos matemáticos e/ou da física quântica, que tentam definir a interdependência entre todas partículas do universo em contínua criação e mutação. Moreno (1919, p. 68) expressou-a em versos:

> O primeiro criou o último
> e o fim criou o começo.

Penso que, nesse sentido, é possível entender pai, deus, criador, como indicadores de co-participação, complementaridade e interdependência total entre todos os seres, cada um sendo um co-criador do/no universo.

Assim o *Deus-Eu* moreniano, em vez de proposta megalômana, passa a ser afirmação de uma noção de homem que, a cada instante, pode ser tocado por circunstâncias inusitadas, pois tudo e todos participam do todo, não há começo nem fim. Os seres existem uns em função dos outros; presente, passado, futuro mesclam-se no instante criador.
Segundo Naffah Neto (1989, p. 55-68):

> esse homem, que leva às últimas conseqüências sua encarnação, mas que está ao mesmo tempo imerso no acaso que o atravessa, é um homem que se percebe lançado no mundo sem quaisquer garantias, sabendo que é do/no próprio existir que se podem criar valores.

Essa forma de conceber o ser humano aproxima-se do pensamento trágico do século V a.C., pois, segundo Vernant (1981, p. 7-23), o aspecto definidor do homem trágico é a simultaneidade de tempos em que ele vive: de um lado, o tempo humano, opaco, feito de presentes sucessivos e limitados; de outro, o tempo divino que abrange cada instante a totalidade dos acontecimentos, ora para ocultá-los, ora para descobri-los. Esse autor mostra, ainda, que outra característica fundamental da tragédia grega é a ação, que em grego é *práttein* (agir), que corresponde a *dran* em dórico, que origina drama.

Na perspectiva trágica, agir é tanto deliberar consigo mesmo como contar com o desconhecido, entrar em um jogo de forças sobrenaturais, que ora conduzem ao sucesso, ora à perda.

Sampaio (1989, p. 135-40) e Volpe (1990) defendem a idéia de que a teoria moreniana pode abrir espaço para um homem descentrado de si mesmo, ou seja, para um ser que, quando fala, ao mesmo tempo é falado; quando age, ao mesmo tempo é agido.

Por enquanto, fica claro que o percurso existencial de Moreno, até o momento em que escreve *As palavras do pai*, tomado pelo que chama de lampejos de intuição, vai definindo-se por seu agir, que se constitui por acaso, em função das circunstâncias e de suas respostas a elas.

Segundo Ciampa (1986), esse tipo de ação constitui um mecanismo bastante freqüente em pessoas pertencentes a grupos marginalizados, que perdem ou têm seu reconhecimento a partir do próprio nome abalado. Para esse autor, "elas buscam ser reconhecidas e reconhecerem-se pelo que *fazem*, gerando, por meio de suas atividades, formas de dar consistência às próprias experiências".

Penso que o fato de Moreno ter aprendido cedo, na própria vida, a ser valorizado pelo que fazia, e não por sua origem ou pertinência social, pode ser uma das razões pelas quais ele passou a dar tanta importância à ação em sua teoria e aos marginalizados em suas práticas.

Em sua autobiografia ressalta especificamente: "o psicodrama da minha vida precedeu o psicodrama como método. Eu fui o primeiro paciente-protagonista e diretor da terapia psicodramática a uma só vez." (MORENO, 1985, p. 44). Vemos aqui ele próprio correlacionar seus achados teóricos com dados de sua história de vida. Penso que alguns desses momentos protagônicos aos quais se refere podem estar ligados tanto a suas experiências precoces e intuitivas de criar personagens que representam papéis inusitados, conforme as contingências da vida, como à percepção acerca da co-responsabilidade de todos os seres do universo na sua criação.

As personagens prestam-se muito bem para isso, pois podem expressar com grande riqueza e flexibilidade diferentes qualidades e características, tanto as que são próprias do indivíduo como outras, inventadas a partir da necessidade, da imitação, da ambição, do sonho, enfim, do que cada um deseja alcançar. Assim, se inicialmente, como acontecia no teatro grego, a *personagem* é apenas um elemento externo ao imigrante marginalizado, uma *máscara* constituída por um conjunto de papéis que ele representa de forma conveniente para ser aceito, vai transformando-se aos poucos em um conjunto internalizado ou internalizável de elementos estruturados em torno de um eixo. Configuram, assim, múltiplos perfis mutantes, por meio dos quais os outros o reconhecem e ele próprio passa a reconhecer-se.

Em texto de 1923, Moreno, referindo-se ao processo espontâneo de criação em cena, no qual ator e autor ocupam o mesmo lugar, afirma: "as figuras das *dramatis personae*[7] vão surgindo uma depois da outra na alma do autor e falam". Continua, dizendo que nessa perspectiva "o autor funciona como estrategista, e cada uma de suas persona-

---

7. Personagens.

gens, como um ator espontâneo" (MORENO, 1923, p. 89). Assim, a *personagem* é, para Moreno, um conceito articulador que sintetiza os movimentos criativos, surgidos na alma do autor.

Atualmente, alguns psicodramatistas têm teorizado a respeito da função da *personagem* no psicodrama. Entre eles, Calvente, que propõe o uso desse conceito como forma de completar e enriquecer a noção de *papel*, pois ele seria mais versátil na clínica, aglutinando dinamicamente vários papéis. Esse autor afirma que a *personagem* é um conceito polissêmico que tem várias características; é um produto transicional, um verdadeiro *mestiço* entre fantasia, imaginação e ambiente, que serve como suporte para identificações e como condensação de atribuições de terceiros (CALVENTE, 2002, p. 26).

Contro (2000) entende a *personagem* como uma metáfora, que, ao existir no terreno da imaginação, pode ser atravessada por diversos sentidos.

Assim, vejamos: Moreno faz-se professor para agradar a seus professores, mantém-se mestre para manter-se; faz-se profeta quando encontra um seguidor, Kellmer, que pede que lhe diga como deve encaminhar sua vida. Juntos encaminham-se mutuamente, desenvolvendo um projeto de ajuda aos desamparados, que lhes garante a própria sobrevivência. O contador de histórias configura-se por brincadeira, gera o brincar espontâneo, que acaba de forma inesperada, com ameaças de prisão e fuga. Com as prostitutas dá-se o mesmo, um encontro casual, um projeto inusitado, um resultado grandioso: nova reviravolta, perseguição e fracasso. O que parece certo vira errado; das dificuldades surgem ensinamentos. No campo de segregados aprende o sentido das relações verdadeiras; em Vöslau, enquanto desempenha o papel de deus, apaixona-se perdidamente e, como um deus fracassado, enfrenta os nazistas e o preconceito, sendo obrigado a sair da pequena cidade, onde fora querido e exaltado.

Sua vida é trama interessante e incessante, percurso humano no qual as *personagens* vão constituindo-se umas às outras, ao mesmo tempo em que constituem seus universos de significados.

No fim da vida, em 1972, Moreno, referindo-se a *As palavras do pai*, pondera que naquela ocasião tinha duas alternativas diante da questão: "*quem sou eu?*".

A primeira seria definir-se por um nome. Isso lhe pareceu uma porção de nada, que desaparece como um arco-íris no céu. A outra opção foi assumir o eu mais real que existe, o criador do mundo, o primeiro e o último ser, o que inclui tudo nele mesmo (MORENO, 1972, p. 197).

O *Eu-Deus* parece ser uma resposta a essa pergunta.

Dessa perspectiva, constrói uma teoria que vai explicitando-se à medida que ele trabalha com grupos, primeiro como *diretor do teatro espontâneo*, depois como *educador/pesquisador dos relacionamentos* entre crianças e jovens e, finalmente, como *psiquiatra e psicoterapeuta*.

Analisarei, a seguir, esses três tipos de prática moreniana, iniciando cada uma delas com os dados biográficos do autor, pois eles são importantes para o conhecimento do contexto sociocultural no qual suas idéias se desenvolveram.

Parte I

O teatro do improviso transforma-se em drama da existência

1920-1924

*A ilusão de um mundo real
é tão importante
como a realidade do mundo ilusório.*
MORENO (1923, p. 69)

Em 1920, Moreno mora em Vöslau, nos arredores de Viena, onde trabalha como médico contratado pela prefeitura. Está envolvido também com diferentes setores da vanguarda cultural da época, com músicos, poetas, escritores, filósofos, artistas plásticos e principalmente atores, que se reúnem no Café Museum e no Café Herrenhof, que ele freqüenta, desde os anos da guerra, uma ou duas vezes por semana.

Segundo conta em sua autobiografia, a "Viena dos anos vinte era um dos locais mais animados da terra para intelectuais e artistas" (MORENO, 1985, p. 87).

É também o lugar onde pulsa o caos e onde ocorrem as mudanças políticas da época. Com o fim da Monarquia dos Habsburgos e a desintegração do Império austro-húngaro, há ali grande instabilidade social e a eclosão de lutas entre diferentes nacionalidades, que antes eram mantidas sob controle pelo poder central do Império. A Primeira Guerra Mundial mostrara, por sua vez, um horror até então impensado, a possibilidade de um conflito armado global, deixando nove milhões de mortos, na sua maioria homens, e uma geração de mulheres que teve de aprender rapidamente a ser independente, saindo do âmbito da família, para substituir a mão-de-obra masculina, trabalhando inicialmente nas indústrias bélicas e, depois, em todo tipo de trabalho. Além das mudanças sociais e culturais, ocorrem também profundas transformações no comportamento, com maior liberdade sexual e novos ideais estéticos e eróticos disseminados pelos meios de comunicação, principalmente o cinema.

Nesse momento de efervescência social e cultural, o interesse de Moreno desloca-se da função de editor do *Daimon* (um jornal mensal de filosofia existencialista) e centra-se em um novo foco: realizar um teatro livre, *um teatro de gênios, de imaginação total*. O teatro burguês de então era extremamente rígido e perfeccionista, principalmente em relação à atuação dos atores e músicos, sendo, segundo Stefan Zweig, citado por MEZAN,

> responsável por uma espécie de *pedagogia da etiqueta*, que ensinava ao espectador como as pessoas deviam vestir-se, como deviam comportar-se, como deviam conversar. Esse teatro era o modelo do bom gosto e do ideal aristocrático a ser atingido. As falhas não eram toleradas porque podiam romper a ilusão que o público sentia de pertencer a um mundo idealizado e perfeito, que estava muito distante da realidade vulgar e conflitiva do seu dia-a-dia (MEZAN, 1985, p. 36-7).

Moreno rebela-se precisamente contra isso, afirmando que, cada vez que entrava em um teatro, sabia que ele havia se afastado de sua forma primordial. Funda, então, com um grupo de atores, o Stegreiftheater, um teatro dedicado à improvisação espontânea, na qual os atores procuram se aquecer rapidamente, agindo sob o estímulo do momento. Eles têm um espaço aberto à sua liberdade de criação, uma espécie de *religião* dramática, na qual, como os grandes santos e profetas, podem experimentar todas e quaisquer propostas de transformação. Como afirma Naffah Neto (1979, p. 174): "se o teatro representava a perpetuação de um movimento através de uma instituição, se ele dramatizava para conservar, que dramatizasse para libertar e transformar", realizando uma proposta que vai da "sociedade à sociedade, pela via da cultura".

Esse grupo também é um refúgio seguro para a pesquisa experimental dos *estados espontâneos*, pois, mais do que simples climas emocionais subjetivos, são complexos relacionais decorrentes da interação social e do processo de *aquecimento*. A trupe inicial é constituída por Anna Höllering, Elizabeth Bergner, Ladislau Löwestein (que depois adotou o nome artístico de Peter Lore), Hans Roenberg e Robert Blum.

Depois de um ano de reuniões, conseguem alugar um espaço na Maysedergasse, número 2, nos altos de um prédio comercial, que comporta cerca de quarenta pessoas. Em pouco tempo têm um público razoável e constante.

Fazem um teatro em que a criação se dá no mesmo momento da apresentação, propondo a eliminação do texto escrito e do dramaturgo, a participação do público como ator em um *teatro sem espectadores*, no qual há total improvisação do enredo, das falas, da resolução dos conflitos e o desaparecimento do palco tradicional, que é substituído pelo espaço central aberto, o espaço da vida. Para Moreno (1946, p. 55), esse "é o lugar de reunião dos descontentes e dos rebeldes psicológicos, é o berço da revolução criadora".

As histórias representadas são inventadas pelos próprios atores. Surgem de sua vida privada, dos fatos da comunidade, da vida cotidiana. A alma do autor é a matriz do teatro do improviso e as *personagens* atuam no mesmo momento em que são criadas. Esse processo recebe o nome de *criaturgia*, em oposição à dramaturgia.

Nesse tipo de expressão criativa, o resultado da ação coletiva não precisa perdurar como produto, nem ter necessariamente qualidades estéticas. Deve, isso sim, ter vitalidade, frescor, variedade e imaginação. Moreno (1923, p. 61) afirma que uma das funções do teatro de improviso é "acolher sob suas asas os trabalhos de arte abortados que, como crianças rejeitadas, podem ser aceitos ali, desde que não desejem ter vida mais do que uma vez". Assim, o teatro de improviso não oferece a imortalidade, ao contrário, oferece amor à morte.

Opera em um nível que não se preocupa com a separação entre estético e vivencial, entre atores e espectadores, entre individual e grupal, pois cada personagem dramática é criadora de si mesma e o poeta é aquele que as combina dentro de um todo unificado (MORENO, 1923, p. 89).

Esse é o conceito fundamental no teatro do improviso. Entretanto, esse tipo de apresentação enfrenta várias dificuldades. A primeira delas é com o público. Acostumado a apreciar e confiar apenas em obras acabadas e bem ensaiadas, duvida desse tipo de apresentação. Quando o espetáculo vai bem, a platéia acha que ele foi ensaiado, sendo portanto uma fraude, pois não há improvisação. Quando o trabalho vai mal, conclui, por razão inversa, que essa prática é impossível. Para superar essa desconfiança, Moreno propõe aos atores que improvisem as notícias dos jornais do dia, criando o *Jornal Vivo*, uma técnica que é usada até hoje.

A segunda dificuldade é com os atores da companhia, que, depois de algum tempo, acabam desistindo desse tipo de trabalho, migrando para o teatro convencional ou para o cinema.

Outras vezes, suas práticas são consideradas anárquicas e delinqüenciais, por exemplo, em 1º de abril de 1921, quando, entre as 19h e as 22h, Moreno faz no Komöedien

Haus, um teatro de Viena, uma tentativa de levar pessoas do público a definir coletivamente como poderia ser a nova ordem política e social do país. Segundo ele, "a Viena do pós-guerra fervia em revolta. Não tinha governo estável, nem imperador, nem rei, nenhum líder [...] a Áustria estava inquieta, em busca de uma nova alma" (MORENO, 1946, p. 49). Nesse dia, usa como estratégia colocar no meio do palco um trono vazio e uma coroa, convidando as pessoas do público, estimado em mais de mil espectadores, a subir ao palco, assumir o papel do rei e apresentar soluções para o caos existente naquele momento. A platéia seria o júri. A apresentação é um fracasso e Moreno tremendamente criticado. Perde muitos amigos, mas mobiliza alguns adeptos, que se identificam com sua proposta.

Em sua autobiografia afirma que "a situação mostrou gente despreparada atuando numa peça despreparada diante de uma platéia despreparada [...] um teste muito difícil, ninguém foi considerado com valor para ser rei, e o mundo permanece sem líder" (MORENO, 1985, p. 91). Mesmo assim, continua interessado em descobrir como trabalhar e tratar síndromes culturais coletivas, o que acontecerá na década seguinte, já nos Estados Unidos, onde configura-se o *sociodrama*, um método para lidar com os temas coletivos.

O psicodrama, por sua vez, nasce meio por acaso, quando Moreno (1959, p. 33) percebe "as possibilidades terapêuticas existentes na representação, na vivência ativa e estruturada de situações psíquicas conflituosas". Essa passagem da improvisação para a psicoterapia dá-se com *Bárbara*[1], a principal atriz de sua companhia de teatro que se apresentava semanalmente na Maysedergasse, em Viena.

Esse processo provavelmente ocorreu em 1922, sendo descrito por inteiro no livro *Psicodrama I*, de 1946, e

---

1. Nome fictício usado por Moreno para proteger a identidade da *protagonista* desse atendimento, Anna Höllering.

também, resumidamente, em *Psicoterapia de grupo e psicodrama*, de 1959. Optei por apresentar a tradução feita por José de Souza e Mello Werneck, com revisão técnica de Moysés Aguiar, para o livro de Marineau, porque é a mais próxima do texto em inglês. Mesmo assim, fiz algumas correções quando, a meu ver, a tradução alterou o sentido do original.

O registro de Moreno (MARINEAU, 1989, p. 82-5) é o seguinte:

> Tínhamos uma jovem atriz, Bárbara, que trabalhava no teatro e também tomou parte num experimento que eu começara, o jornal vivo improvisado. Ela era a principal atração, por causa de sua atuação extraordinária em papéis ingênuos, heróicos e românticos.
>
> Logo ficou evidente que estava apaixonada por um poeta e autor teatral que nunca deixava de se sentar na primeira fila, aplaudindo e observando cada uma de suas atuações. Surgiu um romance entre Bárbara e George. Um dia, anunciou-se seu casamento. Entretanto, nada mudou, ela permaneceu nossa principal atriz e ele, nosso principal espectador, por assim dizer.
>
> Um dia George veio até mim, com seus olhos habitualmente alegres, agora muito perturbados.
>
> – Que aconteceu? – perguntei-lhe.
>
> – Oh, doutor, não posso suportar isso!
>
> – Suportar o quê? – Fitei-o, procurando investigar o que havia.
>
> – Aquele ser suave, angelical, que vocês todos admiram, age como uma criatura endemoninhada quando está a sós comigo. Fala com uma linguagem extremamente desaforada e, quando fico zangado com ela, como na noite passada, ela me esmurra.
>
> – Espere – disse eu –, venha ao teatro, como de hábito, e eu vou buscar uma solução.

Quando Bárbara voltou ao palco naquela noite, pronta para desempenhar um de seus habituais papéis de pura feminilidade, eu a detive.

– Olhe, Bárbara, você tem atuado maravilhosamente até agora, mas temo que esteja ficando desgastada. As pessoas gostariam de vê-la em papéis nos quais você represente o terra-a-terra, a rudeza da natureza humana, sua vulgaridade e estupidez, sua cínica realidade. Não apenas como as pessoas são, mas piores do que são, como as pessoas são quando são levadas a extremos por circunstâncias incomuns. Quer tentar isso?

– Sim – disse ela entusiasmada. – Estou contente por você falar isso. Há algum tempo eu já sentia que devia propiciar ao nosso público uma nova experiência. Mas você pensa que eu possa fazê-lo?

– Confio em você – respondi.

Acaba de chegar a notícia de uma garota em Ottakring (um bairro pobre de Viena), que ao atrair homens na rua foi agredida e morta por um estranho. Ele está solto, sendo procurado pela polícia. Você é a prostituta. Aqui (apontando para Richard, um de nossos atores masculinos) está o bandido. Façam a cena prontamente.

Foi improvisada uma rua no palco, um café, duas luzes. Bárbara começou.

George estava na sua habitual poltrona, na primeira fila, extremamente excitado.

Richard, no papel de bandido, saiu do café com Bárbara, seguindo-a. Encontram-se e logo começam uma acalorada discussão. Brigavam por dinheiro. De repente, Bárbara passou a representar de uma forma completamente inesperada para ela. Praguejava como um cavalariço, dando socos no homem, chutando-o na perna repetidas vezes.

Vi George meio erguido, estendendo os braços ansiosamente para mim, mas o homem ficou mais violento e começou a encurralar Bárbara. De repente, arrancou uma faca, um estilete, do bolso interno de seu paletó. Perseguia-a em círculos, cada vez mais próximos. Ela atuou tão bem que deu a impressão de estar realmente apavorada.

O público levantou murmurando:
– Pare, pare! – mas ele não parou, até que ela fosse supostamente assassinada.

Depois da cena, Bárbara ficou exultante, abraçou George e foram para casa extasiados.

Desde então, ela continuou a atuar nesses papéis "baixos". George veio ver-me no dia seguinte. Instantaneamente entendeu que aquilo era terapia.

Ela representava donas de casa, solteironas solitárias, esposas vingativas, namoradas desprezadas, mulheres de botequim e companheira de bandidos.

George dava-me notícias diárias:
– Bem – disse-me ele após algumas sessões –, algo está acontecendo com ela. Tem ainda seus acessos de mau humor, mas eles perderam sua intensidade. São mais curtos e, no meio deles, ela muitas vezes sorri e, como ontem, lembra de cenas parecidas que fez no palco e então ri e eu rio com ela, pois também me lembro. É como se víssemos um ao outro num espelho psicológico. Rimos nós dois. Algumas vezes ela começa a rir antes de ter os acessos, antecipando o que vai acontecer. Por fim, quando acaba por tê-los, falta-lhes o ardor habitual.

Era como uma catarse decorrente do humor e do riso. Continuei o tratamento, designando-lhe papéis cuidadosamente escolhidos, conforme as necessidades tanto dela, quanto dele.

Um dia George comentou o efeito que essas sessões tinham sobre ele enquanto as observava, e também quando absorvia o comentário que eu fazia depois.

– Olhar as atuações dela no palco fez-me ficar mais tolerante com Bárbara, menos impaciente.

Naquela tarde mostrei a Bárbara quanto progresso ela havia feito como atriz e perguntei-lhe se não gostaria de atuar no palco junto com George. Fizeram isso, e seus duetos no palco, que passaram a fazer parte do nosso programa oficial, pareciam cada vez mais com os que ocorriam diariamente em casa. Aos poucos, foram representadas as famílias de ambos, cenas da infância dela, seus sonhos e planos para o futuro. Após cada desempenho, alguns espectadores vinham até mim para perguntar-me por que as cenas de Bárbara e George os tocavam mais profundamente do que as das outras pessoas (terapia do público).

Meses mais tarde, Bárbara e George sentaram-se a sós comigo no teatro. Tinham encontrado um ao outro novamente, ou melhor, tinham encontrado a si próprios e um ao outro pela primeira vez. Analisei o desenvolvimento de seu psicodrama, sessão por sessão, e lhes contei a história de sua cura.

Antes de discutir o texto, são necessárias algumas considerações prévias. A primeira refere-se ao fato de o relato de Moreno ter sido publicado pela primeira vez em 1946, mais de vinte anos depois de o atendimento ter ocorrido, em outro país e em outra língua. Em vista disso, deve ter sofrido variadas interferências do percurso existencial do autor desde a Viena de 1921 até a Nova York do pós-Segunda Guerra Mundial.

A segunda, tem que ver com o fato de Moreno não explicitar no texto a teoria que dá sustentação a sua prática. Ela aparece em seu livro *O teatro da espontaneidade*, de 1923, dedicado fundamentalmente à descrição de um novo tipo de teatro experimental improvisado, que tem nos estados espontâneos dos atores seu elemento articulador. Metaforicamente comparada por Moreno ao vôo dos pássaros, a *espontaneidade* permite que cada ser se assemelhe a um deus e tenha, no teatro improvisado, uma demonstração estética de liberdade. Para tornar mais compreensível o trabalho de Moreno com Bárbara e George, vou fazer um contínuo cotejamento entre os dois textos.

O teatro da espontaneidade foi escrito na mesma época do atendimento, sendo publicado anonimamente em 1923, pela editora G. V. Verga, Potsdam, Alemanha. O próprio Moreno o traduziu para o inglês, acrescentando na edição norte-americana três novas partes: a introdução, o prólogo e o quinto capítulo. Afirma, então, que, mesmo depois de 25 anos, o texto continuava importante, trazendo contribuições para a *teoria da espontaneidade*, para a compreensão das técnicas de ação (*play techniques*) e sobre a comunicação interpessoal.

Em minha apreciação dos textos uso exclusivamente os quatro capítulos originais do livro, que faziam parte de sua primeira edição. Eles são os capítulos sobre o teatro do conflito, o teatro da espontaneidade, o teatro terapêutico e o teatro criador.

A primeira etapa da análise do relato de Moreno consistiu em sua divisão nos movimentos internos do texto que, a meu ver, configuram as diferentes unidades temáticas da narrativa de nosso autor. Eles são: a apresentação do teatro do improviso como demonstração estética de liberdade, as transformações que permitem a encenação dos conflitos da atriz, a construção cênica desse novo método e, por fim, a análise de seus efeitos.

Vejamos agora cada movimento.

1. O teatro do improviso como demonstração estética de liberdade

[§1-§2]

Moreno começa dizendo: "Tínhamos uma jovem atriz, Bárbara, que trabalhava no teatro [...]".

Essa afirmação localiza o leitor no contexto específico do teatro do improviso, criado e dirigido por ele na Europa, entre 1921 e 1923 ou entre 1922 e 1925, pois o próprio autor se contradiz em relação ao período de sua realização em Viena. Ali, sua função é de diretor e de produtor teatral, pois o objetivo do Stegreiftheater é realizar o "desdobramento da vida em um mundo de ilusão, [...] para que o sujeito comece a perceber sua própria vida a partir do *ponto de vista do criador,* experimentando a verdadeira liberdade, a liberdade em relação a sua própria natureza" (MORENO, 1923, p. 157-8). Cabe dizer que, para Moreno, essa *perspectiva* criativa devia estar presente no cotidiano, não implicando produções originais com valor artístico especial, mas sim ações que permitissem o fluir dos *estados espontâneos*, que, como já vimos, não se limitam a climas emocionais subjetivos, mas decorrem de interações sociais. Eles não surgem automaticamente, nem mesmo por um ato voluntário, mas por uma modificação no modo do funcionamento vital produzido pelo *aquecimento* (MORENO, 1923, p. 82-3). São estados fluentes, móveis, que têm um ritmo semelhante ao dos ciclos biológicos, ou seja, aumentam e diminuem por si mesmos, depois de certo tempo. Nesse tipo de teatro que abandona o *script*, improvisa o texto e a ação no palco, os atores têm como objetivo agir criativamente. As apresentações são semanais, ocorrem em espaço próprio e contam com público regular.

O texto continua, dizendo: "e também tomou parte num experimento que eu começara, o jornal vivo improvisado".

Trata-se de um tipo de prática do grupo, já descrita.

Diz a seguir: "Ela era a principal atração [...]".

Ao destacar que Bárbara é a principal "atração", Moreno mostra o interesse da *troupe* em envolver e cativar o público. Por outro lado, ao ser a "principal" atração, fica evidente que ela ocupa um lugar de destaque entre os atores, catalisando a força das apresentações.

Vem depois: "por causa de sua atuação extraordinária em papéis ingênuos, heróicos e românticos".

Uma "atuação extraordinária" indica no contexto do teatro espontâneo que Bárbara é capaz de eliminar suas resistências internas em relação à própria espontaneidade, sabe coordenar sua ação com a dos atores coadjuvantes, agrega qualidade dramática a sua *performance*, desenvolve o enredo de forma interessante e, por fim, consegue conduzir a história para algum tipo de resolução cênica (MORENO, 1923, p. 102). Tem assim uma habilidade rara e especial como atriz de improviso.

O fim da frase, "em papéis ingênuos, heróicos e românticos", evidencia, entretanto, certa contradição entre o objetivo conceitual do grupo e sua prática. Ao tentar efetivar o resgate dos aspectos autênticos da vida, pela via da criação espontânea, a companhia acaba desembocando em encenações repetidas de enredos ingênuos românticos e açucarados, que promovem um divertimento fácil e descompromissado, que provavelmente não introduz nem o novo nem o espontâneo.

Como entender essa corrupção da proposta original?

Moreno mesmo nos dá algumas pistas: o texto deixa entrever seu interesse em agradar ao público. Além disso, afirma também que

> o drama totalmente espontâneo é um empreendimento paradoxal. Quanto mais espontâneos são os atores, quanto mais perfeita é sua transformação nos papéis propostos, mais necessário se faz um agente externo que os conecte entre si para convertê-los em uma unidade funcional e social (MORENO, 1923, p. 127).

Segundo ele, essa função cabe ao diretor do *teatro da espontaneidade* que, muitas vezes, pode ter dificuldades para levar o grupo a alcançar o tempo todo uma ação espontânea grupal coerente e viva. Há momentos nos quais a repetição de determinados esquemas de encenação, que agradam ao público e que os atores realizam bem, pode insinuar-se como uma forma de manter o sucesso das apresentações.

Mergulhado na pesquisa dos meios de expressão individual, na comunicação entre os estados espontâneos dos atores, empolgado por contar com um público regular, com um espaço próprio para suas experiências e com um grupo de atores dispostos e envolvidos com o projeto, Moreno pode ter perdido o distanciamento crítico necessário para perceber e evitar tal estereotipia. Esse tipo de dificuldade é comum até hoje na direção de práticas espontâneas públicas.

O coordenador da atividade espontânea tem de estar continuamente atento para não banalizar sua ação, pois em momentos de falta de criatividade do grupo ou de pouco compromisso do público, é tentador recorrer a soluções já conhecidas e bem-sucedidas.

No segundo parágrafo do texto aparece um novo elemento: "Logo ficou evidente que ela estava apaixonada por um poeta e autor teatral que nunca deixava de se sentar na primeira fila, aplaudindo e observando cada uma de suas atuações".

Esse "logo ficou evidente" mostra, em primeiro lugar, que o clima de paixão muito forte entre eles eclodiu rapidamente. O termo "evidente" indica, por sua vez, a presença de um ou vários observadores, que testemunham o fato de Bárbara apaixonar-se por um fã e de esse conquistar sua diva, o que, provavelmente, deleita o público.

Trata-se, pois, de uma experiência grupal, carregada de projetos subjetivos, de idealizações e de interdependências não-explicitadas. Há muitos participantes influenciando de diferentes formas aquele vínculo; alguns representam, um dirige e muitos assistem, mas todos interferem no que se realiza no palco e na vida. Tanto os espectadores como o diretor endossam que a vida real confirme as cenas românticas representadas no palco.

Além disso, um "autor teatral", provavelmente de roteiros para o teatro convencional, rende-se ao encanto da atriz espontânea, pois "nunca deixava de sentar-se na primeira fila, aplaudindo e observando cada uma de suas apresentações". Configura-se mais um sucesso que engrandece o grupo.

A força desses movimentos subjetivos sutis vai, cada vez mais, conduzindo Bárbara e os demais participantes a um percurso de prazer, que confunde ilusão e realidade. Percurso que não transforma e potencializa a vida real dos envolvidos, mas mantém a sensação idealizada de uma existência grandiosa e aparentemente segura, criando entre todos um enredamento involuntário e não-percebido. Uma trama oculta impõe-se, eclodindo na continuação do texto.

"Surgiu um romance entre Bárbara e George. Um dia, anunciou-se seu casamento."

Esse casamento dá-se, muito provavelmente, entre as *personagens*: heroína delicada, gentil e meiga e o admirador romântico, fã incondicional, que se encanta, estimula e emula a encarnação cênica perfeita da mulher de seus sonhos. George e Bárbara apaixonam-se e casam-se enlevados por suas idealizações românticas e embalados pelo prazer do grupo.

O texto afirma a seguir, no mesmo parágrafo: "Entretanto, nada mudou, ela permaneceu nossa principal atriz e ele, nosso principal espectador, por assim dizer".

O uso do "entretanto" mostra que alguma mudança, esperada com o casamento, não se dá. Penso que a mais provável, na época, teria sido Bárbara deixar suas atividades como atriz, dedicando-se exclusivamente ao lar.

As palavras finais desse movimento: "nosso principal espectador, por assim dizer" denuncia e evidencia, mais uma vez, que George recebe a função (involuntária e imperceptível) de representante do público. Como depositário das forças do grupo, age movido por seu amor, mas também pelas emoções, fantasias e projetos dos demais espectadores, uma dinâmica que será mais bem abordada adiante.

2. O teatro do improviso encena os conflitos da atriz

[§3-§4]

O texto continua, agora não mais sob a forma discursiva, mas em diálogos:

Um dia George veio até mim, com seus olhos habitualmente alegres, agora muito perturbados.
– Que aconteceu? – perguntei-lhe.
– Oh, doutor, não posso suportar isso!

O inesperado para George descortina-se: perdido, perplexo e em grande sofrimento, sem forças para enfrentar as vicissitudes de sua própria existência, pede ajuda ao *doutor* Moreno, qualificando-o como médico e não mais como diretor de teatro. Apenas esse título evidencia o movimento sutil de um papel para o outro. O leitor é mantido em uma zona ambígua entre esses dois territórios. Qual prevalece? A análise do próprio texto dirá.

Moreno pergunta a seguir: "– Suportar o quê? – Fitei-o procurando investigar o que havia".

Parece surpreso, observando atentamente George. Nessa atitude, insinua-se o médico treinado com rigor na Universidade de Viena a buscar sinais que enquadrem as queixas de seu interlocutor em algum quadro teórico conhecido.

É a resposta de George que aponta as causas de seu sofrimento: "– Aquele ser suave, angelical, que vocês todos admiram, age como uma criatura endemoninhada quando está a sós comigo".

O ser angelical, querido por todos, desaparece. Em casa, Bárbara não é o que desempenha no palco, é outra, uma desconhecida, que age como um demônio. Quando o casamento não cumpre o sonho do poeta, George mostra-se incapaz de lidar com seu equívoco de ter tomado a *personagem* pela pessoa e entra em desespero.

A frase "que vocês todos admiram", confirma, mais uma vez, o enredamento dos espectadores e do diretor nesse projeto matrimonial. Como alguém ludibriado, ele reclama do engodo e pede que o dr. Moreno resolva seu problema.

Este responde: "– Espere – disse eu –, venha ao teatro, como de hábito, e eu vou buscar uma solução".

Ao aceitar as queixas de George, o médico, que também é diretor de teatro, assume que as dificuldades do casal são devidas ao comportamento de Bárbara, que não está agindo como deveria. Moreno parece não dar importância às idealizações e exigências tirânicas de George, que quer uma esposa gentil e submissa aos seus desejos.

Creio que pode haver duas possíveis razões para o enredamento de Moreno nessa situação. A primeira é o fato de ele mesmo ter naquele momento uma companheira especial, que vive em função dele, acompanha-o em seus sonhos e o ama incondicionalmente. Em sua autobiografia, revela que entre 1919 e 1925 viveu um intenso envolvimento com uma jovem austríaca, Marianne Lörnitzo, que descreve como "uma mulher que era capaz de ser, ao mesmo tempo, a amante e a princesa do espírito" (MORENO, 1985, p. 103-6), dando sentido à sua vida, como homem e como criador. Assim, para ele, a *mulher-musa* existe. Com isso, pode ter perdido o distanciamento crítico para entender que os conflitos do casal eram devidos tanto a Bárbara como a George.

Outra razão tem que ver com o que Birman assinala a respeito do lugar da mulher no mundo. Esse autor mostra que o *tornar-se mulher* é construído conforme determinadas condições de possibilidade da história. Cada época produz figurações, personagens, imagens ideais do que é e de como se pode efetivar o relacionamento entre o masculino e o feminino. Na década de 1920, quando Bárbara e George se casam, ainda vigora o ideal romântico, que confere à mulher uma postura gentil, delicada e dedicada a seu companheiro e, ao homem, um papel austero, protetor e autoritário. Apesar de nesse período do pós-guerra estarem ocorrendo profundas transformações sociais, políticas e econômicas na Europa, elas só produzirão efeitos na subjetividade dos homens e das mulheres de forma lenta e gradual. Segundo Birman (1997, p. 89-132), apenas na década de 1960, graças às lutas feministas, será desenhado um novo horizonte social para a mulher, no que se refere a suas demandas e direitos. Em 1923, sem essa perspectiva histórica, Moreno procura uma solução que amenize os ataques de Bárbara em relação a George.

Assim, a escolha de Bárbara como *protagonista* mostra que o próprio diretor está enredado nesse tema, cumprindo, sem perceber, aquilo que Marilena Chauí (In: MILAN, 1976, p. 127) aponta no posfácio do livro de Betty Milan, quando diz: "a escolha do protagonista evidencia não apenas a natureza peculiar da estrutura do grupo, mas [...] nela, o terapeuta se encontra tão inscrito no processo quanto os demais participantes do grupo".

O texto continua com a frase: "Quando Bárbara voltou ao palco naquela noite, pronta para desempenhar um de seus habituais papéis de pura feminilidade, eu a detive".

Ao conversar com Bárbara, antes de ela entrar em cena, Moreno tenta quebrar o círculo vicioso da sucessão de tipos românticos que ela encarna como atriz, dizendo: "– Olhe, Bárbara, você tem atuado maravilhosamente até agora, mas temo que esteja ficando desgastada. As pessoas gostariam de vê-la em papéis nos quais você represente [...]".

Primeiro ele reforça o excelente trabalho que ela vem desenvolvendo como atriz principal da companhia de teatro, não fazendo nenhuma crítica que possa criar-lhe angústia. Em seguida, justifica a necessidade de mudança no tipo de encenação devido ao enfado do público, face à repetição do clima ingênuo das histórias apresentadas. É o público que deseja vê-la atuando de outra forma.

Por que não conta para Bárbara as intenções de sua terapêutica experimental? O texto não dá nenhuma pista a esse respeito. Posso supor duas hipóteses.

Em primeiro lugar, porque ele vem pesquisando há algum tempo os *estados de espontaneidade* e sabe que a tranqüilidade de Bárbara é indispensável para seu *aquecimento* e entrega radical, como atriz, a um mundo de ilusão, que deverá capturá-la, bem como os demais atores e o público, na fantasia de ver, ouvir e poder tocar "personagens dramáticas que são criadoras de si mesmas" (MORENO, 1923, p. 89), que se definem à medida que são atuadas dramaticamente. Esse estado bastante peculiar é inversamente proporcional à ansiedade e à raiva. Como Moreno conhece bem a sensibilidade de sua *primadonna*, e sabe, por George, que ela é temperamental, pode ter usado como estratégia oferecer-lhe o que ela mais deseja: uma nova forma de ser admirada e amada por seu público, mantendo-o cativo e encantado.

Outra possibilidade, mais provável, é a de Moreno estar atuando mais como diretor do teatro de improviso do que como médico. Nesse papel abomina a postura *laissez-faire*, sendo diretivo e firme, pois acredita que,

> quanto mais espontâneos são os atores, maior a necessidade de um coordenador que organize sua participação, introduza o conteúdo da cena a ser representada, distribua os papéis, escolha os participantes, realize seu aquecimento e defina a seqüência das cenas (MORENO, 1923, p. 127).

Nesse contexto, é o diretor quem decide o que fazer; os atores apenas representam. Moreno continua, afirmando que "as pessoas gostariam de vê-la em papéis nos quais você represente o terra-a-terra, a rudeza da natureza humana, sua vulgaridade e estupidez, sua cínica realidade. Não apenas como as pessoas são, mas *piores* do que são, como as pessoas são quando são levadas a extremos por circunstâncias incomuns [...]".

Ao propor esses papéis, Moreno cria um desafio complexo e irrecusável para a atriz: mostrar a "rudeza da natureza humana, sua vulgaridade e estupidez" e satisfazer o desejo do público. Produz uma *maximização*, um excesso teatral. Ela deveria atuar "não apenas como as pessoas são, mas *piores* do que são", convoca-a a assumir definitivamente o temido papel de mulher má, diante do público que adora vê-la como ser delicado e gentil. Mais tarde esse procedimento será chamado de *role-taking* (tomada do papel).

O diálogo seguinte mostra, mais uma vez, que Bárbara está mergulhada no contexto do teatro do improviso. Ao perguntar "quer tentar isso?", Moreno obtém como resposta: "– Há muito tempo eu sentia que devia propiciar ao nosso público uma nova experiência".

Revela, mais uma vez, seu forte desejo de encantar os espectadores como atriz. Para isso, está disposta a qualquer mudança. A estratégia sedutora de Moreno é eficaz, ela está completamente envolvida pelo desafio e inclinada a agir de forma diferente.

Mostra, entretanto, uma pequena insegurança em relação à nova tarefa: "você pensa que eu possa fazê-lo?" pergunta a seu diretor, colocando-o na posição de líder carismático, que orienta sua ação.

"Confio em você" é a resposta.

Apesar de não usar com Bárbara o método terapêutico da hipnose, como faziam alguns psiquiatras naquela época, Moreno trabalha em um campo relacional no qual influencia fortemente sua principal atriz, fomentando uma completa adesão dela a suas propostas. Por que faz isso?

Em seu livro *O teatro da espontaneidade* (1923, p. 94) afirma que no processo de criação espontânea o diretor aparece como um novo dramaturgo, que não escreve, mas promove concepções criativas, prepara seus atores para idéias que estão amadurecendo dentro dele, naquele momento [...] sua intensidade e entusiasmo os contagia a tal ponto que os atores representam quase como se estivessem sob a influência de uma sugestão profunda.

Em outro texto, Moreno (1923, p. 126) diz: "a cena não deve ser uma imitação do método concreto usado no teatro convencional, mas deve *inventar uma expressão simbólica do tema, que reflita sua realidade interna*" (grifo meu).

Em outras palavras, para que a apresentação cumpra seus objetivos, Bárbara, além de dar um sentido verossímil ao drama, tem de adequar sua ação à de seus companheiros, mantendo a força e o ritmo da encenação, pois tudo acontece sem *script* e apenas uma única vez. Assim, ela deve atuar muito além da simples representação formal dos conflitos das *personagens* descritas, encarnando-as de forma a desvendar o sentido interno de suas ações e de suas expressões afetivas. Isso requer um nível ótimo de *aquecimento*, uma mobilização intensa de sua capacidade artística e grande envolvimento pessoal com a tarefa.

Ao encarnar tipos vulgares, Bárbara passa a ter também a oportunidade de viver e desvendar, por ela mesma, *a realidade interna* e *a expressão simbólica* de seus comportamentos, pois a ação das *personagens* reproduz a dinâmica de seu comportamento com George.

Envolvido com esses objetivos, Moreno pode até ter pensado que estava oferecendo a Bárbara um espaço de liberdade e de expressão espontânea.

Em vista disso tudo, deve ter parecido natural para ele fazer Bárbara realizar, sem consultá-la, o projeto que amadurecia dentro de si: utilizar o teatro do improviso com fins terapêuticos.

Entretanto, como hoje esses procedimentos poderiam ser considerados manipuladores, levantando questões éticas, penso ser necessário dizer que os valores éticos se constituem lenta e historicamente. Para entendermos melhor essa questão é interessante fazer uma pequena digressão acerca da evolução histórica da relação médico–paciente. Pedro Entralgo (1969) fez uma pesquisa histórica muito interessante sobre a evolução da postura do médico diante de seu cliente, que vai desde a Grécia antiga até o fim da década de 1960. Mostra que a noção de *sujeito* se introduz na prática médica somente por volta do final do século XIX, graças à eclosão de grande quantidade de quadros neuróticos, que não podiam ser entendidos pela anatomia, pela fisiopatologia ou pela bacteriologia clássicas. Chama esse fenômeno histórico de *revolução do sujeito*. A partir desse momento, surge uma nova compreensão da doença, que passa do âmbito do que ocorre *em mim* para o domínio do que é *meu*. Isso ocorre, porque a anatomia objetiva não consegue explicar a histeria, sendo necessário entendê-la com base na anatomia subjetiva, ou seja, pelas sensações que o doente tem do próprio corpo. Só depois disso, ouvir o cliente a respeito do que ele sente passa a fazer parte da prática médica. Até então, os professores de clínica médica consideravam essa prática pura perda de tempo. Para Entralgo, Freud foi o responsável por essa passagem, transformando o diagnóstico objetivo *ex visu*, no qual a conclusão sobre a doença é feita a partir do exame objetivo do corpo do paciente e pelo olhar do médico, em um diagnóstico *ex auditu*, subjetivador, que escuta as queixas do doente que fala do que sente, de suas experiências e impressões.

Penso que poderíamos dizer que Moreno também inova nesse campo, introduzindo o diagnóstico *ex actio*, subjetivamente objetivado pela ação do paciente no palco, onde este reproduz sua doença em uma ação teatral visível, tanto para o médico como para si mesmo. Esse novo método foi sendo construído justamente com Bárbara e George.

Voltemos à análise do texto, adentrando agora em uma nova unidade temática.

3. Construção cênica do método psicodramático

[§5-§14]

Este movimento começa com a frase: "Acaba de chegar a notícia [...]". Isso evidencia que o grupo está trabalhando com a técnica do *jornal vivo*, que enfoca notícias dos jornais do dia, para garantir que as cenas representadas não haviam sido previamente ensaiadas.

Em seguida, aparece: "de uma garota em Ottakring (um bairro pobre de Viena), que ao atrair homens na rua foi agredida e morta por um estranho".

Moreno escolhe um fato que tem como cenário um bairro pobre de Viena, onde provavelmente os modos femininos não são muito refinados. Além disso, por tratar-se de "uma moça que ao atrair homens na rua, foi agredida e morta por um estranho", podem aparecer no enredo espontâneo atitudes sexualizadas, vulgares e muito agressivas.

Ou seja, o próprio contexto da notícia introduz os elementos disruptivos necessários para modificar o modo estereotipado de Bárbara atuar. Nas circunstâncias da cena, para defender-se do bandido, ela terá de agir exatamente como faz diariamente em casa.

Moreno mistura intencionalmente dois mundos, o teatral *e* o da pessoa privada. Propõe um exercício cênico no qual fragmentos de histórias, emoções e sensações da *personagem* e da atriz podem ser vividos como partes de uma mesma trajetória. Ao preparar Bárbara para viver a agressividade, vulgaridade e crueldade da prostituta, aquece-a também em relação a seu agir doméstico oculto e descontrolado. Assim, a ação lúdica compartilhada no palco atinge simultaneamente sua criação artística e seu modo pessoal de funcionamento. Anos mais tarde, Moreno chamou esse tipo de exercício de *role-playing* ou desempenho espontâneo de papel.

O texto continua: "Ele está solto, sendo procurado pela polícia".

O fato de o bandido ainda estar solto parece dar um colorido de maior perigo à cena, revelando aos atores e ao público que o assassinato não teve testemunhas e ninguém pôde ajudar a jovem contra seu algoz. Isso aumenta a tensão da cena.

Depois vem: "Você é a prostituta. Aqui (apontando para Richard, um de nossos atores masculinos) está o bandido".

Nessa fala temos a introdução do *papel social* de prostituta e seu *papel complementar*, cafetão assassino. Os papéis sociais indicam para Moreno conjuntos de funções assumidas na vida social. Naffah complementa e enriquece a compreensão do *papel social* no teatro do improviso, postulando que ele possibilita que os elementos da vida cotidiana e a dinâmica microssociológica do processo social sejam incorporados à ação dos atores espontâneos.

Para esse autor, a grande importância da introdução do *papel social* no projeto teatral moreniano é a de possibilitar que nesse contexto específico do teatro espontâneo seja incluída a dimensão simbólica da realidade. Com isso, "mesmo que o ator espontâneo atue de forma lúdica, não age apenas por simples brincadeira, mas para resgatar para si e para as pessoas do público que se identifiquem com ele possibilidades criativas na e da vida social" (NAFFAH NETO, 1979, p. 183).

Creio que, além disso, os *papéis sociais* possibilitam que múltiplas formas de expressão subjetiva dos atores apareçam, pois, por não serem formas de comportamento individualizadas, eles têm o que Deleuze chama de *potência do impessoal,* conferida pelo artigo indefinido *uma* (no caso, prostituta). Para ele "esse artigo não conduz a uma generalização, mas à possibilidade de um certo tipo de experiência que tem o mais alto grau de singularidade" (DELEUZE, 1993, p. 77). Ou seja, para encarnar *uma* prostituta indefinida Bárbara usa suas próprias emoções e sensações, fragmentos de sua história, fatos corriqueiros de seu dia-a-dia, gestos e expressões das pessoas com as quais convive ou conviveu. Resumindo, o papel social *uma* prostituta gera a *personagem* prostituta, criada pelo imaginário e pelas fantasias de Bárbara.

Ao desempenharem espontaneamente *uma* prostituta e *um* assassino no palco, os atores podem realizar uma produção que é ao mesmo tempo imaginária e real, particular e coletiva, virtual e palpável. Impregnada pela subjetividade de cada um, a atuação de cada ator ultrapassa a produção individual, pois a criação do drama vai constituindo-se pela ação espontânea de ambos, que dá vida ao relacionamento das *personagens*, bem como pela ressonância do/no público e pela continência do diretor. A forma como se dá o enfrentamento violento entre prostituta e bandido é resultado de uma produção supra-individual, atravessada por todos esses elementos.

Ao introduzir Richard como bandido, Moreno inclui a dimensão relacional do drama, com seus limites e conseqüências. As agressões de Bárbara ao bandido/Richard não ficam sem resposta e são levadas às últimas conseqüências. Essa técnica que permite que as respostas vinculares do outro participante da cena coloquem limites na ação da *protagonista* será chamada mais tarde de *interpolação de resistências.*

Moreno pede, em seguida, que "façam a cena prontamente".

Isso mostra que os atores da companhia estão bastante treinados e acostumados a improvisar rapidamente. Indica também que ele espera um tipo de encenação simples que mergulhe no novo sem muita preparação. Em outro texto afirma que,

> quando a distância entre o momento da criação e seu resultado é muito pequena, o resultado não pode ser uma obra monumental como a dos grandes artistas, mas apenas uma experiência nova em seu *status nascendi* (ou seja, no momento mesmo em que aparece) e equivalente à experiência das crianças ou a dos artistas primitivos (*naifs*) (MORENO, 1923, p. 91).

O texto continua: "Foi improvisada uma rua no palco, um café, duas luzes".

Vale dizer que, para compor os cenários, Moreno (1923, p. 124-5) usava apenas materiais simples e suficientes para sugerir a ambientação, adaptáveis aos diferentes enredos, tais como: blocos de madeira pintados de diferentes cores e com formas variadas, algumas luzes e tecidos para as indumentárias.

Em seguida, temos: "George estava na sua habitual poltrona, na primeira fila, extremamente excitado".

Mais uma vez, George irrompe na descrição de Moreno. Tal constância em referir-se a ele parece sugerir que o diretor o vê como um co-protagonista passivo, ou seja, a encenação é realizada por Bárbara e por Richard, mas responde também a uma aflição de George. Isso ficará evidente mais adiante.

No parágrafo seguinte aparece: "Richard, no papel de bandido, saiu do café com Bárbara, seguindo-a. Encontram-se e logo começam uma acalorada discussão. Brigam por dinheiro. De repente, Bárbara passa a representar de uma forma completamente inesperada para ela. Praguejava como um cavalariço, dando socos no homem, chutando-o na perna repetidas vezes".

Depois de um breve relacionamento entre as *personagens*, surge um possível motivo para a briga: dinheiro. Inesperadamente, Bárbara expressa a destemperança verbal e as agressões físicas para as quais Moreno a encaminhou tão bem, mostra seu lado oculto para o público. Mas para que ele dá voz e expressão relacional às forças que a movem? Ele mesmo afirma em outro texto que, ao usar o teatro espontâneo com fins terapêuticos, sua "intenção é fazer a enfermidade visível... [pois] paradoxalmente, o objetivo do tratamento espontâneo não é curar, mas adoecer" (MORENO, 1923, p. 147).

Ou seja, *a primeira etapa desse processo é repetir e maximizar o sintoma em cena*. Para isso, Bárbara desempenha papéis teatrais fictícios, encarna *personagens* exageradas, que repetem seus conflitos. Essa prática mantém a história pessoal da cliente protegida pela ficção, mas possibilita que ela viva e explore relacionalmente sua agressividade, que aparece travestida em um novo e inesperado talento da atriz.

Moreno continua em novo parágrafo: "Vi George meio erguido, estendendo os braços ansiosamente para mim [...]".

Pela terceira vez, George aparece no texto. Cada vez fica mais clara sua completa dependência de Moreno, "estende os braços para" o diretor, esperando que ele faça alguma coisa. É mais do que um simples membro do público, toda e qualquer ação no palco o perturba e o expõe. Assim, apesar de Moreno, nesse momento, ainda não tomar George como um *protagonista* explícito, como espectador ele mostra suas aflições, identifica-se e sofre com o que ocorre no palco.

O texto continua sem pausa: "mas o homem ficou mais violento e começou a encurralar Bárbara. De repente, arrancou uma faca, um estilete, do bolso interno de seu paletó".

Esse "mas" inesperado liga duas frases, que aparentemente nada têm que ver uma com a outra: "vi George [...] estendendo os braços para mim, *mas* o homem ficou mais violento [...]". Surge um instigante tipo de oposição que não parece ser apenas lingüístico, mas também factual: há duas formas masculinas de lidar com a agressividade daquela mulher: de um lado, o medo impotente do marido; de outro, a rápida e violenta reação do bandido. Nesse contraponto fica evidente também quanto os atores estão aquecidos; as *personagens* tomam vida e o enredo constitui-se pela rápida sucessão das ações. Fica claro também que os atores dominam a técnica, sabendo potencializar ao máximo a tensão da cena por meio de seus gestos, falas ou movimentos teatrais, que são todos muito eficazes.

"Ela atuou tão bem que deu a impressão de estar realmente apavorada" é a frase que encerra esse parágrafo.

Moreno muda o foco de seu olhar e passa a descrever a *performance* da atriz. Mostra que não está totalmente imerso no drama teatral, mantendo, como diretor, um distanciamento crítico que lhe permite observar tanto a atriz como a *personagem*. Pode intervir tanto em relação a uma como em relação à outra. Além disso, ao dizer que Bárbara "dá a impressão de estar realmente apavorada", mostra que espera que ela viva a experiência de fazer uma *personagem* assustada. Isso parece indicar que sua intenção é fazer que o conflito existencial e a representação cênica ocupem o mesmo lugar e o mesmo tempo. *Não sugere uma expectativa de superação ou resolução da realidade pela via do imaginário, mas apenas de sua representação.* Representação tomada aqui em seus dois sentidos: teatral, como encenação, e psicológico, como simbolização, registro experimental e consciente do vivido.

O texto continua: "O público levantou murmurando:
– Pare, pare!".

A tensão e a emoção do palco transbordam, contaminam e afetam o público, que vive o drama da vítima e a raiva do agressor. O espectador do teatro experimental é levado a explorar acontecimentos sombrios e violentos, alheios a seu meio, que ocorreram originalmente nas ruas escuras e distantes do submundo da periferia. Alguns se envolvem tanto que confundem encenação com realidade e temem que Bárbara, e não a prostituta, seja assassinada. Tomam a *personagem* pela atriz, vivendo intensamente o que ocorre no palco. São co-partícipes da ação teatral, que cumpre plenamente duas de suas funções: imitação e ação. Segundo Pavis (1996/1999, p. 25):

> o teatro expressa o desejo humano de imitar, o gosto pelo jogo, a necessidade de contar histórias, a possibilidade de zombar impunemente de situações sociais, o prazer em metamorfosear-se. Desde Aristóteles na *Poética* (1447^a-1448^a), a produção artística é entendida como *imitação, ação* e *catarse*.

Teixeira Coelho (1983, p. 20 e 16) complementa a compreensão das funções do teatro, mostrando que há um tipo de trabalho cênico que opera com o que ele chama de o *teatro por dentro*, que tem como interesse mais do que

> [...] transmitir um conhecimento, uma mensagem para outras pessoas...[pretende] propor a quem estiver *ali* uma experiência de recuperação material do ato de existir [...] Esse tipo de trabalho, que se apropria e possibilita um saber-fazer poético e conduz à obra feita pela própria pessoa, abre caminho para uma forma *artística* de conhecer o mundo, diferente daquela proposta pelo conhecimento científico.

Essa descrição aplica-se perfeitamente à prática improvisada que aparece nesse texto, na qual a ação cênica percorre e explicita estados emocionais compartilhados, com certa preocupação estética, pois busca reproduzi-los (*mimesis*), modificá-los pela ação (*poiesis*) e produzir alívio (*catharsis*).

A seguir, afirma: "Mas ele não parou, até que ela fosse supostamente assassinada".

O bandido cumpre seu papel, a história chega ao desenlace anunciado na manchete do jornal. A prostituta é assassinada em cena. A agressividade inconseqüente da jovem é interditada violentamente, com a pena máxima, a morte. Colocam-se radicalmente os limites que George omite.

Em seguida temos: "Depois da cena Bárbara ficou exultante".

Mais do que alívio, aparece um estado de alegria exuberante, *exuberant with joy* é a expressão em inglês. Essa descrição superlativa leva-me a supor que tal satisfação possa ser devida tanto ao grande sucesso de seu novo estilo de representar como também a certo tipo de prazer inesperado, decorrente do enfrentamento, da continência, dos limites e da aceitação de sua fúria pelo público, bem como pelo desenlace do enredo.

Depois disso: "abraçou George e foram para casa extasiados".

Ou seja, George também está aliviado e maravilhado com a experiência.

O texto continua em outro parágrafo: "Desde então, ela continuou a atuar nesses papéis *baixos*".

Para que Moreno faz sua atriz principal assumir e desempenhar esses papéis várias vezes?

A frase seguinte parece quebrar a seqüência das idéias que estão sendo apresentadas, mas serve para explicitar o *para que* dessa repetição: "George veio ver-me no dia seguinte. Instantaneamente entendeu que aquilo era terapia".

Como ele chegou a essa conclusão só será esclarecido depois. Por enquanto, a função de sua afirmação é diferenciar o *teatro espontâneo*, em sua modalidade *jornal vivo*, de uma nova prática. Como vimos, o próprio criador das técnicas explicita, em outro texto, que "em seu nascimento, o teatro espontâneo nada tem a ver com terapia [...] [aquela prática] sempre teve a ver com higiene mental[2] e com o valor educacional do aprendizado da espontaneidade" (MORE-

---

2. Profilaxia seria o termo usado hoje.

NO, 1923, p. 165). Fica evidente que, nesse primeiro momento, a repetição dos papéis *baixos* tem uma finalidade específica ligada à nova função terapêutica do *teatro espontâneo*. Provavelmente, a repetição das cenas permite que Bárbara explore várias vezes, mas com pequenas diferenças, campos afetivos, sensoriais e conativos que expressam e maximizam seus problemas pessoais em suas diferentes nuanças e variações.

A continuação do texto confirma isso: "Ela representava donas de casa, solteironas solitárias, esposas vingativas, namoradas desprezadas, mulheres de botequim e companheira de bandidos".

Cada um desses papéis teatrais explora e estrutura determinados campos específicos de forças afetivas e de ação. Como *personagens* fictícias, apresentam, com relativa coerência interna, formas de ser culturalmente desenhadas. Por exemplo, a solteirona solitária remete a um tipo de ação cênica bastante diferente do sugerido pela dona de casa ou pela mulher de botequim e assim por diante. Cada uma serve para Bárbara aproximar-se de diferentes formas de expressar seus impulsos, verificando as conseqüências deles e os limites de sua ação. Além de alívio, ela pode ter certa percepção de si mesma, discriminando diferentes formas socializadas de agir. Mas a proposta moreniana ultrapassa esse tipo de aprendizado.

Penso que Moreno começa a configurar aqui um novo *modus operandi* para a psicoterapia, que deixa de se interessar pela investigação minuciosa das lembranças reprimidas ou dos acontecimentos traumáticos e passa a pesquisar formas de dar corporeidade, voz e expressão relacional espontânea às forças que movem sua cliente. *O percurso criativo e a reexperimentação flexível de formas estereotipadas de existir passam a ser mais importantes do que trazer à consciência os conteúdos ocultos.*

O que fundamenta essa prática psicoterapêutica no seu início é a idéia de que os estados espontâneos possibilitam o trânsito discriminado entre fantasia e realidade. Segundo Mascarenhas (1995, p. 32), é justamente a "flexibilidade nessa passagem que promove e define a saúde mental para Moreno".

4. Efeitos do novo método

[§15-§20]

Este movimento começa com a frase: "George dava-me notícias diárias". Mais uma vez fica evidente o intenso relacionamento entre esses dois homens, ocupados em observar e comentar o que ocorre com Bárbara, uma mulher que os fascina. Tratam agora das mudanças de seu comportamento.

O texto continua: " – Bem – disse-me ele após algumas sessões [...]".

Com essa frase, Moreno mostra que esse encontro dos dois se dá após terem sido realizadas várias encenações teatrais, ou seja, que decorreu certo período de tempo no qual provavelmente Bárbara desempenhou, muitas vezes, papéis *baixos*.

Entretanto, ao chamar cada apresentação teatral de *sessão*, Moreno comete um anacronismo, pois na década de 1920 está envolvido com práticas teatrais improvisadas, usando em seu livro *O teatro da espontaneidade* termos como: apresentação, laboratório, ação teatral, ação trágica, ação cômica, ato criador, estado espontâneo, momento, criaturgia, produção, dramaturgia experimental, produção cênica e, no máximo, teatro terapêutico. Nos seus textos da época não aparece a palavra *sessão*. A meu ver, o uso do vocábulo remete ao momento da publicação desse texto, em 1946, e não ao do atendimento. Isso nos dá mais uma pista para pensarmos que ele tenha sido revisto ou até mesmo escrito na década de 1940.

Em seguida, George diz: "algo está acontecendo com ela. Tem ainda seus acessos de mau humor, mas eles perderam sua intensidade. São mais curtos e, no meio deles, ela muitas vezes sorri e, como ontem, lembra de cenas parecidas que fez no palco e então ri [...]".

Há alguma mudança no comportamento de Bárbara, pequena, mas instigante: seus acessos de mau humor continuam, mas têm menos "intensidade" e são também mais "curtos". Menos força, menos tempo, há certo alívio catártico da raiva e do furor de Bárbara, com menor necessidade de descarga contínua.

Há também certo distanciamento interno, com a constituição de um incipiente *eu observador*, que se lembra das "cenas parecidas que fez no palco".

É interessante pensar por que ela não se dá conta das crises de raiva que tem quase todos os dias em casa, mas se lembra do que ocorreu no teatro. É como se o *palco* tivesse possibilitado um espaço vivencial mais significativo, que amplifica suas experiências, de forma que elas possam ser alcançadas pela recordação. Essas experiências tornam-se visíveis para ela mesma, podendo ser incorporadas como partes de sua vida.

Surge uma nova capacidade psicológica: *ver a si mesma*, que vai além do simples alívio ou do aprendizado de novas formas de expressar seus sentimentos.

Mais tarde Moreno vai chamar esse espaço intermediário entre real e imaginário de *como se*.

O texto continua: "e eu rio com ela, pois também me lembro".

George afirma que ri com ela, pois "também me lembro". Mas do que ele pode lembrar-se? E do que ri? Pelo que foi apresentado no texto, é provável que se lembre dela e de Richard atuando. Lembra-se também do alívio que sentiu quando a cena acabou tragicamente, mas, apesar disso, Bárbara mostrou-se exultante.

Poderia, quem sabe, lembrar-se de seus medos e aflições exagerados como espectador. O protocolo não faz menção a isso, mostrando-o apenas muito ligado ao que ocorre no palco. "É como se víssemos um ao outro num espelho psicológico." Afirmação interessante, que mostra como a simples encenação pode ter uma *função espelho*, promovendo o distanciamento, permitindo a lembrança dos acontecimentos, reverberando na memória e produzindo efeitos *a posteriori*. "Rimos nós dois" é a frase seguinte. O sentido desse riso deve ser entendido no contexto das idéias de Moreno na década de 1920. Nesse momento, ele está pesquisando os efeitos da encenação teatral improvisada de fatos da vida. Propõe que um dos efeitos dessa repetição no palco seja o de possibilitar um "desdobramento da vida, no domínio da ilusão", que permita que o ator assuma o lugar do criador e experimente "a verdadeira liberdade, a liberdade em relação a sua própria natureza" (MORENO, 1923, p. 157).

Desse ponto de vista, as causas de seu sofrimento podem parecer tolas ou ridículas.

Nesse contexto, rir de si mesmo significa, em primeiro lugar, perceber e aceitar a própria vida. Além disso, envolve a capacidade de transformá-la, a partir da criatividade, em algo que faça sentido, "por maior que seja a dor que continue a existir" (MORENO, 1923, p. 157).

Penso que essa perspectiva é fundamental para o diretor do teatro de improviso, pois, a partir dela, sua prática ganha um sentido específico. Quando o *cômico desdobra-se no lúdico*, o cliente é convidado a *brincar* com os fatos de sua vida, experimentando o inesperado e o surpreendente. Em função do aquecimento, pode viver estados *sui generis*, estados oniróides, nos quais se constituem campos de irrealidade que podem modificar o nexo causal dos acontecimentos. Emerge então um agir livre, que nasce de seu íntimo. Essas possibilidades, descritas por Moreno e revistas por Mascarenhas (1995, p. 23), são diferentes facetas dos estados espontâneo-criativos.

Com relação a Bárbara e George, não sabemos se eles puderam viver o riso em tal plenitude ou se apenas conseguiram achar graça de si mesmos, ou um do outro.

O texto continua, descrevendo o comportamento de Bárbara: "Algumas vezes ela começa a rir antes de ter os acessos, antecipando o que vai acontecer. Por fim, quando acaba por tê-los, falta-lhes o ardor habitual".

Aparece aqui o mesmo processo anteriormente descrito, só que o riso surge agora antes de os acessos de raiva eclodirem. Apesar de ela começar a dar-se conta de sua raiva, ainda não consegue impedir seus acessos exagerados, mas apenas abrandá-los.

Provavelmente isso ocorre porque Bárbara recém-começou a perceber-se e ainda não atingiu uma compreensão suficientemente ampla de si mesma, que dê continência para seus impulsos. Precisa ainda reconhecer-se como impulsiva e exibida, e encontrar formas de usar sua agressividade e ambição sem machucar-se ou machucar os outros.

A frase seguinte, finalmente, expressa como Moreno entende esta fase do processo: "Era como uma catarse decorrente do humor e do riso".

Tudo o que foi vivido no palco converge para esse foco: a catarse decorrente do humor e do riso. Humor e riso, como já vimos, podem remeter para a possibilidade de recriação da própria experiência e para um distanciamento que promove a percepção e aceitação de si mesmo. Resta agora tentar entender de que tipo de catarse se trata.

Em 1923 o sentido da catarse moreniana está intimamente ligado ao processo espontâneo-criativo que possibilita e fecunda esse novo tipo de teatro que está sendo desenvolvido. Nosso autor chega a afirmar metaforicamente que "no processo de viver inalamos a psique e a exalamos por meio da espontaneidade" (MORENO, 1923, p. 146). Ou seja, tudo o que é tóxico pode ser eliminado pela espontaneidade. Assim, no teatro terapêutico, as tensões e os conflitos podem ser exteriorizados, expandidos e recriados no palco, desembocando por meio do processo de aquecimento, na ação espontânea. Essa permite que o ator de improviso, ao ampliar a realidade sob a forma de um enredo dramatizado, se libere dela, podendo purificar-se de suas tensões e compulsões.

Essa extensão da catarse para o ator é o ponto que Moreno considera mais importante em sua noção de catarse. Diz que seu ponto de vista é distinto do apresentado por Aristóteles, na *Poética*, que afirma: "a tarefa da tragédia é promover (nos espectadores) por meio do temor e da compaixão, a liberação de tais emoções" (MORENO, 1923, p. 162).

Dessa forma, ao mesmo tempo em que representa uma *personagem* que espelha sua própria vida, o ator/cliente libera-se dela. Muitas podem ser as formas de entender essa liberação.

Pavis (1996, p. 40) apresenta, entre outras possibilidades, uma comparação da *catarse* com a purgação no seu sentido médico. Nesse contexto, ela implica "um ato de evacuação e de descarga afetiva".

A *catarse* teatral, por ter um caráter bastante extrovertido, muitas vezes é entendida assim, como eliminação dos conflitos ou das *personagens* internas nocivas. Penso que esse não é o melhor sentido que a *catarse* moreniana pode ter.

Isso porque ela está intrinsecamente associada à *espontaneidade* e, portanto, não pode remeter apenas à descarga ou à eliminação de partes da própria existência. Ao contrário, deve ser inclusiva, pois decorre da livre experimentação e do brincar que freqüentemente conduzem a percursos transformadores.

Em outro texto, Moreno (1923, p. 157) afirma que, no teatro terapêutico, quando a vida é recriada no palco, todo passado sai de sua tumba e apresenta-se. Ele não faz isso apenas para curar-se ou em busca de alívio e catarse, mas porque é o amor por seus próprios demônios que move o teatro. Só assim ele pode desacorrentar-se.

A *catarse* moreniana traz consigo, além de alívio, a necessidade de lidar com a dor e com o sombrio para, só então, alcançar o espaço de liberdade. Nesse sentido, penso que ela tem, como processo psicológico, certa correlação com a concepção que Vernant oferece do assunto. Como as idéias deste autor aparecem em um texto curto, vou reproduzi-lo:

> Visto que a tragédia coloca em cena uma ficção, os acontecimentos dolorosos, aterradores que ela mostra na cena produzem um outro tipo de efeito, como se fossem reais. Eles nos tocam, nos dizem respeito, mas de longe, do Além; situam-se num lugar diferente do da vida. Como seu modo de existência é imaginário, eles são postos a distância, ao mesmo tempo que representados. No público, desvinculado deles, eles "purificam" os sentimentos de temor e piedade que produzem na vida cotidiana. Se os purificam é porque, em vez de fazê-lo simplesmente experimentá-los, trazem-lhe, através da organização dramática – com seu início e fim, o encadeamento combinado das seqüências, a coerência dos episódios articulados num todo, a unidade formal da peça – , uma inteligibilidade que o vivido não comporta. Arrancadas da opacidade do particular e do acidental pela lógica de um roteiro que depura simplificando, condensando e sistematizando, os sofrimentos humanos, comumente deplorados ou sofridos, tornam-se no espelho da ficção trágica, objetos de uma compreensão. (VERNANT; VIDAL-NAQUET, 1981, p. 218).

É importante dizer que não pretendo atribuir ao incipiente teatro improvisado de Moreno um estatuto equivalente ao da tragédia grega, pois isso seria uma pretensão descabida. Desejo, entretanto, pensar com esse helenista a respeito de algumas equivalências possíveis entre o percurso psicológico realizado pelo ator espontâneo e aquele que é realizado pelo espectador da tragédia grega. Para isso é necessário abandonar Moreno em sua argumentação simplista, que, para se afirmar, desqualifica esse gênero literário original, por considerá-lo um produto pronto, uma *conserva cultural* que impede a criação do ator. Em vista dessa postura chega a dizer:

> a tragédia de Aristóteles era uma obra *acabada*, terminada por um autor, por uma pessoa de fora, muito antes de ser representada e sem relação alguma com a constituição pessoal dos atores. É claro que a tragédia, para ser material verdadeiramente catártico, deve ser criada pelos próprios atores-pacientes, a partir de sua própria substância psíquica, e não por um autor teatral (MORENO, 1946, p. 234).

Penso que o caminho da valorização do teatro do improviso, que se transforma em psicoterapia, é justamente o oposto, pois, quanto mais elaborada for a compreensão que tivermos da complexidade, da riqueza e das funções do teatro em suas origens, mais poderemos entender as idéias de Moreno.

Comparando as propostas dos dois autores, vemos Vernant afirmar que o que está em cena é uma ficção, que permite um distanciamento dos acontecimentos dolorosos e aterradores, que podem então ser sentidos em toda sua plenitude: "Eles nos tocam, nos dizem respeito, mas de longe, do Além; situam-se num lugar diferente do da vida".

Moreno (1923, p. 158) diz que a encenação dos sofrimentos no mundo da ilusão permite que a repetição dos problemas da vida "não impressione o ator nem o espectador como dor", mesmo quando são realizadas pelas mesmas pessoas que as viveram na realidade.

Vernant continua, dizendo que o espectador acaba purificado, porque, em vez de simplesmente viver a experiência que lhe causa horror ou compaixão, ele experimenta a "organização dramática, [...] a coerência dos episódios articulados em um todo, [enfim] a inteligibilidade que o vivido não comporta" (1981, p. 218).

Moreno propõe que seu cliente/ator assuma variados papéis sociais, encarne muitas *personagens* e se relacione com outros atores/*egos auxiliares*. Essa sucessão de experiências acaba constituindo enredos espontâneos coerentes, com começo, meio e fim, que seguem determinados caminhos que o jogo dramático institui e o olhar do público valida. Assim, se não há obra pronta, há regras a seguir, que acabam por dar também relativa estrutura organizada para as ações imaginárias que nascem do íntimo dos atores, como já foi suficientemente explicitado. A meu ver, essa urdidura pode permitir certa compreensão do vivido.

Vernant diz que o "espelho da ficção trágica" torna a vida e o sofrimento concreto do homem compreensíveis.

Moreno afirma que o teatro terapêutico constrói um "espelho psicológico", que permite que cada um se veja por inteiro e também perceba o outro.

Sem dúvida, as idéias de Vernant enriquecem a compreensão da catarse dramática, que pode ser entendida muito além da simples descarga emocional.

Voltando ao texto original, temos a seguir: "Continuei o tratamento, designando-lhe papéis cuidadosamente escolhidos, conforme as necessidades tanto dela, quanto dele".

Penso que temos aqui um dos elementos definidores da *diferença* entre o teatro do improviso e a ação teatral psicoterápica. Esta se constitui pela cuidadosa escolha do diretor de papéis que atendam às necessidades do cliente, ou seja, de *papéis/personagens* que possam *"dar corpo, voz e expressão relacional às forças que o movem"*. Aparece a intenção de promover a encenação de seus sintomas em um campo relacional cênico protegido, criado especialmente em função dele, de forma a ajudá-lo a perceber-se e transformar-se. Para desenvolver esse tipo de prática, o diretor deve ter uma postura empática em relação ao cliente, sendo capaz de acompanhar suas necessidades, adaptando-se ativamente a elas.

Com Bárbara, as cenas iniciais giram em torno de diferentes formas de viver a agressividade. Essas situações são maximizadas, tanto em sua expressão como em suas conseqüências. Depois, são introduzidas várias *personagens*, em certo sentido equivalentes: a prostituta, a solteirona, a esposa vingativa etc., que promovem diferentes tipos de enredo, de desenlace dramático, de catarse, de distanciamento crítico e de elaboração do vivido.

George comenta a seguir: "o efeito que essas sessões tinham sobre ele enquanto as observava". Diz: "olhar as atuações dela no palco fez-me ficar mais tolerante com Bárbara, menos impaciente".

Segundo afirma, ao observar Bárbara atuando no palco, em papéis teatrais improvisados que reproduzem a forma de ela agir em casa, ele pôde ir vagarosamente reconhecendo e integrando os aspectos agressivos de sua mulher, desligando-se e desapegando-se das *personagens* românticas idealizadas, pelas quais estava apaixonado. Provavelmente a partir dessa discriminação, pôde sentir menos raiva.

O texto continua com Moreno mostrando a "Bárbara quanto progresso ela havia feito como atriz".

Ainda aqui ele não discute com ela os objetivos terapêuticos das encenações, fala de sua transformação como atriz, não se referindo, no texto, às suas possíveis mudanças como pessoa.

Pergunta-lhe "se não gostaria de atuar no palco junto com George".

Provavelmente ela concorda: "e seus duetos no palco, que passaram a fazer parte de nosso programa oficial, pareciam cada vez mais com os que ocorriam diariamente em casa".

Temos aqui a passagem da psicoterapia centrada em Bárbara para uma psicoterapia que inclui George e se transforma em um processo vincular, com um casal real, cujos membros representam juntos suas dificuldades e seu cotidiano.
Anthony Williams (1989, p. 70-1) acredita que essa facilidade de Moreno transitar do individual para o vincular é "uma conseqüência do fato de esse autor trabalhar com a noção de *papel* [eu acrescentaria, com *personagens*], que tem como característica envolver ação tanto com seres vivos como em relação a objetos, ou até da pessoa consigo mesma".
Maria Rita Seixas (1992, p. 14) destaca que: "apenas em 1937, com Ackerman, os terapeutas começaram a se dar conta da influência de questões sociais e da interação familiar nas questões de saúde mental".
Luis Russo (1999, p. 15-34) mostra que o movimento psicoterápico estratégico-sistêmico norte-americano desenvolve-se em meados da década de 1950, com Watzlawick, Satir e Minuchin, entre outros. Na mesma época, na Itália, Palazzoli, em Milão, e Andolfi, em Roma, constituem a matriz da psicoterapia familiar na Europa.
Moreno continua, afirmando que "foram representadas as famílias de ambos, cenas da infância dela, seus sonhos e planos para o futuro".
Vai acompanhando os temas que aparecem, mesclando cenas do presente com temas do passado, com planos futuros. Em seu livro *O teatro da espontaneidade* (1923, p. 143), afirma que sua proposta em relação às cenas dramáticas improvisadas tem que ver com deixar que elas "se desenvolvam paulatinamente, a partir de experiências espontâneas". Assim, não propõe o desenrolar do enredo, que flui pela e na ação, em função do *aquecimento*.
Declara a seguir que "após cada desempenho, alguns espectadores vinham até mim para perguntar-me por que as cenas de Bárbara e George os tocavam mais profundamente do que as das outras pessoas (terapia do público)".

Em texto da mesma época, afirma que

o teatro para a espontaneidade atribui ao poeta-dramaturgo uma missão que é nova e velha: o contato imediato com as pessoas. A partir dele, o que nunca havia sido dito em nenhum lugar começa a fazer parte da vida da comunidade (MORENO, 1923, p. 143).

Assim, o ator espontâneo, impulsionado pelo desejo de entrar em contato com o público, acaba produzindo e apresentando idéias que teria desprezado se estivesse sozinho.

Já no início de sua prática, vemos Moreno afirmar que a psicoterapia do público ocorre em dois sentidos: em primeiro lugar, da platéia para o ator espontâneo, já que ele é afetado pela ressonância coletiva, do que é vivido no palco. Por sua vez, tomado pelo *aquecimento* da ação da *personagem*, o *protagonista* diz o que o público não seria capaz de dizer, o que pulsa de forma não-nomeada entre todos, que, por sua fala, passa a fazer parte da vida daquele grupo. Esse envolvimento bidirecional define um campo relacional compartilhado, no qual os conteúdos dos atores e do público se misturam e se fundem a ponto de muitos dos presentes sentirem-se completamente identificados com o que ocorre no palco.

No último parágrafo desse relato Moreno destaca que Bárbara e George, depois do processo psicoterápico, encontram-se a si próprios e um ao outro pela primeira vez, ou seja, as encenações das histórias da vida real de ambos, bem como de momentos imaginários, escolhidos de forma a exprimir metaforicamente suas dificuldades, ajudaram-nos a perceber suas características individuais.

Termina dizendo: "Analisei o desenvolvimento de seu psicodrama, sessão por sessão, e lhes contei a história de sua cura".

Vê-se aqui que, já no ato inaugural da psicoterapia dramática, seu próprio criador recomenda um momento de discussão e elaboração verbal do ocorrido no palco como uma etapa indispensável para a modificação dos sintomas de seus pacientes-atores.

Como não se estende sobre o que pensa a respeito, vale a pena transcrever o que aponta em seu livro *O teatro da espontaneidade* (1923, p. 69) como sendo o sentido do teatro terapêutico:

> a ilusão do mundo real é tão importante como a realidade do mundo ilusório. O triunfo da criatividade e da imaginação consiste em mudar o mundo de tal maneira, que [ele] pareça belo, por mais numerosos que sejam os seres e por maior que seja a dor que continue existindo.

Parte II

A construção da sociometria

1925-1934

> *Os membros de um grupo precisam estar ligados por afinidades espontâneas, a fim de que um seja agente terapêutico do outro.*
>
> MORENO (1934, v. 3, p. 204)

Apesar de o trabalho com Bárbara e George ter sido um dos marcos inaugurais do futuro modelo psicoterápico de Moreno, sua repercussão entre o público e os atores foi intensa, mas de duração relativamente curta.

Segundo Castello de Almeida (1991, p. 53), já por volta de 1925 o teatro da espontaneidade perdia seus clientes habituais, que se desinteressaram desse tipo de proposta. Além disso, dois de seus ex-pacientes haviam cometido suicídio, sendo um deles, George, o que, apesar de fazer parte do ofício médico, abalara muito Moreno.

Sua posição como judeu também era difícil, pois ele e Marianne eram constantemente importunados pelos jovens nacionalistas de Vöslau. Sua situação econômica estava péssima, tendo muitas dívidas, decorrentes de seus projetos malsucedidos.

Entre eles estava o de um palco criado para o *teatro espontâneo*, que, no final de 1924, resolvera inscrever anonimamente na Mostra Internacional de Novas Técnicas Teatrais, realizada em Viena. Concebera uma estrutura arquitetônica complexa que, a seu ver, potencializaria a força de sua proposta de ação, facilitando a todos assumir o lugar de ator. O palco era redondo, com vários níveis, cada um representando um grau diferente de compromisso psicológico. O espaço central era rodeado por pequenos palcos laterais em semicírculos, constituindo um conjunto harmonioso, em formato de roseta. Esse modelo bastante ousado propunha um teatro sem espectadores, pois todos sentavam-se no palco. Quando um *protagonista* terminava sua apresentação, outro membro do público podia tomar seu lugar, bastando para isso dirigir-se para o espaço central. Sua proposta foi cuidadosamente desenhada pelo arquiteto Hönigsfelt, para que pudesse ser visualizada em toda sua riqueza de detalhes.

Entretanto, não obteve o mesmo sucesso que outro modelo, apresentado por Friedrich Kiesler, que propunha um teatro sobre trilhos, com um palco circular construído verticalmente, com poltronas que se moviam em torno dele.

Segundo Marineau, o que parece ter deixado Moreno furioso foi o fato de o projeto de Kiesler, que era também diretor da mostra, ter sido efetivamente construído, ofuscando completamente o seu, apresentado apenas em desenhos. No dia da abertura, Moreno fez um discurso inflamado, no qual acusava seu competidor de ter plagiado suas idéias. "Sua indignação parece ter sido desprovida de razão, pois se havia alguma semelhança entre as propostas, havia também muitas diferenças" (MARINEAU, 1989, p. 90-5). A acirrada polêmica foi ridicularizada na imprensa, tendo fortes repercussões negativas para ambos.

Todos esses acontecimentos levaram-no a desejar emigrar para os Estados Unidos, onde já morava seu irmão William. Tenta então desenvolver um antigo projeto, que acreditava poder levá-lo para a América. Segundo conta em sua autobiografia, por volta de 1922 tivera um sonho, no qual ouvia sons e falas que se repetiam automaticamente, como se fossem gravações. Quando acordou pensou: "você tem falado tantas coisas desagradáveis sobre as máquinas, mas eis uma que vai ajudá-lo a sair da Europa" (MORENO, 1985, p. 114). Esta afirmação provavelmente refere-se às críticas que havia feito no livro *O teatro da espontaneidade*, sobre as películas cinematográficas, que, segundo ele, no momento da apresentação, são atos cem por cento mecânicos, que têm um coeficiente muito baixo de espontaneidade.

Convida então o irmão de Marianne para tentar desenvolver um aparelho para gravar sons. Seu cunhado era um jovem e talentoso engenheiro que, segundo Moreno (1985, p. 114) "tinha a competência técnica para traduzir seu sonho em uma realidade de trabalho". O invento usava discos de gravação de aço, o que era uma idéia nova e original. Uma reportagem sobre o projeto aparece nos jornais de Viena e depois no *New York Times*. Em vista disso, recebem um convite de uma empresa norte-americana para irem para os Estados Unidos demonstrar a invenção de ambos, que Moreno chama em inglês de *Radio film*[1].

Segundo Marineau, ele partiu primeiro, em 21 de dezembro de 1925[2], deixando Marianne em Bad Vöslau. Franz seguiu alguns meses depois, sendo chamado porque era o único capaz de usar e demonstrar, adequadamente, o aparelho. Quando Franz chegou, Moreno não lhe revelou se a invenção fora vendida ou arquivada, o que o deixou bas-

---

1. O nome da patente austríaca era *Selbsttätige magnetelektrische Lautsprecherrichtung*, que pode ser traduzido como aparelho eletromagnético automático, com alto-falante direcional.
2. Em sua autobiografia, Moreno afirma ter chegado a Nova York em 25 de outubro de 1925. Essa discrepância entre as datas pode ser devida ao fato de Moreno ter escrito suas notas biográficas na década de 1970, o que pode ter favorecido certa imprecisão em suas lembranças.

tante zangado. Franz retornou para a Europa sentindo-se enganado pelo sócio. Diante desses fatos, toda sua família voltou-se contra Moreno, mas Marianne, mesmo bastante infeliz, permaneceu fiel a seu amado.

Vejamos a seguir, como ele desenvolveu sua vida no novo continente.

Na América

Segundo Marineau, os primeiros tempos de Moreno no Novo Mundo foram difíceis e sombrios. Suas cartas para Marianne mostram que ele estava bastante deprimido, raivoso e até um tanto perseguido. Viajara pensando que revolucionaria o mundo com sua invenção e via-se de fato sem um tostão. Apesar de contar com a ajuda de seu irmão mais novo, que já havia emigrado alguns anos antes, recebia dele apenas o suficiente para seu sustento, pois William também lutava com sérias dificuldades nesses primeiros anos nos Estados Unidos.

Pior que tudo isso, era a situação de seu visto de permanência, que tinha validade por apenas oito meses. Naqueles anos, romenos e austríacos tinham muita dificuldade para permanecer na América, pois as quotas de imigração para aqueles países eram bastante reduzidas. Como forma de estender sua permanência, Moreno viaja para o Canadá por alguns dias, conseguindo, com essa estratégia, prorrogar a validade de seu visto.

Outra forma legítima de poder trabalhar seria revalidar seu diploma de médico. Pede a Marianne que lhe envie todos os papéis necessários à petição para exercer a medicina. Tão logo os documentos chegam, inscreve-se no exame, mas, devido a suas dificuldades com o idioma, fracassa na prova feita em janeiro de 1927, sendo reprovado na área de ginecologia, seu ponto fraco já em Viena. Faz novos exames em março, sendo então aprovado. Em setembro desse ano recebe o certificado de médico, que lhe permite abrir um consultório e pedir, em melhores condições, o visto de permanência no país. Enquanto aguarda, conhece e trava amizade com o dr. Bela Schick, que o convida para fazer alguns exercícios de espontaneidade na clínica infantil do Hospital Monte Sinai, onde ele trabalhava. Suas intervenções despertam o interesse de alguns colegas, entre os quais Beatrice Beecher, uma especialista em problemas de família e de relacionamento social de crianças. Ela atuava no Plymouth Institute, no Brooklyn, ligado à Igreja Plymouth dos Peregrinos, na qual seu avô, o reverendo Henry W. Beecher, fora um grande pregador e defensor do abolicionismo. Essa moça, que, segundo Moreno, tinha cerca de 33 anos quando se conheceram e levava uma vida bastante ascética, se oferece para casar-se com ele, como meio de ajudá-lo a permanecer no país. Depois de regularizada sua situação com o Serviço de Imigração, eles se divorciariam. Segundo Fox, eles se casam em 1926 (FOX, 1987, p. 220). A relação entre eles é íntima, amigável e de cooperação profissional. Ela participa da tradução do livro *Das Stegreiftheater* e introduz o psicodrama no Instituto Plymouth. Segundo Moreno (1985, p. 116), "este foi um tipo raro de amizade, pois nunca fomos amantes", mas permaneceram muito próximos, até a morte dela, provocada por uma pneumonia (MARINEAU, 1989, p. 105), em 1930. Marineau, por sua vez, relata que o casamento deles foi em 30 de maio de 1929, e o divórcio em 1934. Como já assinalei, essa divergência de datas pode se dar pelo fato de Moreno ter escrito sua autobiografia com idade muito avançada, bem no fim de sua vida, podendo ter confundido algumas datas.

Moreno estabelece-se em Nova York e continua correspondendo-se com Marianne, mas mantém segredo sobre seu casamento de conveniência com Beatrice Beecher. Envia-lhe, quando pode, algum dinheiro para o pagamento das dívidas que deixara em Vöslau, pois, ao que parece, era importante para ele manter a casa na Áustria. Marianne continua a apoiá-lo em seu processo de adaptação no Novo Mundo, sonhando com o dia em que ela também poderia emigrar e juntar-se a ele. Entretanto, pouco a pouco Moreno se distancia de sua antiga musa, interessando-se por outras mulheres. Finalmente, em 1930, Marianne tem de deixar a casa do Vale de Maio, retomada pelo conselho municipal da cidade. Isso deixa Moreno extremamente perturbado, aproveitando o fato para romper definitivamente com ela. Por volta de 1927, graças a Beatrice e a William W. Bridge, um professor de literatura inglesa no Hunter College, começam a aparecer novas oportunidades profissionais para ele. Passa a fazer conferências e apresentações de teatro espontâneo, rebatizado por Bridge com o nome de Impromptu Theatre, um nome mais sonoro e adequado, em inglês, para essa prática. Devido a sua pouca fluência nesse idioma, Moreno trabalha inicialmente com crianças em escolas e com o desenvolvimento dos atores do grupo Teatro de Repertório Cívico, de Eva LaGalliene. Dirige-os em situações espontâneas, como fizera antes em Viena, só que sem a presença do público.

Enquanto atua com as crianças do Instituto Plymouth, retoma e desenvolve os diagramas interacionais que havia apresentado em seu livro *O teatro da espontaneidade*, aperfeiçoando os gráficos vienenses de registro relacional.

Apesar de bastante rudimentares, as anotações vienenses tentavam registrar a maneira como os atores se relacionavam enquanto atuavam de forma espontânea: quem liderava, iniciava ou encerrava uma cena. A cada um desses fatores, correspondia um sinal gráfico. Considerava esses elementos importantes para o entrosamento e para a criação coletiva, agrupando-os em dois tipos de fatores: os de *resistência interna* (ligados ao aquecimento individual, à inteligência e à memória) e os de *resistência externa* (o tipo de contato entre os atores, a distância em que cada um se coloca em relação ao centro da cena, a duração dos estados emocionais cooperativos e o esforço para produzir).

O ano 1931 foi marcado por inúmeros acontecimentos importantes para Moreno. Dá início a uma série de *performances* com teatro espontâneo para o público em geral, realizadas em uma das salas do Carnegie Hall, um tradicional teatro de Manhattan, que era freqüentado, na época, por pessoas ligadas tanto ao movimento teatral como ao mundo cultural da cidade. Entre elas está Helen Jennings, uma cientista social, pós-graduanda na Universidade de Colúmbia, que, ao assistir às apresentações, se interessa pelo trabalho de Moreno. Tornam-se amigos e, mais tarde, colaboradores. Por meio dela, conhece o dr. Gardner Murphy, que o introduz nos meios acadêmicos, possibilitando seu contato com importantes psicólogos sociais, sociólogos e advogados ligados à Universidade. Entre eles está o criminologista E. Stagg Whitin, então presidente do National Comitee on Prisons and Prison Labor – NCPPL (Comitê Nacional de Prisões e Trabalho Penitenciário), órgão destinado a introduzir inovações no campo das instituições correcionais.

Graças a esses contatos, em maio de 1931 Moreno participa de um almoço da Associação Psiquiátrica Americana, realizado em Toronto, no qual apresenta suas idéias a respeito da influência mútua entre pessoas e de como proceder para classificá-las e agrupá-las, conforme interagem em grupo. Sua comunicação desperta o interesse dos colegas, entre os quais está o psiquiatra William Allison White, diretor do Saint Elizabeth Hospital, de Washington, um dos mais respeitados psiquiatras dos Estados Unidos naquela época. Tornam-se amigos e White passa a apoiar os projetos de Moreno, chegando a escrever, em 1934, o prefácio de seu livro *Quem sobreviverá?*

Whithin, que também está presente em Toronto, vai mais longe: oferece-lhe a oportunidade de desenvolver uma pesquisa em Sing Sing.

Com a ajuda de Helen Jennings, Moreno realiza uma análise qualitativa e quantitativa das relações entre um grupo de internos dessa prisão.

Segundo ele, suas experiências com o reagrupamento das famílias austríacas de fala italiana, no campo de Mittendorf, durante a Primeira Guerra Mundial, bem como seu trabalho com os grupos de prostitutas em Viena, lhe foram muito úteis nesse estudo, pois lhe deram uma boa experiência em como tornar a vida de pessoas marginalizadas um pouco melhor (MORENO, 1985, p. 117).

Em Sing Sing, Moreno usa entrevistas e questionários para definir algumas das variáveis de natureza social, cultural e psicológica presentes naquele grupo. Com essas informações, caracteriza cada detento, que pode, assim, ser comparado com os outros. Estabelece semelhanças e diferenças de natureza social, cultural e psicológica entre eles, bem como *quocientes sociais*, que tentam predizer como cada um deles pode aproveitar, de forma positiva, a convivência com os outros. Com base nesses dados, recomenda uma nova organização dos prisioneiros, visando transformar a instituição em um lugar melhor para sua recuperação.

Zerka (MORENO; BLOMKVIST; RUTZEL, 2000, p. 117) apresenta uma versão otimista da prática moreniana em Sing Sing, incluindo em sua análise conceitos que só foram desenvolvidos anos mais tarde. Diz ela:

> Em Sing Sing ele começou pelo que chamava de "técnica de escolha". Lá, como pesquisador, ele teve a oportunidade de conhecer os prisioneiros, agrupá-los em celas de forma a torná-los compatíveis e terapêuticos uns para os outros, a fim de transformar a situação em uma comunidade terapêutica. A idéia subjacente era que, enquanto estivessem na prisão, eles

aprenderiam e receberiam algo uns dos outros, não sendo meramente punidos, mas aprendendo algo sobre ser gente. Esse aprendizado também poderia ser usado por eles, quando saíssem do meio confinado da prisão e tivessem a possibilidade de crescer. Trata-se de uma visão muito liberal, é claro: reeducação moral.

Marineau (1989, p. 120-1) considera que essa pesquisa foi "a primeira aplicação da sociometria", já que em Sing Sing Moreno explorou as dificuldades individuais em grupo. Blatner destaca que, apesar de Moreno usar pela primeira vez o termo *psicoterapia de grupo*, no relato desse trabalho não aparece no texto nenhuma proposta de intervenção terapêutica direta. Os efeitos transformadores de suas práticas seriam, assim, indiretos, decorrentes da melhor convivência entre os detentos, reagrupados em função de suas características. Segundo esse autor, Moreno reorganiza os presos em subgrupos, definindo duas categorias de pessoas em relação à espontaneidade: as mais e as menos inclinadas para ela, sendo, estas últimas consideradas pessoas com um "tipo de reação conservadora" (BLATNER, 2001). Vale ressaltar que essa é a única vez que Moreno fala da maior ou menor predisposição individual à espontaneidade. Propõe também que os presos com características menos patológicas e mais ativos fossem colocados em posições de liderança, onde sua influência pudesse criar uma rivalidade positiva, tendo uma função modificadora. Sugere ainda uma organização mais informal da prisão com alojamento em pequenas casas. Nesse trabalho o psiquiatra tem uma posição fora do grupo, da qual ele acompanha cuidadosamente o desenvolvimento do grupo, determina as causas de eventuais dificuldades e intervém para restaurar o equilíbrio do grupo por meio da recolocação dos membros descontentes.

Para Blatner, as propostas morenianas em Sing Sing parecem bem distantes – e mesmo rudimentares – quando comparadas aos procedimentos sociométricos atuais. Concordo com ele, uma vez que os métodos propostos quase não envolvem os participantes na função de *agentes* de sua própria transformação, pois são os técnicos que avaliam as características psicossociais dos detentos e definem quem deve ficar com quem. Só mais tarde o coordenador deixará a postura de *pesquisador objetivo*, passando a agir como um *ego auxiliar*, que ajuda os participantes do grupo a envolverem-se uns com os outros, a ponto de se transformarem em pesquisadores de seus problemas e das dificuldades dos outros. Quando isso acontece, o projeto sociométrico transforma-se em um trabalho cooperativo, com dinâmica própria, que passa do estágio da *sociometria diagnóstica* para o da *sociometria dinâmica* (MORENO, 1934, v. 1, p. 202), chamada em 1959 simplesmente de *sociodinâmica*.

Vale destacar que Moreno realizou em Sing Sing uma pesquisa científica completamente afastada de qualquer questionamento quanto às relações de poder vigentes na instituição. Além de ser essa sua primeira proposta de trabalho institucional significativa desde que imigrara, o que lhe dava poucas condições para questionar o sistema penitenciário norte-americano, sua ação na América foi coerente com seus trabalhos europeus. Neles também restringira-se em isolar e trabalhar com as afinidades e com as histórias de vida de seus sujeitos, procurando entender como esses elementos influíam no relacionamento entre eles. Em Sing Sing fez o mesmo: avaliou e tentou reorganizar os presos de forma que a influência entre eles fosse a mais favorável possível em sua reabilitação. Manteve sua intervenção no plano psicológico, estimulando a espontaneidade, as escolhas mútuas e a reorganização humanitária dos internos. Em vista disso, sua prática sociométrica ali inscreve-se no plano das "utopias científicas" que, segundo Betty Milan (1976, p. 119), "apesar de não apresentarem um programa de ação que dê conta de compatibilizar o sonho com o projeto, têm sempre presente a proposta de instaurar um novo modo de vida, que instiga e traz em seu bojo alguma virulência". Nesse sentido, sua intervenção em Sing Sing, mesmo não conseguindo realizar mudanças institucionais, teve o mérito de tentar perceber e entender o comportamento de delinqüentes a partir do que ocorria entre eles, deixando de lado teorias ligadas ao atavismo biológico, às doenças psiquiátricas e ao alcoolismo.

Apesar de seu alcance limitado em relação ao desenvolvimento do projeto sociométrico global, no âmbito da carreira de Moreno, os resultados dessa pesquisa foram extremamente positivos. Em agosto de 1931, ele publicou, em colaboração com Jennings e Whithin, a *Monografia Sociométrica 5*, apresentando uma descrição de seu trabalho em Sing Sing, que foi muito bem recebida pela comunidade científica.

Nesse mesmo ano, Moreno inicia um estudo com bebês, visando pesquisar o desenvolvimento social das crianças e a evolução das estruturas grupais, durante os primeiros três anos de vida do ser humano. Define três estágios básicos: o *isolamento orgânico*, do nascimento até a vigésima/vigésima oitava semana, no qual os bebês não se relacionam; o estágio de *diferenciação horizontal*, até a quadragésima/quadragésima segunda semana, quando começam a aparecer relacionamentos simétricos e uniformemente distribuídos entre as crianças, e, por fim, o estágio de *diferenciação vertical*, da quadragésima/quadragésima segunda semana em diante, no qual aparecem crianças que se destacam, atraindo a atenção das outras, configurando estruturas assimétricas ou verticais.

Dá-se conta também de que nenhuma dessas fases existe isolada das outras e que cada uma continua existindo depois do aparecimento da seguinte. Segundo afirma, essa sobreposição de etapas contribui para a complexidade gradual das organizações sociais em idades mais avançadas.

Outra conclusão interessante mostra que o desenvolvimento dos grupos é mais lento do que o desenvolvimento social dos indivíduos, porque são necessários muitos contatos repetidos e constantes para manter uma estrutura relacional estável. Em outras palavras, a capacidade individual precede à organização coletiva.

No inverno de 1931, realiza outra pesquisa com grupos, dessa vez com os alunos da Escola Pública 181, no Brooklyn, na cidade de Nova York, onde estudam 1.853 jovens, com idades entre 4 e 14 anos, divididos em classes que vão da educação infantil ao último ano do ensino fundamental. Há ainda duas classes especiais para deficientes mentais e uma classe para deficientes físicos.

Segundo Moreno (1934, v. 1, p. 72), o objetivo desse estudo é "avaliar o *conflito* entre a configuração oficial existente e a organização realmente desejada pelos alunos". Nessa escola usa, pela primeira vez, o *teste sociométrico*, um procedimento técnico que pede a cada aluno que escolha, por escrito, o menino ou a menina que deseja ter como companheiro de carteira. Os alunos são avisados de que estão elegendo colegas que realmente poderão sentar-se a seu lado no próximo semestre.

Investiga também, por meio de entrevistas, quais foram as razões de cada aluno para realizar suas escolhas.

A análise dos resultados mostra como as estruturas relacionais, as escolhas entre os sexos, as escolhas recíprocas e o isolamento se transformam em função da idade.

Algum tempo depois, aplica o teste sociométrico com a mesma pergunta – *critério* – na Escola Riverdale, um estabelecimento particular de ensino médio, exclusivamente para rapazes, onde estudam cento e cinqüenta jovens, entre 14 e 18 anos.

Em maio de 1932, apresenta os resultados de seu trabalho, em Sing Sing, no encontro da Associação Psiquiátrica

Americana, realizado na Filadélfia, usando ali, pela primeira vez, o termo psicoterapia de grupo.

Seu comunicado é assistido por mais de setenta e cinco psiquiatras, criminologistas e responsáveis por instituições penais do país, entre os quais está a superintendente da Escola para Educação de Moças do Estado de Nova York, Fannnie French Morse. Segundo Moreno (1985, p. 120),

> essa mulher forte, imperiosa, ótima administradora e educadora, estava sempre buscando novos métodos humanitários de tratamento da delinqüência, para aplicar na reabilitação das quase dez mil moças infratoras, entre 12 e 18 anos, que tinha sob sua responsabilidade.

Cerca de quinhentas delas viviam nesse reformatório na cidade de Hudson; as demais estavam em orfanatos ou cumpriam pena em regime de liberdade condicional por todo o Estado. Morse interessa-se por suas propostas de trabalho e o convida para realizar uma pesquisa em sua instituição. Ali, ela procurava transformar jovens delinqüentes em pessoas preparadas para retornar ao mundo e levar uma vida decente. Adotava um sistema "baseado nos ideais de educação humanística, [segundo o qual] cada indivíduo tem alguma área de habilidade, algum potencial que pode ser desenvolvido" (MORENO, 1985, p. 121). Ele aceita a tarefa de imediato, levando em sua equipe Helen Jennings, uma colaboradora que ele reconhece como brilhante e, incondicionalmente, fiel, chegando a afirmar textualmente:

> dei-lhe o emprego estadual de diretora de Pesquisa Social [...] ela fazia o trabalho e recebia o salário, enquanto eu retinha o título. Sempre achei Helen o máximo. Ela era uma das cientistas sociais mais talentosas que já conheci. Ela era também uma das poucas mulheres que realmente gostaram de mim, apesar de não sermos amantes. (MORENO, 1985, p. 122).

Juntos, planejam métodos participativos para a reorganização completa da instituição, o que inclui a constituição dos grupos de convivência, a escolha das lideranças e até a reorganização do uso do espaço físico.

Em Hudson

Entre 1932 e 1934, Moreno realiza extensa pesquisa sociométrica na Escola para Educação de Moças do Estado de Nova York, que é descrita por ele (1934, v. 2, p. 97), da seguinte forma:

A comunidade na qual o estudo foi feito situa-se perto de Hudson, Nova York; é do tamanho de uma pequena vila, povoada por aproximadamente quinhentas a seiscentas pessoas; é uma comunidade fechada; sua população é composta por pessoas de apenas um sexo; as meninas ainda estão em seus anos formativos e permanecem em Hudson por vários anos, até o final de sua instrução; vêm de várias localidades do Estado de Nova York, encaminhadas pela justiça.
A organização é dual, constituída por dois grupos, o pessoal administrativo e as estudantes. Há dezesseis casas para moradia, uma capela, uma escola, um hospital, um prédio industrial, uma lavanderia, uma loja, o prédio da administração e a fazenda. Cada casa tem uma encarregada que exerce a função de mãe; todas as refeições são feitas na própria casa, sob a direção da cozinheira. As moças participam das tarefas domésticas, exercendo diferentes funções: garçonetes, ajudantes de cozinha, lavadeiras e arrumadeiras.
A população negra fica em casas separadas. Entretanto, nas atividades educacionais e sociais, negras e brancas misturam-se livremente.

Como vemos, Hudson era uma instituição penal fechada, de onde as moças não podiam sair, estando submetidas ao poder do Estado. Em relação a essa questão, Moreno (1934, v. 1, p. 218) diz simplesmente, em uma outra parte do texto, que "uma mudança no sistema de valores não fez parte do estudo, porque esse anseio de mudança não foi expresso pelos participantes", referindo-se, provavelmente, aos membros da direção do reformatório. Ao analisar possíveis erros metodológicos dos procedimentos sociométricos aplicados ali, ressalta que "as condições ideais para esse estudo experimental deveriam permitir o exercício de escolhas ilimitadas" (MORENO, 1934, v. 2, p. 117), mas incluir nas escolhas os relacionamentos das moças com pessoas de fora da instituição tornaria o procedimento "ridículo", deixando evidente para as jovens que esse teste não era comprometido com a realidade delas, mas puramente acadêmico e especulativo. Em vista disso, resolveu trabalhar apenas com as escolhas possíveis, ou seja, aquelas feitas dentro da comunidade.

Outra questão que surge em conseqüência desse tipo de situação carcerária tem que ver com o fato de o grupo ser unissexual (só de mulheres). Em vista dessa circunstância, afirma em outra parte do texto que "qualquer interesse de natureza sexual teve que convergir para o próprio sexo ou ficar sem possibilidade de expressão" (MORENO, 1934, v. 2, p. 261).

Destaca também que as jovens eram agrupadas em dezesseis casas, cada uma das quais contava com uma encarregada que exercia a função de *mãe social*. Existiam várias unidades de serviço e de trabalho, com diferentes funções para as jovens.

Moreno não faz também nenhum comentário crítico em relação ao regime de segregação racial que vigorava no país naquela época, atingindo também essa comunidade, com todos os problemas inerentes a esse processo. A segregação racial fora estabelecida pela Suprema Corte norte-americana em 1896, legitimando a idéia de que as raças poderiam ser separadas, desde que o princípio de "separados, mas iguais" fosse respeitado. O movimento pelos Direitos Civis dos negros começou apenas em março de 1957[3]. Em Hudson, negras e brancas viviam em casas separadas, mas integravam-se livremente nas atividades sociais e educacionais.

Apesar de apontar todas essas questões, nosso autor não acreditava que elas fossem capazes de produzir algum tipo de dificuldade para sua pesquisa. Ao contrário, justamente por não existirem laços familiares ou relações econômicas na comunidade, ele pôde "concentrar sua atenção em um só aspecto: os dados relacionais" (MORENO, 1934, v. 3, p. 15).

Seu estudo parte do problema mais evidente, a ausência de famílias em Hudson, afirmando:

> essas meninas estão separadas de seus pais; no lugar deles, há uma pessoa encarregada da casa, designada para cuidar delas; são também separadas de seus irmãos e colocadas em grupos de meninas que não têm relação de parentesco nem com elas nem com as outras. [...] Aqui em Hudson essas afinidades naturais não existem. O pai natural foi substituído pelo "social", a criança natural pela "social". Inventou-se, então, um dispositivo para determinar o "poder de atração" de certa menina sobre outra, dela sobre a encarregada, e desta última, sobre a menina. O estudo [...] pôde dar-nos a compreensão sobre a distribuição das emoções nessa comunidade e sobre a posição de cada indivíduo ou grupo, em relação a suas correntes [afetivas] (MORENO, 1934, v. 2, p. 99-100).

Assim, o objetivo de sua pesquisa em Hudson foi criar um método para determinar a posição e a função psicológi-

---

3. Disponível em: <http://www.terra.com.br/voltaire/mundo/martin-king7.htm>.

ca que cada moça tinha no grupo perante as demais colegas e em relação à encarregada. Queria entender como ocorria a interação afetiva informal entre elas, desvelando a *organização psicológica* da instituição, para compará-la com a organização social oficial da comunidade. A partir do mapeamento das diferenças e das tensões existentes, seria possível transformá-la. Usou para tanto numerosos procedimentos técnicos, que permitiram o estudo detalhado dos relacionamentos em Hudson, em especial os de uma de suas internas, Elsa TL, pertencente ao grupo de moradoras da casa oito, um grupo que ele descreve como "completamente explorado, no que diz respeito a seus índices de: conhecimento a distância[4], sociométricos e motivacionais" (MORENO, 1934, v. 2, p. 203). Com esse estudo, Moreno também procurou entender como as descobertas nas diferentes dimensões da pesquisa sociométrica se relacionavam.

Entretanto, antes de passarmos para a análise do texto, é necessário fazer algumas considerações gerais a respeito da maneira como ele relata e analisa seus procedimentos sociométricos.

Fica evidente, em primeiro lugar, a existência de um paradoxo recorrente: de um lado, Moreno tenta observar e registrar minuciosamente todos os dados relacionais, desde as preferências ou a antipatia existentes entre as mais de quinhentas jovens internas na instituição, chegando mesmo a usar, em 1932, gravadores para registrar os depoimentos das moças acerca dos motivos de suas eleições no *teste sociométrico*. Anota também o número de palavras proferidas por elas, o tempo de reação de cada uma diante das outras e seus

---

4. O termo usado em inglês é *acquaintance*, que, nesse contexto, indica as conhecidas, as moças que cada garota lembra já ter visto antes, daí eu preferir usar como tradução, teste de conhecimento a distância. As tradutoras de *Who shall survive?* usam teste de familiaridade, e Naffah Neto (1979, p. 135) *teste de relação*.

gestos nos jogos espontâneos. Por outro lado, mistura indiscriminadamente os dados coletados quando relata os procedimentos, mudando, de forma inesperada e inexplicável, o foco de sua análise. Tal atitude, além de confundir o leitor mais atento, faz com que os menos interessados desistam da tarefa de tentar entender suas propostas. Provavelmente, essa seja uma das razões pelas quais tão poucos psicodramatistas se dediquem ao estudo do pensamento sociométrico de Moreno.

Vejamos seus tropeços metodológicos mais freqüentes:

- anuncia que determinado procedimento será apresentado, mas não o relata;
- mostra grande contradição entre uma aparente organização do texto e o fluir de suas ações, que caminham de forma diferente da proposta;
- refere-se e discute práticas que não estão no texto, mas que provavelmente fizeram parte do estudo em Hudson;
- substitui a apresentação de procedimentos específicos por diferentes análises de um mesmo procedimento;
- chega a conclusões que parecem plausíveis, mas que não se sustentam pelos dados registrados;
- faz generalizações a partir do relato de um caso, sem se referir a outras situações que poderiam confirmar suas conclusões; e
- não apresenta, no texto, a teoria que embasa suas análises.

Talvez, tudo isso tenha ocorrido porque ele não era um pesquisador atento ao rigor do método científico, mas um consultor preocupado em apresentar soluções práticas para grande quantidade de problemas relacionais na instituição, devendo implementar, nas palavras de Fannie French Morse, diretora do reformatório, *métodos humani-*

tários para o tratamento da delinqüência. Imerso nessa tarefa, descreve suas principais decisões, sem ancorá-las adequadamente nos dados da pesquisa. Ao ler as conclusões desse estudo, o leitor que não se dedicou à leitura completa de *Quem sobreviverá?* poderá achá-las gratuitas e tendenciosas.

Além disso, esse livro foi publicado em 1934, época em que Moreno tinha pouco domínio do inglês escrito, o que fez com que muitos trechos da obra ficassem malformulados e pouco claros. Quando traduzidos para o português por pessoas leigas no assunto, tornaram-se incompreensíveis e/ou equivocados.

Apesar dessas dificuldades, tenho certeza de que o estudo minucioso de *Quem sobreviverá?* é indispensável para a formação do psicodramatista, pois nele são apresentados os elementos teórico/práticos que garantem a compreensão das condições relacionais necessárias para a constituição e o desenvolvimento de um psiquismo sadio, além de indicar a natureza dos principais distúrbios vinculares favorecedores do adoecer psíquico e como lidar com eles.

Essa convicção assenta-se na leitura contínua dessa obra, que venho realizando nos últimos vinte anos, como professora de sociometria e práticas grupais, em vários cursos de formação de psicodrama.

Para tentar superar essas dificuldades, ao analisar as práticas sociométricas descritas no texto selecionado, vou cotejá-las, sempre que necessário, com todos os demais capítulos do livro.

Apresento, inicialmente, os principais conceitos e procedimentos técnicos envolvidos nesse estudo, uma vez que sem eles fica impossível compreender o sentido da ação sociométrica de Moreno com esse pequeno grupo de internas.

Vejamos a seguir os elementos teóricos envolvidos no relato, que não aparecem no texto.

Conceitos e técnicas sociométricas usados em Hudson

O primeiro tema a aparecer é o *teste de conhecimento a distância*, um procedimento que consiste em pedir para cada moça anotar os nomes das jovens com as quais lembrava já ter conversado depois de sua chegada a Hudson. Em vista da dinâmica envolvida no teste, sua primeira aplicação só era feita depois de pelo menos um mês de permanência das jovens na instituição. O teste era repetido algumas vezes, para mostrar como evoluía o volume de seus primeiros contatos. Moreno verificou que algumas moças aumentavam o número de suas conhecidas com o tempo, outras permaneciam no mesmo patamar e outras ainda regrediam na quantidade desses relacionamentos iniciais. Concluiu, em vista disso, que o volume dos primeiros contatos variava de pessoa para pessoa e de momento para momento, podendo evidenciar diferenças extremamente significativas. Como padrão geral nessa comunidade fechada, durante os 180 dias em que esse tipo de pesquisa foi realizado em Hudson houve "uma tendência inicial de aumento nesse índice, associado a uma relativa estabilização depois de certo tempo" (MORENO, 1934, v. 2, p. 156-9).

Outro procedimento técnico importante é o teste *sociométrico*.

Em termos práticos, é um questionário simples e flexível, geralmente respondido por escrito, que pode ser adaptado às características de qualquer aglomerado humano. Propõe uma pergunta direta e estimulante, que leva cada participante a expressar sua inclinação ou escolha afetiva em relação às demais, tendo em vista determinada situação ou tarefa. Há três tipos de resposta: *aceitação* (escolha positiva), *rejeição* (escolha negativa) e *indiferença* (escolha indiferente).

Como método de pesquisa, o *teste sociométrico* é "um instrumento para medir o montante da organização mostrada pelos grupos sociais" (MORENO, 1934, v. 1, p. 193), revelando as estruturas relacionais existentes no meio social considerado. Essa organização define diferentes tipos de escolhas recíprocas, como: os *pares*, as *cadeias* (constituídas por três ou mais pessoas que se escolhem mutuamente em conjuntos lineares que podem ser representados graficamente da seguinte forma: A-B-C-D, cada letra representando uma pessoa e os traços as relações, ou seja, A e B escolhem-se reciprocamente, ocorrendo o mesmo entre B e C e entre C e D); os *triângulos*, e os *círculos* (estruturas relacionais mais complexas, com quatro ou mais pessoas mutuamente interligadas).

O *teste sociométrico* visa também mobilizar a participação comprometida e espontânea dos membros do grupo. Quando envolvidos, eles deixam de ser simples objetos de observação de um pesquisador externo, para tornarem-se *atores in situ* (MORENO, 1934, v. 1, p. 165) na/da pesquisa. O termo *ator* integra a sociometria aos conceitos fundamentais e às práticas do *teatro espontâneo* europeu, considerado anteriormente, significando, também, um participante espontâneo e agente da ação. A expressão *in situ* evidencia, por sua vez, a valorização das contingências relacionais do/no grupo, em dado momento e local da pesquisa.

O *teste sociométrico* produz uma dinâmica especial na investigação das relações, que transforma os participantes em pesquisadores e os profissionais em seus *egos auxiliares*. Nesse processo, cada observador é um participante, e cada participante é um observador do cenário relacional. Naffah Neto (1979, p. 130) mostra que:

ao definir o cientista como uma parte implicada na realidade social, Moreno pôde usar esse fato como uma abertura e uma estratégia metodológica, que tinha por objetivo incluir o pesquisador na interioridade e no entrecruzamento das correntes intersubjetivas. Com isso, o experimento social passou a ser um projeto movido de seu interior, envolvendo a participação conjunta de todos.

Para definir um foco para a pesquisa, Moreno (1934, v. 1, p. 197) usou o *critério sociométrico*: "o que agrupa os indivíduos espontaneamente, para a consecução de um objetivo determinado" é o motivo, o *para que* cada participante se aquece e encaminha sua escolha.

Em Hudson, o *critério sociométrico* usado foi: *morar em proximidade*; e a pergunta do *teste sociométrico*, a seguinte:

> Você mora em uma determinada casa, com algumas pessoas, que foram escolhidas pela administração. As pessoas que moram com você, na mesma casa, não foram escolhidas por você, nem você foi escolhida por elas, apesar de vocês poderem ter interesse umas nas outras. Agora você tem a oportunidade de escolher com quem gostaria de morar. Você pode escolher sem restrições, qualquer pessoa desta comunidade, quer ela more ou não com você. Escreva primeiro o nome daquela garota que prefere em primeiro lugar, depois da segunda, da terceira, da quarta e da quinta preferência. Olhe a sua volta e decida-se. Pense que as moças que escolher poderão ser designadas para morar na mesma casa que você. (MORENO, 1934, v. 1, p. 203).

Vê-se aqui o objetivo central dessa investigação: deixar para trás a organização imposta, os agrupamentos casuais e os contatos descomprometidos, para adentrar em um espaço relacional, onde as moças passam a se escolher em função de suas preferências e distanciamentos. Nesse processo, elas interligam-se, constituindo um território vincular pleno de forças afetivas, no qual cada garota tem um lugar específico.

Esse lugar ou posição relativa de cada moça na estrutura vincular, foi representado por índices quantitativos: as *fórmulas de classificação sociométrica*. Elas são proporções numéricas que definem *"um indivíduo em relação aos outros* ou *um grupo em relação aos outros"* (MORENO, 1934, v. 2, p. 109). Assim entendidas, as *fórmulas de classificação sociométrica* morenianas evidenciam o equilíbrio dinâmico, móvel, entre as forças afetivas de atração e de rejeição que cada moça mobiliza e expressa no grupo. Afastam-se conceitualmente do sentido usual que o termo classificação tem, que remete à divisão em classes, à organização dos seres vivos, ou coisas, em conjuntos separados. É provável que o uso dessa expressão e a busca de fórmulas matemáticas para expressar movimentos relacionais reflitam a preocupação de Moreno em conferir à pesquisa sociométrica um caráter científico. Segundo Naffah Neto (1979, p. 149) e Pawel (2001, p. 35-45), há estreita relação entre a sociometria e certas categorias do pensamento positivista, entre as quais a manipulação dos dados observáveis e a derivação inferencial dos sistemas mais complexos a partir dos mais simples, já que a sociometria tem como forma social elementar o *átomo social*, do qual tudo deriva. Esse modelo teórico inclui também a proposição de *leis* sociais para reger os fenômenos relacionais. Naquela época, muitos estudiosos do relacionamento buscavam formas para quantificar os dados vinculares, entre eles Kurt Lewin, que também utilizou complexas fórmulas e proporções matemáticas, para explicitar o relacionamento humano em diferentes situações grupais, publicando, em 1936, *Principles of topological psychology*.

Segundo Martins e Bicudo (1989, p. 27):

o movimento em direção à pesquisa qualitativa em psicologia só conseguiu colocar-se de forma significativa nos meios científicos a partir da década de 1960, quando pôde-se estudar, com rigor, fenômenos não-passíveis de serem quantificados como o amor, o medo, a alegria, a raiva etc.

Em Hudson foram usadas duas *fórmulas de classificação sociométrica*: a *fórmula de classificação I*, que mostrava as escolhas positivas, feitas e recebidas pela pessoa, e a *fórmula de classificação II*, mais complexa, que apresentava, ao lado dos índices positivos, as rejeições feitas e recebidas.

Outro conceito referido no texto é o de *sociograma*, que pode ser definido como um método de representação gráfica dos fatos relacionais, que possibilita a compreensão e a exploração detalhada deles. Ao mapear graficamente e de forma ordenada o universo social, o *sociograma* possibilita a visualização do que antes era invisível. Moreno (1934, v. 1, p. 196-7) chega a afirmar que "o *sociograma* equivale a um microscópio que amplia e mostra com grande nitidez a colocação particular, o lugar exato de cada um no conjunto das inter-relações existentes em um agrupamento social".

Em vista disso, sua construção deve ser bastante acurada, para que a representação visual das relações seja fidedigna aos dados relacionais, pois ele tem, para o sociometrista, a mesma função orientadora que um mapa tem para um viajante ou para um explorador. Entretanto, os gráficos criados por Moreno tinham uma apresentação bastante confusa. Na década de 1940, conforme Bastin (1966, p. 75), Northway reorganizou a construção dos sociogramas, tornando-os mais precisos, claros e fáceis de ler. Para isso, colocou os líderes no centro e dispôs as demais pessoas em círculos concêntricos, de dentro para as bordas, de acordo com a ordem decrescente de sua importância no grupo. Em vista de seu aspecto gráfico, formado por círculos concêntricos, essa apresentação ficou conhecida como *técnica do alvo*.

Em Hudson, os *sociogramas* permitiram vários tipos de análise, como a das estruturas relacionais da comunidade como um todo; de pequenas partes dela, em função de seu significado funcional, de sua localização geográfica ou, ainda, do conhecimento dos subgrupos. Eles foram usados também para compreender o percurso das informações, dos boatos e das *epidemias* de fugas.

Outro conceito fundamental é o de *rede sociométrica*, uma das mais interessantes descobertas empíricas da pesquisa em Hudson. Ao analisar os sociogramas das casas, associando-os ao conteúdo das entrevistas realizadas com as jovens, Moreno percebeu que os sentimentos e os valores coletivos dos grupos fluíam por estruturas razoavelmente permanentes, que funcionavam como uma espécie de leito ou de recipiente, no qual as *correntes de opinião* se misturavam, se encontravam e se espalhavam. A esse respeito, afirma:

> a rede está relacionada às correntes que fluem através dela, como o copo, à água que está em seu interior, com a diferença de que a rede é moldada pelas correntes, enquanto o copo não toma a forma do líquido que contém. (MORENO, 1934, v. 2, p. 290).

Assim, as *redes* são formadas por estruturas vinculares, que podem assumir várias configurações, conforme seu foco de interesse. Essas organizações relacionais, que aparecem com certa regularidade seletiva, conforme o conteúdo veiculado (afetivo, sexual, racial etc.), funcionam como complexos canais de transporte e de transformação da comunicação, a ponto de serem chamadas por Moreno (1934, v. 2, p. 293) de "cozinhas da opinião pública".

Dimensões da interação em um pequeno grupo

Mesmo definindo os principais conceitos e técnicas, antes de acompanhar novamente Moreno em suas reflexões sobre as *dimensões da interação em um pequeno grupo*, é necessário dizer que outros temas mais específicos, não abordados aqui, também serão pesquisados em vários capítulos de *Quem sobreviverá?* ou em textos da época, à medida que for sendo necessário. Estou usando a tradução do inglês, feita por Alessandra Rodrigues de Faria, Denise L. Rodrigues e Márcia A. Kafuri, para a Editora Dimensão (MORENO, 1934/1992, v. 2, p. 203-33), fazendo algumas modificações, quando o sentido do texto original (MORENO, 1934/1978, p. 340-75) tiver sido alterado.

Como fiz na parte I deste livro, também vou dividir o registro das práticas sociométricas de Moreno em seus *movimentos internos*, de acordo com o fluir de suas grandes unidades temáticas. Isso facilita o cotejamento *pari passu* da prática moreniana e dos conceitos apresentados fora do texto, bem como o assinalamento das brechas teóricas, que possibilitam algumas reflexões pessoais e/ou a introdução das idéias de autores contemporâneos que se dedicaram ao assunto. Esses movimentos descrevem: o projeto inicial da pesquisa, seus fundamentos e etapas; o cenário social de Elsa e suas companheiras; o jogo dos afetos: bem-querer/mal-querer; os testes de espontaneidade, de situação e o *role-playing* e, por fim, a análise desses procedimentos. Moreno considera que o estudo sociométrico desse pequeno grupo percorreu cinco níveis sucessivos de pesquisa e aprofundamento, ilustrando-os em um gráfico bastante esclarecedor, que reproduzo a seguir. Segundo ele, essas etapas fornecem os fundamentos tanto para o diagnóstico como para formas de psicoterapia de grupo, cientificamente válidas.

ANÁLISE DE GRUPOS PEQUENOS

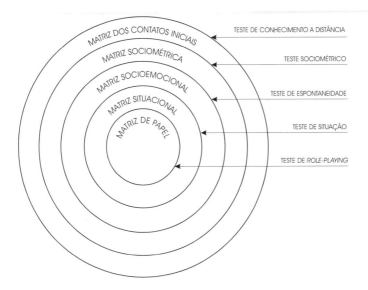

CINCO DIMENSÕES DA PESQUISA SOCIOMÉTRICA

"Estes cinco testes são construídos de modo a penetrar, em cinco passos sucessivos, nas camadas mais inacessíveis do grupo, iniciando com a mais periférica e passando para as camadas mais centrais. Os testes são parte essencial da pesquisa sociométrica e podem, talvez, estabelecer os fundamentos diagnósticos, para formas cientificamente válidas de psicoterapia de grupo."

Moreno (1934, v. 2, p. 215.)

1. Projeto inicial da pesquisa: seus fundamentos e etapas

[§1-§2]

O texto começa afirmando que

Teorias bem desenvolvidas da espontaneidade e do processo de aquecimento devem preceder qualquer programa de pesquisa da interação. Sem elas, o investigador assemelha-se a um motorista que dirige sem conhecer o motor de seu carro. É bom até ocorrer uma emergência.

Moreno enfatiza que é necessário embasar qualquer pesquisa da interação com teorias bem desenvolvidas sobre a *espontaneidade* e sobre o processo de *aquecimento*. A metáfora que aparece em seguida sugere que, sem essas noções, o investigador não será capaz de lidar com as situações vinculares mais difíceis ou problemáticas.

Apesar de destacar a importância da *espontaneidade* e do *processo de aquecimento* no estudo dos relacionamentos, terminam aí seus comentários, sem fazer qualquer consideração de natureza teórica a respeito. Se o leitor desejar ter mais informações, deverá buscá-las em um outro trecho de *Quem sobreviverá?*, dedicado à apresentação de suas idéias sobre *espontaneidade* (MORENO, 1934, v. 1, p. 147-157) e sobre a *teoria das relações interpessoais* (MORENO, 1934, v. 1, p. 168-72). Se não o fizer, terá de prosseguir às escuras, o que não é nossa opção.

Descobrirá, então, que Moreno retoma as noções de *espontaneidade* e de *aquecimento* desenvolvidas em suas pesquisas com o *teatro espontâneo* vienense, aplicando-as ao campo da *sociometria*. Naquela época já dizia que esses estados são fluentes, móveis e têm um ritmo semelhante ao dos ciclos biológicos, ou seja, aumentam e diminuem por si próprios, depois de certo tempo. Não surgem automaticamente, nem mesmo por um ato voluntário, mas, sim, por uma modificação no modo do funcionamento vital, produzida pelo *aquecimento*.

Além disso, os estados espontâneos não são simples climas emocionais subjetivos, mas complexos relacionais, decorrentes de interações sociais (MORENO, 1923, p. 82-4). Afirma agora que o *método sociométrico* possibilitou que as noções de *espontaneidade* e *criatividade* saíssem do campo abstrato e passassem para o campo empírico, sendo o *processo de aquecimento* sua expressão operacional. Isso pôde ocorrer porque, ao trabalhar com as relações, a *sociometria* dá ênfase à "correlação ativa entre os componentes individuais de um grupo, com sua estrutura e funções" (MORENO, 1934, v. 1, p. 171). Dizendo de outra forma, tanto a estrutura relacional de um grupo como seu funcionamento dependem da iniciativa e do entusiasmo de seus membros, existindo correlação direta e constante entre o pulsar dos estados espontâneo-criativos dos participantes do grupo (mobilizados pelo *aquecimento*), seu funcionamento e a posição de cada um na organização vincular. Nesse sentido, pode-se dizer que o *processo de aquecimento* permite que a *espontaneidade* e a *criatividade* adquiram operacionalidade.

Uma vez esclarecido esse ponto, podemos retomar o texto, que continua, afirmando:

Conforme nosso plano, podemos agora prosseguir nossa pesquisa, dando um passo adiante, no sentido do aprofundamento na estrutura dos grupos. Determinamos, em primeiro lugar, a matriz dos conhecidos a distância, depois a matriz sociométrica e, em terceiro lugar, a matriz das motivações e qual o efeito de cada uma na sobrevivência ou morte social de tais grupos.

Moreno mostra aqui que planejou seu estudo, para que ele penetrasse em passos consecutivos na estrutura relacional dos grupos, atingindo três níveis sucessivos de pesquisa e de aprofundamento: a *matriz dos contatos iniciais*[5], a *matriz sociométrica* e a *matriz das motivações*.

Vale destacar, em primeiro lugar, que o uso da expressão *matriz* carrega consigo uma série de conotações, que merecem ser comentadas. Segundo Claudio Neri (1995/1999, p. 33-4), o "termo matriz associa metaforicamente a situação grupal a um terreno germinativo e pressupõe, também, a idéia de um ambiente compartilhado, no qual há possibilidade de comunicação", duas condições que estão presentes na *sociometria*, pois ela opera em um campo de ação que se define como *inter* e *trans*individual, ou seja, com o que ocorre *entre* e *além* dos indivíduos.

Entretanto, se a pesquisa sociométrica pode desvelar com eficiência as configurações relacional-afetivas dos grupos, ela não consegue espelhar sua organização como parte do sistema social. Nesse sentido, Naffah Neto (1979, p. 163) afirma que

> as configurações assinaladas pelo sociograma constituem apenas um arcabouço provisório que só se completa e explicita quando é novamente trazido para o nível da inter-ação. O que evidencia que essas configurações constituem apenas uma representação esquemática de uma dinâmica" [relacional].

Essa especificidade da sociometria ficará bastante clara a seguir com o aparecimento dos procedimentos centrados na *espontaneidade*.

O texto deveria afirmar então: "podemos prosseguir nossa pesquisa dando um passo adiante, no sentido do aprofundamento na estrutura *relacional* dos grupos".

---

5. Apesar de mencionar esse nível da pesquisa, Moreno não apresenta, no texto, os resultados do *teste de conhecimento a distância*, que configuram a *matriz dos contatos iniciais* dessas jovens da casa oito.

Como Moreno cita a seguir três tipos de matrizes presentes nos grupos, para aprofundar a análise, temos de buscar o que caracteriza cada uma delas. Essa descrição aparece nos capítulos anterior (MORENO, 1934, v. 2, p. 156-99) e posterior (MORENO, 1934, v. 2, p. 178-86) àquele no qual esse estudo sociométrico é relatado.

Descobrimos que a *matriz dos contatos iniciais* é definida por meio do *teste de conhecimento a distância* e mostra o conjunto das garotas que cada jovem conhece de vista ou com as quais já teve algum contato.

A *matriz sociométrica*, por sua vez, é constituída pelo conjunto das escolhas positivas, negativas e indiferentes que cada moça fez e/ou recebeu no *teste sociométrico*. Revela relacionamentos mais comprometidos, que definem a posição de cada jovem na estrutura relacional.

A *matriz das motivações* não aparece descrita em nenhum outro texto do autor. Posso supor que ela indique os conjuntos das razões individuais que levam cada jovem a escolher e ser escolhida pelas outras de forma positiva, negativa ou indiferente.

O texto segue:

O movimento entre A e B, que classificamos segundo padrões de atração-rejeição-indiferença, tem estrutura tele correspondente, que pode não ser nem atração, nem rejeição, nem indiferença, *per se*.

Vemos que Moreno considera apenas três grandes categorias para todas as possibilidades de expressão afetiva entre as jovens: aproximação, afastamento e indiferença. Graças a essa estratégia aglutinadora da gama de possibilidades afetivas, ele conseguiu mapear os macromovimentos presentes nos grupos, que definem as correntes afetivas e as estruturas relacionais existentes na comunidade. Como veremos adiante, as nuanças afetivas desses movimentos relacionais serão exploradas por outros tipos de procedimento: os *testes de espontaneidade* e *de situação*.

Diz a seguir que esses padrões apresentam uma estrutura *tele* correspondente, que "pode não ser nem de atração, nem de rejeição, nem de indiferença, *per se*".

Essa observação, um tanto confusa, necessita ser comentada a partir das próprias afirmações do autor, quando discute o conceito de *tele* nesse mesmo livro. Apresento a seguir um resumo de suas idéias naquele capítulo (MORENO, 1934, v. 2, p. 178-86).

Ao estudar os relacionamentos em Hudson, Moreno verificou que o número de associações entre as moças superava em muito a do simples acaso. Concluiu, então, que deveria estar presente entre essas jovens o mesmo elemento de comunicação invisível que havia percebido existir entre alguns participantes de sua companhia de teatro espontâneo em Viena. Naquela ocasião, havia chamado esse tipo especial de sensibilidade, que fazia com que alguns dos atores de sua companhia parecessem estar ligados entre si, por uma alma comum, de *fator de intermediação* (MORENO, 1923, p. 123). Esse nome, um tanto vago, procurava destacar que algo desconhecido ocorria entre eles, conectando-os. Na América, cunha a expressão *tele, distante* em grego, para nomear o que poderia causar esse fenômeno, que possibilitava que os sentimentos de uma jovem, ao serem direcionados para uma outra, encontrassem, com freqüência maior do que a do acaso, respostas afetivas compatíveis e harmônicas, que criavam um trânsito afetivo articulado e vivaz entre elas.

A partir desses dados, podemos compreender por que Moreno afirma que a estrutura *tele* não tem, por si só, caráter de escolha nem de rejeição, tampouco de indiferença. Ela não tem uma natureza própria, preexistente *per se*, depende das circunstâncias existentes *entre* duas ou mais pessoas, "*tele* é uma abstração, que não tem existência social sozinha" (MORENO, 1934, v. 2, p. 183), indica um processo que ocorre nos grupos, *entre* as pessoas, e pode ser percebido apenas a partir de seus efeitos sociais (as *mutualidades* – escolhas mútuas – a *coesão grupal*, a *expansividade social* e a *expansividade afetiva*).

O texto prossegue, introduzindo agora um outro tema:

O problema foi determinar a "matriz socioemocional" do grupo. Por meio de alguns instrumentos, tivemos de encontrar um modo para observar como poucos indivíduos entram em relações sociais. Como despertar e sondar a espontaneidade desses indivíduos, é o alfa e o ômega da pesquisa; dei a esse teste o nome de "teste de espontaneidade". Ele pode ser aplicado a situações relativamente desestruturadas, tais como um encontro de estranhos, ou a situações que possuam graus variados de estrutura. Por meio do teste de espontaneidade, pudemos estudar as interações emocionais mais íntimas entre um pequeno grupo de indivíduos, à medida que elas se desenvolviam no decorrer de sua vida em comum.

Moreno afirma agora que a questão central do projeto sociométrico foi descobrir a *matriz socioemocional* do grupo, uma sondagem que se relaciona com a *espontaneidade*, que é, para ele, o começo e o fim de sua pesquisa. Com isso, desloca definitivamente o centro da atenção *sociométrica* do âmbito da medida para o do levantamento e compreensão das qualidades emocionais dos vínculos. Procura entender os relacionamentos em seus aspectos mais íntimos e cotidianos, no momento mesmo em que eles "se desenvolvem no decorrer de sua vida em comum" na instituição. Mostra que está interessado em criar procedimentos capazes de captar tanto as **estruturas** relacionais (por meio do *teste sociométrico*) como as sutilezas afetivas dos vínculos, o que inclui sua origem e seu desenvolvimento. Essa preocupação com o frescor do momento original é um tema recorrente das pesquisas de Moreno.

O método concebido por ele para evidenciar a *matriz socioemocional* é o *teste de espontaneidade*, que explora a intensidade e a variedade das emoções que fluem entre dois indivíduos, quando são colocados frente a frente e estimulados a expressarem-se livremente. Antes de passarmos adiante, vale a pena resumir os diferentes níveis da pesquisa sociométrica realizada por Moreno em Hudson e descritas até o momento:

- O *teste dos primeiros contatos* define a *matriz dos conhecidos a distância* e revela a *expansividade social* de cada moça na comunidade.
- O *teste sociométrico* define a *matriz sociométrica* e evidencia o número de pessoas com as quais cada uma consegue relacionar-se afetivamente, ou seja, sua *expansividade afetiva*.
- A análise das *motivações* mostra o que atrai cada jovem e do que elas se afastam.
- O *teste de espontaneidade* que trabalha com a *matriz socioemocional* do grupo.

O texto continua, mostrando que:

O sujeito é colocado em frente àquelas pessoas da comunidade que, através do teste sociométrico, descobrimos "pertencer" a seu átomo social. Esses indivíduos haviam escolhido ou rejeitado o sujeito, em função de um determinado critério, como, por exemplo, o de morar na mesma casa. É provável que *o material que entrou em suas reações tenha sido emprestado de experiências que elas tivessem tido juntas, que estivessem tendo no momento, ou que desejassem ter no futuro.*

Moreno ressalta agora que o *teste de espontaneidade* deve ser aplicado às jovens pertencentes a um mesmo subgrupo, previamente definido pelas escolhas ou rejeições no *teste so-*

ciométrico, feitas a partir do *critério* co-habitação. Esse conjunto de pessoas constitui o *átomo social* de cada participante na comunidade, conceito explicitado por ele algumas páginas antes, quando diz: os átomos sociais evidenciam "redes reais, vivas, cheias de energia, girando em torno de cada homem", são uma verdadeira "[...] constelação de forças, atrações, rejeições e indiferenças, que envolvem as pessoas em função de um critério definido" (MORENO, 1934, v. 2, p. 160).

Fica evidente aqui a articulação e a complementaridade dinâmica entre o *teste sociométrico* e o *teste de espontaneidade*, o que nos faz pensar que escolhas sociométricas significativas dependem e também promovem estados espontâneos compartilhados.

Segue-se outra afirmação interessante: Moreno constata que o material espontâneo surgido nesses jogos relacionais assenta-se nas experiências cotidianas das moças, no dia-a-dia da instituição. A espontaneidade opera assim, a partir de dinâmicas relacionais preexistentes, de alianças afetivas e de propostas já vivenciadas ou desejadas pelas jovens.

O registro prossegue:

> Não escolhi um grupo de indivíduos ao acaso, mas sim um grupo que descobrimos estar entrosado na comunidade, e havia sido completamente explorado, no que diz respeito a seus níveis de conhecimento a distância, sociométricos e motivacionais. Se tivesse escolhido um grupo ao acaso, não poderíamos saber como as descobertas, nas diferentes dimensões, estão relacionadas. Escolhi certo grupo da casa oito, tendo Elsa TL como indivíduo central.

Moreno considera as razões que o levaram a trabalhar com esse determinado grupo de jovens da casa oito. Destaca como motivos o fato de essas jovens estarem entrosadas na comunidade e o grupo ter sido completamente explorado em todos os níveis da pesquisa sociométrica. Isso permitiu estabelecer correlações entre todos os dados levantados, favorecendo o entendimento das articulações entre as diferentes dimensões da pesquisa sociométrica. Este movimento termina, com a seguinte afirmação:

> Recapitularemos, aqui, as descobertas do teste sociométrico e a análise motivacional, antes de entrarmos no teste de espontaneidade.

Levantadas as principais questões da pesquisa, Moreno prossegue, adentrando em nova unidade temática.

2. Cenário social de Elsa e de suas companheiras

[§3-§23]

O texto agora afirma:

A. Teste sociométrico
O grupo consistia em cinco indivíduos: Elsa, Maud, Gladys, Joan e Virgínia.

Moreno ressalta que o grupo é formado por cinco jovens: Elsa e mais quatro garotas. É interessante destacar que, apesar de usar o termo grupo, ele não explicita o conceito, empregando-o como um simples conjunto de indivíduos. Em outro texto da época, Moreno (1931, p. 26) havia definido *grupo* como "uma pluralidade de pessoas que está em constante relacionamento, por um certo período de tempo". Sem fazer nenhum comentário, designa quem constitui esse grupo: Elsa, Maud, Gladys, Joan e Virgínia.

Fica evidente, até aqui, sua necessidade estratégica de recortar o grande conjunto de 505 moças em uma unidade social menor, configurada a partir de algum tipo de análise social padronizada, como já havia feito um ano antes em Sing Sing. Ali, a equipe profissional dividira os prisioneiros em vários grupos pequenos, centrados nos líderes, sendo os demais detentos distribuídos em função de suas afinidades em relação aos primeiros. Com isso, procurava evitar a formação de gangues destrutivas e manter vivo o interesse pela socialização. Em Hudson, os grupos foram formados com base nos resultados do *teste sociométrico*.

O texto continua:

A classificação sociométrica de Elsa (cf. sociograma p. 216) foi expressa na seguinte fórmula de classificação:

Elsa:
Fórmula de classificação I

	dentro	fora
Escolhas feitas	4	1
Escolhas recebidas	0	0

Fórmula de classificação II

	dentro	fora
Escolhas feitas	4 – 1	1 – 3
Escolhas recebidas	0 – 16	0 – 16

Surgem agora dois novos elementos de análise: *classificação sociométrica* de Elsa e o *sociograma* que ilustram o estudo. Para entendermos a configuração desses dados numéricos, temos de recorrer a um texto que aparece algumas páginas antes (MORENO, 1934, v. 2, p. 109-112), no qual o próprio autor mostra como construiu essas proporções. A *classificação sociométrica*, diferentemente de outras práticas, revela como cada indivíduo se coloca em relação aos outros, em sua condição sociodinâmica real. Em Hudson, mostra a posição afetiva de cada jovem em relação às colegas, na casa onde moram.

Na *Fórmula I*, os algarismos à esquerda da linha vertical indicam as escolhas positivas feitas e recebidas dentro do próprio grupo de moradia; aqueles que estão à direita relacionam-se com escolhas positivas, feitas ou recebidas fora da própria casa, e definem os limites exteriores do átomo social (MORENO, 1934, v. 2, p. 161).

A *Fórmula II* acrescenta, ao lado das escolhas positivas, as rejeições ou escolhas negativas feitas e recebidas dentro e fora do grupo, revela a constituição interna do átomo social, ou seja, a dinâmica entre as atrações e rejeições, feitas e recebidas, (MORENO, 1934, v. 2, p. 161).

Resumindo, temos: à esquerda da linha vertical, a posição de cada garota dentro de sua casa, e à direita da linha vertical, sua situação na comunidade. Todos esses dados referem-se ao mesmo *critério*: morar em proximidade.

O registro continua afirmando:

As características predominantes de sua classificação são que ela encontra-se *isolada* e *rejeitada*, tanto em seu grupo quanto na comunidade.

Essas duas expressões que aparecem em itálico no texto fazem parte de um conjunto de oito termos que Moreno criou para indicar a situação relacional das moças nos grupos de moradia de Hudson, conforme sua *classificação sociométrica*[6]. Segundo nosso autor, essa posição de Elsa no grupo foi completamente corroborada pelo estudo intensivo de sua conduta realizado posteriormente.

As informações das fórmulas tomam um novo colorido com a visualização da *matriz sociométrica* de Elsa, que apre-

---

6. Os interessados em conhecer toda a *Tabela de termos de classificação sociométrica* podem encontrá-la em *Quem sobreviverá?* (MORENO, 1934, v. 2, p. 110-111).

senta em um gráfico único todas as escolhas feitas e recebidas por ela. Esse *sociograma* aparece na página seguinte.

Como vemos, na metade superior do gráfico estão as escolhas positivas e negativas feitas e recebidas por Elsa em sua própria casa e, na metade inferior, as escolhas positivas e negativas feitas e recebidas em outras casas. Esse conjunto de informações é chamado por Moreno de *matriz sociométrica* de Elsa. Vale dizer que, no Brasil, temos reservado essa expressão para indicar um quadro de dupla entrada, no qual são registrados os valores ponderados das escolhas feitas e recebidas pelos participantes de um *teste sociométrico*, com seus respectivos sinais: (+) (-) (+/-), chamando esse gráfico de *sociograma individual*. Ele configura a *dimensão psicológica* do *átomo social* de Elsa, ou seja, quem são as moças que ela prefere, quais rejeita, quais a rejeitam e como é a dinâmica dessas relações: que escolhas são mútuas, quais não são, qual o tipo de discordância etc.

Fica evidente agora por que Elsa é considerada sociometricamente *rejeitada*: as quatro colegas que escolheu em sua própria casa rejeitam-na, como também o fazem outras 27 moças, doze de sua própria casa e quinze de fora. Como ninguém a escolhe, também é *isolada* na comunidade.

Os números que aparecem na primeira fórmula tornam-se mais claros: Elsa escolhe quatro moças de sua casa e uma de fora, não sendo escolhida por ninguém. Vemos a situação de Elsa piorar bastante com os dados da segunda fórmula, pois ela mobiliza forte rejeição de muitas garotas e também da encarregada, sendo rejeitada por dezesseis pessoas de sua casa e por dezesseis de fora. Ela, por sua vez, rejeita uma moça em sua casa e três fora.

Com essa compreensão, podemos perceber com maior clareza qual é a dinâmica afetiva desse conjunto que o *teste sociométrico* recortou na comunidade, que constitui o *átomo social* de Elsa na instituição.

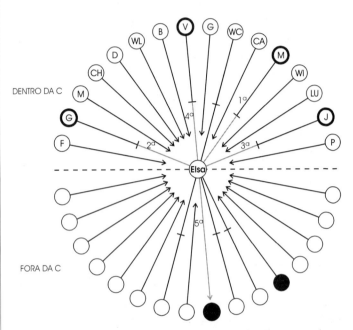

"Este sociograma retrata a *matriz sociométrica* de Elsa antes do *teste de espontaneidade*. Elsa da C8, é a menina rejeitada na comunidade. A linha tracejada divide a estrutura em duas metades: a superior indica a posição de Elsa na C8, a inferior, sua posição fora da casa. Da população de vinte e cinco membros, Elsa é rejeitada por dezesseis de seu grupo e por quinze de outras casas. Ela rejeita uma pessoa de seu grupo, que responde com rejeição mútua e ainda rejeita três de fora, que também a rejeitam. Quatro de suas escolhas vão para o grupo: Maud (primeira escolha), Gladys (segunda escolha), Joan (terceira escolha) e Virgínia (quarta escolha). Escolhe uma negra, de fora de sua casa (C12), em quinto lugar, que não responde a sua escolha. Aquelas que escolhe em sua casa a rejeitam."

Moreno (1934, v. 2, p. 216)

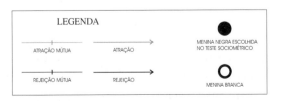

Além de ser um grupo "completamente explorado em relação aos seus índices sociométricos", podemos ver que fazem parte dele apenas as moças que Elsa escolheu positivamente e que também mostraram algum tipo de mobilização afetiva em relação a ela, pois, mesmo rejeitando-a, destinaram-lhe uma de suas escolhas. Não fazem parte desse núcleo de relacionamentos as mobilizações unilaterais, como aquela em relação à moça negra que Elsa escolheu em quinta eleição, mas que não a escolheu, nem as moças que a rejeitaram, sem terem sido escolhidas por ela. Também não são incluídas aqui suas quatro rejeições mútuas.

O gráfico que apresento na página seguinte permite visualizar a posição das jovens que Elsa escolhe nas *redes sociométricas* existentes na comunidade.

Vemos nesse gráfico que Maud e Gladys, por serem *isoladas*, também não influenciam ninguém com suas opiniões. Joan e Virgínia, entretanto, estão em contato com 68 moças, levando 27 delas a rejeitar Elsa. Esse tipo de escolha, definida por Moreno como *antipatia indireta*, tende a aparecer quando a *rede* por onde as informações circulam é muito forte.

Na legenda do gráfico, Moreno ressalta que o fato de Elsa escolher essas duas jovens tão influentes parece representar um esforço de sua parte para, por meio delas, tentar melhorar seu *status sociométrico*, ou seja, sua aceitação no grupo. Infelizmente, os sociogramas da casa oito, e também o da nove, não aparecem no livro, como os das demais casas, nem na edição brasileira, nem na norte-americana. Assim, não podemos ter a visualizarão global das diferentes configurações relacionais existentes nesse núcleo de convivência, para confirmar essa afirmação.

Vemos que Moreno definiu como grupo o conjunto de jovens escolhidas positivamente por Elsa, apesar de essas eleições serem todas *incongruentes* (não recíprocas), desconsiderando suas rejeições mútuas. Isso parece indicar uma decisão de

ANÁLISE DE GRUPOS PEQUENOS

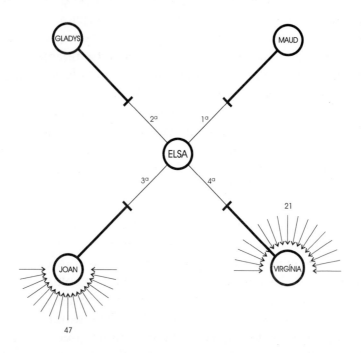

"Análise mais detalhada da sociomatriz anterior revela que dos trinta e um indivíduos que tomaram uma atitude definida em relação a Elsa, rejeitando-a, vinte e nove ocupavam uma posição insignificante nas redes da comunidade e, portanto, sua atitude não poderia prejudicar Elsa, além do contato imediato que mantinham com ela. Descobrimos que somente dois desses indivíduos, Virgínia e Joan, exerciam grande influência nas redes. É significativo que essas duas tenham sido escolhidas por Elsa, em um esforço para alcançar um *status* sociométrico mais alto. O gráfico acima coloca Elsa no centro das quatro moças escolhidas por ela, como companheiras de moradia: Maud, Gladys, Joan e Virgínia. Vemos como Elsa sente atração por todas elas, sendo igualmente rejeitada por todas. Porém, como o gráfico indica, o efeito da rejeição de Gladys e Maud tem pouco significado, permanecendo na esfera pessoal. Entretanto, a rejeição de Joan, que tem quarenta e sete indivíduos ligados a ela, em diferentes segmentos da comunidade e de Virgínia, líder de sua casa, com vinte e uma moças ligadas a ela, pode ser responsável pelo sentimento persistente e cada vez maior de antipatia por Elsa."

Moreno (1934, v. 2, 217)

trabalhar em um campo relacional atraente para essa jovem *isolada* e *rejeitada*, já que os processos que promovem o desenvolvimento tendem a fluir melhor em um campo relacional que favoreça a espontaneidade.

O texto continua, afirmando:

Sua classificação mostrou que, além da encarregada de sua casa, havia trinta e um indivíduos interligados a ela no critério *morar em proximidade*.

Depois de definir o grupo, nosso autor analisa a situação relacional de Elsa nesse contexto. Constata que, além das colegas, a própria funcionária incumbida de educá-la também a rejeita. A única forma de contato de todas elas com Elsa é por meio da rejeição, o que faz com que sua situação na instituição seja bastante precária. Podemos ver que os índices sociométricos de Elsa revelam uma situação de extrema marginalização, colocando-a em um subgrupo, que Moreno chamou de *proletariado sociométrico*, um conjunto de pessoas cujo "volume de atrações [despertadas], de expansão de papéis, de espontaneidade e de produtividade, acham-se muito aquém de suas necessidades e de suas habilidades para aumentá-los" (MORENO, 1934, v. 1, p. 216). Segundo ele, esse grupo não pode ser "salvo" por meio de revoluções econômicas, mas sim pela intervenção do sociometrista. Vale destacar que Moreno usa o termo proletariado sem nenhum rigor, tentando reduzir esse conceito marxista de classe social, constituída segundo Marx e Engels (s/d, p. 21-31) pelos "trabalhadores assalariados modernos que, privados de meios de produção próprios, se vêem obrigados a vender sua força de trabalho para poder existir", a uma categoria sociométrica. Nesse sentido, Naffah Neto (1979, p. 129-167) aponta o que chama de "descaminhos da sociometria", que aparecem quando Moreno "rejeita *a priori* a formulação marxista e tenta entender macroscopicamente o arcabouço da sociedade, afastando a sociometria de seu campo natural e específico de ação: o *microssociológico*".

Na continuação temos:

> Os dados descritivos de sua conduta em Hudson foram recolhidos entre essas trinta e uma pessoas de seu núcleo social, que manifestaram algum tipo de ligação com ela – na medida em que conseguiram expressar-se.

Provavelmente, Moreno esteja se referindo aqui ao material recolhido por ele e sua equipe em entrevistas com as moças de Hudson, feitas com a finalidade de explicitar as *motivações* de suas escolhas. Essas informações serão apresentadas mais adiante.

Focaliza a seguir a participação de Elsa nas *redes sociométricas:*

> Um estudo das redes nas quais ela participava mostrou que a posição de vinte e sete das trinta e uma pessoas da rede dependia de duas moças. Ambas moravam na mesma cabana de Elsa. Apenas duas outras garotas pareciam não ser afetadas por elas. Por isso, pareceu suficiente concentrar nossa atenção nesse núcleo de cinco, assumindo que as informações resultantes da análise desse núcleo, automaticamente, elucidaria as demais. Assim, encontram-se aqui apenas os relatórios da própria Elsa e dessas quatro moças. Apesar de essas quatro pessoas (escolhidas por Elsa como companheiras de moradia: Maud, sua primeira escolha; Gladys segunda; Joan terceira e Virgínia quarta) estarem vivendo com ela na C8 por mais de um ano, foram unânimes em rejeitá-la.

Esse trecho apenas repete informações já analisadas, enfatizando por que acredita que esse pequeno grupo de cinco jovens pode representar muitas outras jovens.

Vem a seguir:

Considerando as atitudes em relação a Elsa, tanto em seu grupo como na comunidade, parece que Elsa escolheu as quatro meninas que, mais provavelmente, poderiam ter alguma sensibilidade para ajudá-la.

Vemos Moreno salientar, mais uma vez, o potencial de ajuda desse subgrupo. Entretanto, parece-me que, até o momento, apenas com a análise dos índices numéricos, seja difícil perceber a *sensibilidade* dessas jovens em relação a Elsa, pois todas a rejeitam. Teremos de acompanhar o desenrolar do texto, para verificar se essa afirmação se justifica.

O relato segue, reiterando que:

A quinta escolha de Elsa foi para uma garota negra da cabana 12 (conforme p. 144).
Como indicado na Fórmula de Classificação I, Elsa escolheu quatro pessoas de seu grupo e uma de fora.
A Fórmula II mostra que todas essas quatro pessoas a rejeitaram, que, além disso, ela é rejeitada por outras doze pessoas de seu grupo e por quinze pessoas de fora, enquanto ela mesma rejeita uma pessoa de seu grupo e três de fora.
Direcionaremos nossa atenção a seguir para a posição sociométrica das cinco moças que ela escolhera. A escolha de fora foi uma garota negra, cujas Fórmulas de Classificação revelam que ocupa também outra posição isolada.

Aparecem mais uma vez a intensidade da rejeição que Elsa recebe e os motivos da não-inclusão nesse grupo de sua quinta escolha positiva: além de não escolhê-la, essa garota negra é isolada, não produzindo nenhuma alteração nem na posição relativa de Elsa nem no trânsito de seus afetos na comunidade. Entretanto, essa escolha é qualitativamente importante, porque evidencia um movimento inter-racial em um ambiente segregacionista, o que é, no mínimo, uma atitude de oposição às regras estabelecidas. Segundo o capítulo de *Quem sobreviverá?* dedicado especificamente ao estudo das questões sexuais em Hudson, um outro sentido nesse tipo de opção: interesse ou prática homossexual, pois segundo Moreno "os relacionamentos erotizados entre as garotas da comunidade se davam, em geral, de forma clandestina, entre brancas e negras" (Moreno, 1934, v. 2, p. 260-3).

São analisadas a seguir, as situações vinculares das outras quatro moças que fazem parte do pequeno subgrupo considerado:

As posições sociométricas das quatro moças escolhidas em seu grupo eram as seguintes:

Maud:
Fórmula de classificação I

	dentro	fora
Escolhas feitas	2	1
Escolhas recebidas	2	1

Fórmula de classificação II

	dentro	fora
Escolhas feitas	2 – 1	1 – 0
Escolhas recebidas	2 – 3	1 – 0

Maud é escolhida por três pessoas cujas posições não se encontram vinculadas às correntes de influência, nem no âmbito de seu grupo, nem no âmbito maior da comunidade. Por essa razão, sua rejeição de Elsa restringe-se ao relacionamento pessoal com ela. Maud tem, em comum com Elsa, uma atração por uma moça negra que, ao contrário do que acontece com Elsa, é recíproca.

Parece que, nesse momento, Moreno está interessado em destacar apenas como as escolhas de Elsa a inserem nas *redes sociométricas*. Assim, ao analisar Maud, mostra simplesmente que ela tem uma posição periférica na comunidade, o que faz com que sua rejeição por Elsa se restrinja apenas ao relacionamento entre ambas. Não discute as características específicas ou as possibilidades desse contato. Comenta também que Maud, assim como Elsa, se interessa por uma moça negra que a escolhe. Veremos, mais adiante, como esse fato vai causar uma dinâmica ambígua entre Elsa e Maud, mista de rivalidade e de cumplicidade. Surgem a seguir os dados de:

Gladys:
Fórmula de classificação I

	dentro	fora
Escolhas feitas	3	2
Escolhas recebidas	1	0

Fórmula de classificação II

	dentro	fora
Escolhas feitas	3 – 6	2 – 1
Escolhas recebidas	1 – 4	0 – 1

Como Gladys também se encontra em posição isolada, tanto dentro quanto fora de seu grupo, seu sentimento de rejeição para com Elsa não parece ter efeito significativo, além do relacionamento estritamente pessoal.

A análise da posição de Gladys é lacônica, afirmando que sua rejeição por Elsa tem um caráter pessoal, já que ambas são moças marginalizadas. Também com Gladys, Moreno preocupa-se apenas em verificar como essa escolha de Elsa define sua inserção nas *redes sociométricas*.

Temos agora a classificação de:

Joan:
Fórmula de classificação I

	dentro	fora
Escolhas feitas	2	3
Escolhas recebidas	4	12

Fórmula de classificação II

	dentro	fora
Escolhas feitas	2 – 2	3 – 2
Escolhas recebidas	4 – 0	12 – 0

Joan atrai quatro garotas de dentro e doze de fora do seu grupo. O acompanhamento das posições sociométricas dessas dezesseis jovens revela que Joan é a primeira escolha de três, que também foram escolhidas, respectivamente, por treze, dezesseis e dezoito pessoas na comunidade. Como cada uma dessas quarenta e sete garotas entra em outros relacionamentos, entre um e sete, e, por sua vez, cada um destes se relaciona com outras pessoas, o fato de Joan rejeitar Elsa tem um efeito multiplicador a distância significativo. Joan está em uma posição de onde pode influenciar direta, ou indiretamente, algumas correntes em todas as redes.

Fica claro que ela é uma pessoa-chave, participante em cinco das principais redes nas quais a população está dividida.

Segundo Moreno, Joan, que é a terceira escolha de Elsa, é uma das líderes da comunidade, fazendo parte das principais *redes sociométricas*. Assim, o fato de ela rejeitar Elsa é muito significativo, pois esse sentimento pode influenciar várias outras moças, que não convivem diretamente com ela, a rejeitá-la também.

Essa análise ajuda a compreender o gráfico apresentado anteriormente, mostrando que a maior parte das escolhas que Joan recebe é de jovens que moram em outras casas. Vemos a seguir a posição da última moça:

Virgínia:
Fórmula de classificação I

	dentro	fora
Escolhas feitas	2	1
Escolhas recebidas	6	1

Fórmula de classificação II

	dentro	fora
Escolhas feitas	2 – 6	1 – 2
Escolhas recebidas	6 – 2	1 – 1

Virgínia é escolhida por seis meninas de seu grupo, que recebem, no total, vinte e uma escolhas de outros membros do grupo. É, portanto, uma pessoa-chave dentro do grupo, apesar de não ser, ela mesma, a mais escolhida.

O fato de rejeitar Elsa pode produzir efeito muito além de sua simples relação com ela. Virgínia está em posição de influenciar, direta ou indiretamente, pelo menos vinte e sete pessoas, ou seja, toda a população desta cabana, com exceção de quatro moças.

Moreno observa que Virgínia, a quarta escolha positiva de Elsa, é a líder desse grupo. Assim, o fato de rejeitar Elsa também tem muita importância, por seu efeito multiplicador negativo na casa onde moram.

O texto continua, abordando um novo tema. Antes de passarmos adiante, encerrando esse módulo de interpretação, podemos dizer que, ao analisar as *classificações sociométricas* dessas jovens, Moreno se preocupou especialmente com o aspecto coletivo desses índices, tais como: o *status* relacional de cada moça em seu grupo de moradia (a casa oito) ou na comunidade, a participação de cada uma nas *redes sociométricas* e nas correntes de opinião, bem como a definição das lideranças.

3. Bem-querer, malquerer: o jogo dos afetos

[§24-§34]

Nessa nova unidade, Moreno introduz, sem nenhum comentário, a transcrição das gravações das próprias palavras das jovens, a respeito do que levou cada uma a escolher as outras de forma positiva, negativa ou indiferente.

Para facilitar a expressão de suas opiniões, todas foram entrevistadas individualmente, garantindo-lhes que as informações prestadas teriam caráter *confidencial* (MORENO, 1934, v. 2, p. 193). Assim, nenhuma jovem soube por quem havia sido escolhida ou rejeitada, nem quais foram os motivos dessas escolhas.

Ele considera as *motivações* como aquilo que move cada moça na busca das companheiras, visando realizar os objetivos propostos pelo *critério*. O estudo dessas mobilizações permite que cada estrutura relacional apareça com todas as suas especificidades, de forma viva e concreta. Afirma em *Quem sobreviverá?*, em um capítulo intitulado "Motivações", algumas páginas antes de descrever esse estudo, que o entendimento desses depoimentos aprofunda o conhecimento do que ocorre nos grupos, pois se o *teste sociométrico* mapeia a *posição sociométrica* de cada uma, evidenciando, por meio dos *sociogramas* e das *fórmulas de classificação sociométrica*, quem é isolada, quem é rejeitada, quem forma par, quem participa das *redes sociométricas* etc., as *motivações* mostram o colorido afetivo, a atmosfera presente nessas configurações, delineando o conteúdo afetivo e as dinâmicas internas das estruturas relacionais. Isso fica evidente nas razões das escolhas e rejeições de Elsa e suas companheiras. Assim, para nosso autor, as motivações mostram como "as reações são indivualizadas" (MORENO, 1934, v. 2, p. 193-96).

Além disso, ele afirma que perguntar a cada uma por que ela desejava aproximar-se ou afastar-se das outras as ajudou a ajustar suas vontades e expectativas às possibilidades da comunidade. Esse tipo de aprendizado era muito importante no trabalho em Hudson, porque uma das metas do projeto era levar as internas a desenvolverem uma atitude reflexiva em relação a suas vontades e atos, de modo que elas pudessem vir a lidar de forma responsável e independente com seus projetos, podendo alcançá-los sozinhas.

Moreno (1934, v. 2, p. 193-196) afirma textualmente que a proposta básica de seu método era "possibilitar que as próprias ações delas, e não as nossas, levassem-nas a se desenvolver". Sem dúvida, uma das etapas desse processo é o reconhecimento de suas necessidades e desejos, relevante também, para uma vida independente fora da comunidade.

Outra observação significativa destaca que o estudo das *motivações* revela que, muitas vezes, ocorrem atrações mútuas defensivas, que são prejudiciais para uma ou para as duas garotas, que, por isso, precisam ser conhecidas e trabalhadas pela equipe profissional.

Moreno (1934, v. 2, p. 193-196) ressalta ainda que as *motivações* das escolhas "não devem ser entendidas no sentido psicanalítico" como elementos significativos no/do desenvolvimento do indivíduo, mas no sentido sociométrico, como uma capacidade afetiva e intelectual em relação às pessoas da comunidade com as quais cada uma deveria associar-se naquele contexto e momento, visando atingir seus objetivos.

Apesar dessa recomendação quanto ao entendimento das *motivações*, estritamente em função da *tele* presente nas relações atuais, sabemos que, na prática, as razões das escolhas evidenciam também dinâmicas relacionais oriundas das histórias de vida das moças, ou seja, podem mostrar também aspectos não-télicos, que dependem do tipo dos laços afetivos que elas aprenderam a priorizar e que se constituíram historicamente em sua vida.

Podemos dizer que a análise conjunta das estruturas relacionais e das razões das escolhas permite à *sociometria* articular duas dimensões importantes de um grupo: a operativa, ou seja, como as pessoas se organizam socialmente, e a subjetiva, por que o fazem assim.

Transcrevo, a seguir, as razões que levaram Elsa a escolher essas jovens, bem como as razões delas para se afastarem de Elsa. Moreno apenas registra os relatos das jovens, sem fazer nenhum comentário sobre eles.

B. Motivações para as escolhas e rejeições

Elsa em relação a Maud:

Ela é minha primeira escolha para morar. Ela é a mais gentil de todas comigo. Eu não sei exatamente o que gosto em Maud, mas ela é agradável, apesar do que as outras dizem dela.
Seu maior defeito é seu hábito de dizer abertamente o que ela sente por você. Ela pensa que, fazendo isso, será considerada uma pessoa franca. Eu não creio que a franqueza seja sempre o melhor jeito de agir. Dessa forma você pode ferir mais os sentimentos de uma outra pessoa do que ficando calada ou sendo um pouco mais gentil. Mas nós conversamos bastante, gostamos de coisas parecidas e temos até alguns

problemas parecidos, como ficar mal com as meninas ou com a encarregada da casa.

Maud em relação a Elsa:

Não acredito que valha a pena tentar ainda ser amiga dela, porque ela fala comigo o tempo todo sobre as meninas negras e, depois, fala de mim a esse respeito com as outras. Mas, mesmo assim, não acho que ela esteja sendo bem tratada nesta casa. Por exemplo, quando ela está lavando pratos na cozinha, e as meninas ficam fazendo comentários. Uma diz: "Não é assim que se faz, Elsa"; ou "Você não lavou direito esse prato"; ou "Você nem sequer dá conta de lavar um copo que tenha apenas água nele". Elas continuam a falar até Elsa ficar nervosa e parar, ou então jogar no chão o que tem nas mãos. Aí, a encarregada diz: "Qual é o problema com você, Elsa?". E manda Elsa para o quarto de castigo. A encarregada nunca fica sabendo que eram as outras meninas que estavam irritando Elsa, porque elas fazem isso pelas costas, de tanto que odeiam Elsa. Eu sempre me meto em confusão quando estou com ela.
É melhor eu não morar na mesma casa que ela.

Elsa em relação a Gladys:

Ela é minha segunda escolha. Ela não guarda nenhum rancor de mim, como algumas meninas fazem. Ela tem uma natureza generosa e nunca diz "Você está destruindo a casa", como a Virgínia fala, quando eu desobedeço alguma regrinha. Gladys está sempre sendo acusada de alguma coisa, como eu.

Gladys em relação a Elsa:

Eu não acho que ela seria tão terrível, se as outras meninas deixassem ela em paz. A única coisa que ela faz que me irrita é quando ela gruda em mim e não vai mais embora, quando eu quero me ver livre dela. Parece um pedaço de caramelo que você não consegue tirar das mãos. Ela é uma peste, e todo mundo acha isso. Ela sempre espera que você a deixe brincar, mesmo depois de o jogo ter começado, a tal ponto que você não consegue se livrar dela. Eu realmente gostaria que ela estivesse em outra casa. Nós seríamos mais felizes e ela também.

Elsa em relação a Joan:

Joan é minha terceira escolha. Eu sempre gostei dela e queria que ela fosse minha amiga, mas ela começa a ser minha amiga e, de repente, pára. Ela não tem muita paciência, se você não faz exatamente o que ela quer, o tempo todo.

Joan em relação a Elsa:

Algumas meninas podem fazer coisas pelas costas, de vez em quando, mas ser covarde o tempo todo é com a Elsa. Ela não fica feliz com certas coisas que você pensa que ela iria gostar. Como, por exemplo, quando sua irmãzinha lhe mandou um poema, que ela mesma escreveu, e eu publiquei no jornal da escola, pensando que ela ficaria orgulhosa. Mas não, ela nem ligou. Uma vez, a senhorita E.T. estava chamando a atenção dela e ela começou a gritar. Em geral ela não diz nada, nem sequer responde. Assim, dessa vez, eu fiquei com pena dela e fiz tudo por ela. Emprestei-lhe um livro de mistério e, depois, quando eu o pedi de volta, porque é difícil conseguir livros de mistério por aqui, ela negou que eu tivesse emprestado o livro para ela, depois eu descobri que ela tinha dado o meu livro para a Maud. Elsa tem esse tipo de coragem, ela mente e faz qualquer coisa que lhe dê na cabeça e nem se importa com o que os outros pensam dela. Às vezes, o que ela faz não é importante, mas é o jeito dela que deixa você irritada, sempre mentindo que não tem amizade com as meninas negras, mesmo quando você vê ela virando a esquina, só para dar uma olhadinha nelas, principalmente quando sua amiga passa. Eu não quero morar com ela.

Elsa em relação a Virgínia:

Ela é minha quarta escolha. Eu não me importo tanto com ela como me importo com as outras. Todas as meninas tentam ser amigas dela, mas ela não é parcial, ela é a mesma o tempo todo. Ela está sempre me criticando, mas não tenta me ajudar o tanto que eu gostaria. Se ela tentasse, nos daríamos bem.

Virgínia em relação a Elsa:

Eu acho que Elsa afundou tanto, que não adianta mais tê-la por perto. Por que motivo deveria me preocupar com ela? Se ela tivesse vergonha, não seria como é. Dá até arrepio ter que ficar na mesma sala que ela na hora do recreio. Eu não gostaria de morar com ela.

Elsa em relação à encarregada da casa:

Ela não é minha amiga. Sinto que ela está contra mim. Além disso, ela escuta as meninas que estão contra mim. Ela acha que eu estou errada, mesmo quando não estou.

Encarregada em relação a Elsa:

Quando a mãe de Elsa vem, ela chora, mas logo depois ela já a esqueceu. Ela pensa que as outras a perseguem. Uma vez ela tentou fugir com WT, que é uma moça retardada intelectualmente. Elsa jogou uma fronha com suas coisas pela janela e, depois, tentou escorregar por uma corda de lençóis amarrada na cama. O movimento dos lençóis em frente à janela e seus pés batendo contra a casa despertaram Anna, que bateu na porta para me avisar. Quando acendi as luzes, Elsa estava batendo na porta da frente. Tinha torcido o tornozelo. Agia como se o incidente não tivesse a menor importância. Ela nunca mostra o que está sentindo, nem responde quando falo com ela. Ela é uma pessoa solitária. Nunca se oferece para fazer algum trabalho ou para participar de alguma brincadeira, sonha de olhos abertos, não presta atenção e é descuidada com seu trabalho. Rói as unhas. Seu progresso na escola é bom, sendo uma das meninas mais inteligentes da minha casa. Ela tem um certo gosto por coisas vistosas, que procura mostrar em todas as ocasiões possíveis. De uma velha cortina de renda, fez um *soutien*. Aproveita qualquer coisa que é jogada fora, para fazer roupa de baixo e... Uma vez ela pegou um pedaço de *voile* que jogamos fora e fez uma calcinha tão pequena que parecia de boneca e usou-a. Seu quarto está sempre cheio de cacarecos, que ela coleta, principalmente coisas brilhantes ou cintilantes. Ela rouba, pega coisas que eu lhe daria se soubesse que ela queria. No Natal, ela pegou cerca de dois dólares de mercadorias da loja. Eram anéis, lenços, conjuntos de canetas, lápis, esponjas para pó, colares de contas etc. Provavelmente ela queria essas coisas para dar para as meninas brancas e negras, para conquistar a amizade delas, pois quando descobrimos, tudo já estava embrulhado em papel de presente, enfeitado com laços de fita. Ela não chorou quando foi repreendida por pegá-los. Ela é persistente em seu interesse pelas meninas negras. Minhas meninas já perderam a paciência com ela por causa disso. Ela mente sobre isso, mesmo quando é encontrada em diferentes lugares com elas. Seu linguajar é sujo e seus cadernos também. Eu acho que ela deveria ter outra chance em outra casa.

Concluindo esta unidade temática, podemos dizer que a leitura dos motivos que levaram essas jovens a se afastarem de Elsa e ela a procurá-las complementa as informações do *teste sociométrico*. Aparecem os movimentos e os conteúdos afetivos dos relacionamentos de Elsa em seu *átomo social* na instituição, bem como as qualidades e os defeitos dessas cinco moças.

Fica evidente, ainda, que Elsa, como outras meninas brancas, sofria do que Moreno chamou de *encantamento* pelas negras, segundo ele, um fenômeno paradoxal, pois na época o simples fato de "ser amigo de negros" já era considerado um comportamento baixo. Nessa comunidade, entretanto, muitas meninas brancas cortejavam as negras, que aceitavam a atenção delas, mas ridicularizavam essa sedução. Apesar disso, quando uma ocasião propícia aparecia, essas paixões levavam a contatos físicos. Para nosso autor, as possíveis razões desse fenômeno eram as seguintes: as adolescentes haviam sido tiradas de um ambiente onde conviviam com homens, em um momento de suas vidas em que as fantasias e o *role-playing* sexual são processos naturais e necessários do desenvolvimento. Em vista disso, elas precisavam achar um substitutivo para esse interesse. Como em Hudson a segregação racial separava brancas e negras, as jovens do primeiro grupo começaram a se interessar pelas do segundo, por poder imaginá-las *a distância*, como mais corajosas, espontâneas em sua conduta, musculosas e fortes. Esse conjunto de *projeções psicogeográficas* [ou seja, projeções a distância] possibilitou que as brancas vissem as negras como *substitutas dos meninos* para seus jogos sexuais. Estes, apesar de intensos e perturbadores, sempre acabavam depois de algum tempo, não evoluindo para a homossexualidade como orientação sexual. Segundo Moreno (1934, v. 2, p. 260-4), casos desse tipo, eram raros em Hudson.

Aparece também com clareza o que as atrai, e do que cada uma delas se afasta, pois, conforme destaquei em 1981, ao analisar dezenas de questionários sociométricos aplicados em grupos terapêuticos processuais, com vários *critérios*, percebi que as escolhas eram definidas com base nas qualidades que cada membro do grupo podia, ou parecia que podia, conferir ao papel fixado pelo critério. Em vista disso, "o conjunto das respostas de cada participante tende a configurar um sistema interessante de informações sobre ele, destacando o que julga importante para si, o que rejeita, teme ou não gosta, naquele contexto relacional" (KNOBEL, 1981). Em geral, esses atributos já foram evidenciados em outros papéis, com dinâmica equivalente àquele fixado pelo *critério*, pois cada papel faz parte de um conjunto ou *cluster*, constituído por papéis de natureza semelhante.

Novas etapas da pesquisa: testes de espontaneidade, de situação e role-playing

[§35-§42]

O texto segue, apresentando novos métodos de pesquisa. Começa com o:

C. *Teste de espontaneidade*

O objetivo do teste de espontaneidade, nessa aplicação, é explorar a gama e a intensidade da espontaneidade dos indivíduos, em sua troca de emoções. Através dele, averiguamos a reação espontânea do sujeito em relação a cada pessoa colocada a sua frente, o tipo e o volume de suas emoções e a reação espontânea de cada uma delas em relação ao sujeito. Ele contribui para a determinação da matriz socioemocional de um grupo pequeno.

Esse teste verifica como cada jovem age espontaneamente perante as outras, e qual o tipo e a força das emoções que transitam nesse ambiente espontâneo compartilhado. Esses dados definem a *matriz socioemocional* do grupo. Apesar de Moreno não explicitar o que constitui esse território, podemos inferir, pelo nome da matriz resultante, que ela inclui as emoções veiculadas entre as moças nessa experiência, expressas conforme os padrões socioculturais da época, do lugar e do estrato social do qual cada uma provinha.

O texto prossegue:

Damos ao sujeito as seguintes instruções: "Deixe-se levar por um estado emocional em relação a X. A emoção desencadeante pode ser tanto a raiva como o medo, a simpatia ou a dominação. Desenvolva qualquer situação que quiser produzir com ela, expressando essa emoção em particular, acrescentando tudo o que sentir sinceramente no momento. Deixe-se levar por esse estado emocional, sem ter nada mais em sua mente, a não ser a pessoa que tem a sua frente. *Pense nessa pessoa como a pessoa real que conhece tão bem no cotidiano. Chame-a por seu nome de verdade e aja em relação a ela como geralmente o faz.* Uma vez que tenha começado a produzir um desses estados emocionais, tente elaborar a relação com aquela pessoa, durante toda a situação, vivendo toda e qualquer experiência emocional, intelectual ou social". A sua companheira não receberá nenhuma instrução, a não ser reagir como normalmente reagiria na vida real à atitude expressa por você. As duas pessoas não têm permissão para consultarem-se antes de começar a ação.

Moreno criou instruções padronizadas para o *teste de espontaneidade*, que visam a dois tipos de mobilização por parte das jovens: escolher uma entre as quatro emoções propostas, entregando-se completamente a ela, e encarar cada companheira como a pessoa real, com quem convive diariamente, com o intuito de obter uma reação natural da colega.

Como as participantes não podem conversar antes de iniciar o teste, para combinar o que fazer, tudo acontece de improviso, o que aproxima o *teste de espontaneidade* das práticas improvisadas desenvolvidas em 1923 pelo Teatro Espontâneo vienense.

A seguir temos:

Esse tipo de teste de espontaneidade não é inteiramente desestruturado, porque as duas pessoas, envolvidas na situação, já se conhecem. A vida as preparou uma para a outra e para o teste. Não necessitam qualquer preparação no que diz respeito aos sentimentos mútuos, nem aos tipos de conflitos em que se metem. Isso é obviamente diferente do teste de situação psicodramática, no qual o sujeito defronta com um ego auxiliar e, no lugar da pessoa relevante para ela na vida real, há um agente artificial, experimental.

Em uma pequena digressão teórica, o texto afirma, em primeiro lugar, que esse *teste de espontaneidade* se estrutura e opera a partir do conhecimento prévio que as jovens têm umas das outras. Assim, o desenrolar das histórias, mesmo que inventadas, não é completamente descolado da realidade cotidiana, podendo até espelhá-la. Grande parte dessa improvisação tende assim a, simplesmente, repetir os conflitos presentes na vida da comunidade, sem levar a momentos relacionais novos ou originais.

A segunda informação diferencia esse procedimento do *teste de situação* psicodramática, no qual o participante revive experiências ligadas à própria vida, contracenando com um *ego auxiliar*, que ocupa o lugar de uma pessoa real, procurando encarná-la com fidedignidade, comportando-se, falando e agindo como ela o faria. Se necessário, pode introduzir também alguns elementos cênicos inesperados. Todas essas práticas visam ajudar o *protagonista* a entender e, se quiser, modificar sua forma de se relacionar com os outros.

Essa colagem de enredos fictícios, conflitos e estados emocionais verídicos é o que possibilita o levantamento de informações sobre a dinâmica relacional entre as jovens na comunidade, podendo trazer, algumas vezes, vivências inusitadas e/ou reformuladoras.

Vem a seguir:

A pessoa a ser testada é colocada frente a frente com cada indivíduo que tem alguma relação com ela. *Como estávamos explorando os dois lados de cada relacionamento, tínhamos que transformar alternadamente, em sujeitos, os dois parceiros do relacionamento.* Em outras palavras, depois de o sujeito ter produzido qualquer um dos quatro estados emocionais em relação a determinada parceira, esta era instruída a produzir o estado de sua escolha em relação ao sujeito. A pessoa testada podia optar por produzir o mesmo estado com todas as parceiras, por exemplo, a afinidade, ou podia optar por produzir um estado diferente a cada vez: a compreensão, a dominação, a raiva, o medo ou qualquer outra combinação desses estados. Mas ela podia também começar sendo cordial ou compreensiva e, antes de ter consciência do que estava acontecendo, aquecer-se para a raiva e a hostilidade. O tempo de reação, as palavras ditas, as expressões mímicas e os movimentos no espaço de ambos os indivíduos deviam ser registrados, de acordo com as instruções do agente do teste. *O ponto primordial do teste é que o sujeito é instruído a exercitar sua completa espontaneidade.* Esta técnica é ilustrada no teste de relacionamento de Elsa com Maud, Gladys, Joan e Virgínia. Apresentamos, aqui, relatórios de oito das trinta e duas situações registradas, mostrando a interação de Elsa com outros quatro indivíduos, isto é, como ela agiu em relação a cada uma das quatro meninas, e como estas retribuíram.

Define-se agora a necessidade de alternar os lugares ocupados pelas jovens, bem como sua liberdade de repetir ou não as emoções, podendo até mudar o estado emocional escolhido no meio do teste. Parece que Moreno está mais interessado em pesquisar o fluir dos processos afetivos espontâneos entre as garotas do que em analisar sua capacidade de sustentar os confrontos emocionais até o fim.

Recomenda que o profissional que coordena a situação focalize sua atenção tanto nos movimentos da espontaneidade como em vários outros dados concretos do procedimento, que devem ser anotados minuciosamente. Isso nos faz pensar que Moreno também tentava compreender a produção espontânea por meio desses indicadores, alguns dos quais foram abandonados depois. Seus seguidores passaram a considerar, prioritariamente, os fatores qualitativos das relações como a fluidez da passagem entre os contextos real e imaginário, a liberdade e a flexibilidade da ação e a sintonia de cada um com os outros.

O texto finaliza, especificando que serão apresentados oito relatórios, selecionados dentre as trinta e duas situações vividas pelas cinco jovens moradoras da casa oito.

Moreno introduz a seguir outros dois tipos de procedimento:

D. *Teste de situação e teste de* role-playing:

De acordo com o plano traçado, prosseguimos em nossa pesquisa, para a quinta e a sexta dimensões da estrutura do grupo: o teste de situação, que explora a matriz de situação. Consiste em relações de espaço e tempo, lugares e movimentos, atos e pausas, quantidades de palavras e de gestos, início, desenrolar e término de cenas.

O teste de *role-playing* explora a matriz de papéis de determinado grupo, que é constituída por papéis particulares e sociais.

Seguindo seu projeto de pesquisa, Moreno introduz o quinto e sexto níveis de investigação, que pretendem aprofundar-se no conhecimento da estrutura relacional do grupo. O *teste de situação* trabalha com relacionamentos concretos, que se articulam conforme variáveis de espaço, tempo, gestual, falas e movimentos. Esses elementos definem um lugar, uma cena, um enredo e revelam certa atmosfera afetiva particular de cada produção. Levantam, assim, diferentes nuanças das configurações afetivas existentes no grupo.

O teste de *role-playing*, por sua vez, foca-se nos papéis particulares e sociais, presentes na instituição. Para entendermos melhor essa afirmação temos de recorrer ao capítulo "Teoria dos papéis" do mesmo livro, que afirma: "todo papel é uma fusão de elementos particulares e coletivos; é composto de duas partes – seus *denominadores coletivos* e seus *diferenciadores individuais*" (MORENO, 1934, v. 1, p. 178-9). Segundo Luiz Contro (2000), esses dois aspectos dos papéis podem servir para explicitar o âmbito predominantemente sociocultural dos *papéis* (seus denominadores coletivos) bem como o campo singular das primeiras vivências do indivíduo com os seus cuidadores mais próximos (seus diferenciadores individuais). Logo a seguir, Moreno diz que o *role-playing* ou interpretação de papéis é um ato, uma brincadeira espontânea que permite ao ator certa liberdade e variação em sua ação, pois os elementos constitutivos dos papéis não estão totalmente preestabelecidos. Assim, cada jovem ao participar do *role-playing*, ou jogo espontâneo de papéis, pode fazê-lo tanto em função dos valores e experiências culturais de seu grupo social e/ou de suas vivências afetivas com sua família, como também em função de suas próprias experiências vitais e de sua liberdade para criar. Conforme as moças envolvidas, esses elementos podem misturar-se caleidoscopicamente, gerando diferenças específicas quanto ao que pode ou deve ser incluído no mesmo papel social de companheira de moradia em uma instituição penal para jovens menores de idade. Um exemplo disso é a *delação* que é considerada por Elsa e por Virgínia de formas opostas. A primeira, que é a marginalizada do grupo, parece julgar inadequado delatar para a encarregada os encontros de Maud com as meninas negras, podendo fazer, entretanto, pequenas fofocas a esse respeito com as demais moças. Por sua vez, Virgínia, a líder da casa, acha normal aliar-se com a srta. Stanley (a encarregada), denunciando os erros de Elsa para controlá-la e criticá-la.

No capítulo sobre a *teoria dos papéis*, Moreno classifica os papéis em três categorias: psicossomáticos, que são aqueles que a criança vive "bem antes dos papéis vinculados à linguagem", que são guiados pelo *"fenômeno tele* [que] *opera em todas as dimensões da comunicação"*, inclusive em nível pré-verbal. Há também "os papéis *a* mãe, *o* filho, *a* filha, *o* professor, *o* negro, *o* cristão etc., que são *papéis sociais*; e os papéis *uma* mãe, *um* professor, *um* negro, *um* cristão etc., que são *papéis psicodramáticos*" (Moreno, 1934, v. 1, p. 178-9). Ou seja, os papéis sociais são genéricos e os psicodramáticos singulares.

Por enquanto, podemos pensar que, dependendo do contexto relacional em que os papéis são interpretados e do nível de *aquecimento* das moças para os *estados espontâneos*, podem aparecer, no *role-playing*, aspectos ligados tanto aos *denominadores coletivos* como aos *diferenciadores individuais* dos papéis.

O texto continua, mostrando como Elsa pôde beneficiar-se do jogo espontâneo de interpretação de *papéis*, revelando para suas colegas e para os profissionais alguns aspectos desconhecidos de sua vida:

> Elsa participou de um dos grupos de *role-playing* e, freqüentemente, teve ocasião de interpretar papéis diferentes – o de filha ou de mãe, de amiga ou de namorada, de camareira ou de senhora rica, de batedora de carteiras ou de juiz. Ela interpretou esses papéis em grande variedade de situações corriqueiras da vida, de acordo com as impressões que recolhera como adolescente crescendo na periferia de uma grande cidade industrial. Nestas situações, ela enfrentou *conflitos do lar*: mãe e pai envolvidos em discussão acirrada que, finalmente, leva à separação; *conflito no trabalho* – no qual é demi-

tida por chegar atrasada; *conflito no amor* – no qual ama um garoto que é tão pobre e rejeitado como ela. A análise do texto e dos gestos produzidos nessas situações de *role-playing* nos deu pistas para entender melhor sua vida familiar na infância e as tensões emocionais, que gradualmente a trouxeram a seu estado atual. Deu também aos membros do grupo que a rejeitavam a oportunidade de ver Elsa operar em várias situações diferentes daquelas nas quais estavam acostumadas a vê-la.

Vemos Moreno anunciar que Elsa participou de *um* dos grupos de *role-playing*, o que indica a existência de outros grupos. Ali ela interpretou papéis que não faziam parte do conjunto de possibilidades existentes nessa comunidade, exigindo a participação dos *egos auxiliares*, no lugar das pessoas reais ausentes. Por exemplo, Elsa, no papel de filha, precisou contracenar com uma mãe ou um pai, como mãe, precisou de *um(a)* filho(a) e assim por diante. Fica claro que esse grupo de *role-playing* teve um funcionamento bastante próximo do que Moreno havia definido como um *teste de situação psicodramática*.

Essa introdução de *papéis diferentes* permitiu que as companheiras de grupo, que a rejeitavam, conhecessem-na sob um ângulo novo, bastante comovente, que revelou a dimensão de seu sofrimento.

Moreno afirma ainda que essa jovem interpretou esses papéis "de acordo com as impressões que recolhera como adolescente crescendo na periferia de uma grande cidade industrial". A primeira parte dessa frase fala nas "*impressões* que recolhera" (grifo meu), termo que remete às marcas que as experiências deixaram nela, que dependem de sua sensibilidade particular em relação ao vivido. A segunda parte da frase mostra que ela recolheu essas impressões "como [uma] adolescente crescendo na periferia de uma grande cidade industrial", ou seja, influenciada por fatores comuns a muitas outras jovens daquela época, começo da década de 1930, lugar e estrato social.

Assim, é possível pensar que o *role-playing*, ou interpretação espontânea de papéis, reproduz tanto formas estereotipadas de vivência dos *papéis sociais* como movimentos espontâneos que, segundo Naffah Neto (1979, p. 180-4), "condensam no *contexto dramático* os elementos sociais, grupais e individuais em *papéis psicodramáticos*, geradores de ações originais e únicas".

Em seguida, o texto afirma que a análise dos conteúdos e dos gestos, produzidos nessas situações espontâneas, fornece elementos para compreender melhor a vida familiar de Elsa *na infância* (grifo meu), bem como as tensões emocionais que a trouxeram a seu estado atual. Vemos Moreno estabelecer uma ligação entre as experiências familiares infantis de Elsa com seus problemas relacionais na comunidade. Essa leitura histórica das possíveis origens dos conflitos atuais, muito rara nos textos de Moreno, permite-nos pensar que o *role-playing*, como método educativo, mobiliza tanto a repetição de certas formas de viver os papéis, aprendidas no passado, como permite, via *estados espontâneos*, a transformação dessa estereotipia em movimentos livres e flexíveis, *télico-espontâneos* em relação às situações atuais. Isso porque, como afirma Stela Fava (1997, p. 25-32), "*a espontaneidade* possibilita liberdade na ação e a *tele*, liberdade na relação", estando, assim, sempre associadas.

O texto continua, ligando esta prática àquela do Stegreiftheater, criado em Viena:

> Quando minha idéia se cristalizou, no início da década de 1920, período de meu experimento com o Stegreiftheater – quando as situações passaram a ser interpretadas e não apenas observadas e analisadas – vimos o nascimento do teste de situação. Quando a interpretação de uma situação foi limitada a um aspecto específico, por exemplo, aos papéis

nos quais os indivíduos operavam, ela tornou-se *role-playing* ou teste de papéis. Quando tal desempenho de situação se limitou à espontaneidade, explorando a questão de como um determinado indivíduo podia mobilizar a espontaneidade adequadamente, em situação imaginária ou de sua vida real, ele se tornou interpretação de espontaneidade, ou teste de espontaneidade. O agente desse teste está primariamente interessado na quantidade de espontaneidade exibida pelos atores; o agente do teste situacional interessa-se pela configuração das situações, o agente do teste de papéis está interessado na gama de papéis e em sua estrutura.

Moreno estabelece agora algumas diferenças sutis entre três tipos de práticas realizadas por ele, desde 1921. O *teste de situação* resulta da simples vivência de um conjunto de circunstâncias que definem um enredo psicodramático; o *role-playing* define-se por ações que se centram especificamente na interpretação de papéis; e o *teste de espontaneidade* tem por principal objetivo mobilizar a espontaneidade dos participantes. É evidente que essa divisão é apenas teórica, pois na prática esses fatores coexistem em maior ou menor grau, em qualquer jogo espontâneo de *papéis*.

Vale dizer que, apesar de adequada, essa denominação *teste de situação* não se firmou no vocabulário psicodramático contemporâneo. Depois de Hudson, a análise das circunstâncias das cenas foi integrada à avaliação da capacidade *télico-espontânea* dos participantes, de sua criatividade, do repertório e do grau de complexidade dos *papéis* que interpretavam.

Chama a atenção a frase seguinte, que anuncia: "[...] o agente do teste de espontaneidade está primariamente interessado na *quantidade* (grifo meu) de espontaneidade exibida pelos atores [...]", pois a espontaneidade, como um fator que provém do íntimo do indivíduo, não se expressa em quantidades, mas em qualidade de resposta e comprometimento do ser com o mundo. Isso fica claro quando Naffah

Neto (1979, p. 50) afirma que a espontaneidade é "*a expressão da relação de compromisso existente entre o sujeito e o mundo, uma presença atuante e integrante da situação, como um esforço de recuperar-se* [diante de uma mudança abrupta ou inesperada], *sendo esse esforço, sempre renovado, original*".

Em vista dessa discrepância, pesquisei os textos de Moreno até 1934, compilados por Cukier (2002, p. 105-120), nos quais a espontaneidade não aparece nenhuma vez associada à noção de quantidade, pelo contrário. Assim, vejamos:

[...] Se tais testes de atores espontâneos forem feitos em um grande número de situações e de papéis, então poder-se-á elaborar uma escala graduada, através da qual se evidenciam os graus comparativos de espontaneidade e de prontidão para as várias situações e papéis (MORENO, 1923, p. 74).

O indivíduo não tem reservatório de espontaneidade, no sentido de volume ou quantidade estáveis. A espontaneidade está, ou não, disponível em vários graus de prontidão, do zero ao máximo, operando como catalisador [...] (MORENO, 1934, v. 1, p. 150-1).

[...] um indivíduo pode ter alto grau de espontaneidade e ser completamente despojado de criatividade, um idiota espontâneo. Outro indivíduo pode ter alto grau de criatividade, mas não apresentar nenhuma espontaneidade, um criador sem braços, "desarmado" (Moreno, 1934, v. 1, p. 147).

Vemos Moreno falar em diferentes graus de prontidão da espontaneidade em função do *aquecimento*, como também na possibilidade de comparar a espontaneidade dos indivíduos, conforme várias situações ou papéis, mas não em quantidade de espontaneidade. Assim, penso que mais correto e fiel ao autor seria que a frase fosse construída como foram todas as outras citadas anteriormente: "O agente deste teste está primariamente interessado no grau de espontaneidade exibido pelos atores [...]"[7].

O texto continua:

> Em razão da afinidade entre os três testes, o material comum – as cenas e diálogos – será apresentado primeiro, mas a análise, uma vez do ponto de vista do teste de espontaneidade, outra do ponto de vista do teste de situação, e, ainda, do ponto de vista do teste de papéis, será apresentada junto com a seção posterior.

Moreno afirma agora que um único material comum, constituído pelas mesmas cenas e diálogos, será analisado a partir de três diferentes perspectivas de leitura: segundo a espontaneidade, as situações e os papéis.

Ao apresentar os *testes de situação* e de *role-playing*, Moreno havia se referido a um outro tipo de procedimento, no qual Elsa e suas colegas desempenharam vários papéis não-presentes na comunidade.

A continuação do texto evidencia agora que o registro desses procedimentos não será apresentado, sendo substituído pelo relato exclusivo do *teste de espontaneidade*, que será analisado segundo os três tipos de enfoque já descritos. Essa mudança de proposta, que substitui procedimentos específicos por diferentes leituras de um mesmo procedimento, além de confundir o leitor, faz com que seja impossível acompanhar adequadamente suas conclusões acerca do ocorrido no *role-playing*.

Sem outra alternativa, cabe-nos acompanhar o autor nessa mudança do rumo inicial.

---

7. Devo ressaltar que não fiz essa correção diretamente na revisão da tradução, como tenho feito em relação a outras inadequações menores, porque julguei mais conveniente apresentá-la ao leitor, para que cada um possa tirar suas próprias conclusões.

5. Análise dos jogos espontâneos com foco na espontaneidade, nas situações e nos papéis

[§43-§76]

Moreno apresenta oito das trinta e dois situações vividas por Elsa, Maud, Gladys, Joan e Virgínia nos jogos relacionais espontâneos. Como esses relatos são bastante simples e repetitivos, não tendo uma especificidade significativa *per se*, optei por analisar apenas dois relacionamentos, pois acredito que eles são suficientes para a compreensão dessa prática. Escolhi as situações vividas por Elsa/Maud e por Elsa/Virgínia, porque elas foram mais analisadas por Moreno. O leitor interessado encontrará a descrição dos demais relacionamentos entre Elsa/Gladys e Elsa/Joan descritos em *Quem sobreviverá?* (MORENO, 1934, v. 2, p. 211-13).

C. Registros dos testes de situação e de role-playing

Situação 1. Elsa vs. Maud. Raiva

Elsa: Bem Maud, eu espero que você esteja bem contente por ter contado à senhorita Stanley que eu estava passeando com minha amiga ao invés de voltar direto para casa.
Maud: Quem, eu?
Elsa: É, você! Você contaria para qualquer funcionário que eu não voltei direto para casa.
Maud: Então prove!
Elsa: Não tenho que provar nada. Você contou e pronto. Você é muito descarada em me acusar.
Maud: Estou esperando você provar.
Elsa: Bem, meu castigo de ficar sem o recreio é a prova.
Maud: Bem, se você detesta tanto perder o recreio, por que foi passear com sua amiga?

Elsa: Porque eu quis. Além disso eu sei que você também passeia com sua amiga quando quer, não é?
Maud: Bem, então por que você não me entrega também?
Elsa: Porque eu não sou como você.
Maud: Eu ainda digo que não contei. Chega de falar, e prove.
Elsa: Eu sei muito bem que foi você quem me entregou.
Maud: Tá bom, eu pedi para você provar. Você não consegue, não é? Então não há mais nada para provar.

Tempo de reação: quinze segundos.
Duração: dois minutos e vinte segundos.
Expressões e mímica de Elsa vs. Maud: Elsa é mais ativa do que Maud, em certos momentos chega a dominar. Movimenta os braços em sua direção, olha bem nos seus olhos, fala alto, avança na direção de Maud, franzindo a testa e levantando o queixo. Fez Maud recuar duas vezes. Seus olhos piscaram e a cor de suas bochechas foi e voltou.

Situação 2. Maud vs. Elsa. Raiva

Maud: Elsa, onde você estava depois do intervalo?
Elsa: Por quê? Eu estava na sala de aula – onde eu deveria estar!
Maud: Onde você deveria estar, mas não estava.
Elsa: Estava sim. Onde você pensa que eu estava, então?
Maud: Isso é o que eu quero saber. Se você estava lá então me diga onde eu sentei?
Elsa: Na frente. Eu estava no fundo.
Maud: Você errou. Hoje eu sentei no meio.
Elsa: Bem, eu lhe digo, eu estava na sala tanto quanto você!
Maud: Elsa, agora eu quero saber onde você estava. Eu procurei você e você não estava lá. Prestei atenção para ver se você chegava atrasada, mas você não veio. Você não entrou por aquela porta no segundo período de aula. Assim, antes que você leve isso mais longe, eu quero saber onde você es-

tava – antes que eu procure a senhorita Stanley, para falar com ela sobre o assunto.
Elsa: Está bem, eu vou lhe contar, eu estava na biblioteca no segundo período. Você está satisfeita?
Maud: Não, eu não estou! Você está mentindo! Você estava – eu sei bem onde você estava – e vou falar com a senhorita Stanley agora mesmo.

Tempo de reação: vinte segundos.
Duração: um minuto e cinqüenta segundos.
Expressões e mímica de Maud vs. Elsa: No início Maud hesita. Seu olhar é amigável até quase o fim. Elsa parece refletir a mesma atitude de camaradagem secreta. No fim, Maud parece encorajada pela atitude calma de Elsa e tem uma explosão final, batendo os pés e saindo indignada.
Elsa e Maud expressaram nas oito situações que contracenaram, uma atitude amigável. As situações 1 e 2 foram extraídas de uma série.
[...]

Situação 7. Elsa vs. Virgínia. Raiva

Elsa: Bem, Virgínia, eu gostaria de saber o que aconteceu com meu vestido e como você conseguiu rasgá-lo.
Virgínia: Seu vestido? Como você é nojenta!
Elsa: É, meu vestido, meu melhor vestido. Como você divide o quarto comigo e foi a última a pendurá-lo, acho que foi mesquinharia da sua parte rasgá-lo. Você poderia ter sido mais cuidadosa!
Virgínia: Sinto muito! Não sei como seu vestido rasgou. Só porque eu divido o quarto com você não quer dizer que eu sou responsável pelas coisas que acontecem lá. Como eu poderia ter rasgado seu vestido velho?
Elsa: Como você sabe se você não deixou ele enganchar na cama ou em outro lugar? Era o meu melhor vestido, e eu tentei tanto deixá-lo em ordem!

Virgínia: Eu vou lhe dizer, Elsa, eu não sei nada do seu vestido. Por que você não procura a encarregada e reclama de mim? Eu não tenho que agüentar suas malcriações.
Elsa: Você rasgou meu vestido, sim, mas eu não vou contar para nenhuma encarregada. Você poderia ao menos ter me contado.
Virgínia: Contar o quê? Eu não tinha nada para contar. Eu não rasguei o seu vestido velho!

Tempo de reação: vinte e dois segundos.
Duração: um minuto e vinte segundos.
Expressões mímicas de Elsa vs. Virgínia: Elsa caminha até Virgínia timidamente, rodeando uma cadeira para chegar até ela e falar com voz suplicante. Elsa enrola o lenço nos dedos, durante a cena toda, como se estivesse fazendo uma trança. Virgínia olha constantemente para o chão. Vai ficando cada vez mais ruborizada. Sua voz exprime muita raiva, mas ela procura manter-se distante de Elsa, recusando irritar-se demais.

Situação 8. Virgínia vs. Elsa. Raiva

Virgínia: Pelo amor de Deus, Elsa, você quer parar de cantar? Toda vez que você limpa os banheiros você tem que cantar. Não dá para ficar quieta, só para variar? Eu estou tentando fazer minhas tarefas, ouvindo essa cantoria, e eu estou trabalhando em um mapa. Como alguém pode se concentrar com uma barulheira dessas?
Elsa: Mas cantar faz bem, e quem está por perto deveria sentir-se feliz também, por ver alguém tão contente, a ponto de cantar.
Virgínia: Bem, se eu não consigo fazer você ficar quieta, talvez a senhorita Stanley consiga. Eu vou dar queixa de você.
Elsa: Eu acho que eu canto bem. Pelo menos eu gosto!
Virgínia: Sua cantoria enjoa todo mundo. Dá para calar a boca?

Elsa: A senhorita Stanley disse que gosta de ouvir alguém cantando.
Virgínia: Eu não sou a senhorita Stanley, e além do mais ela não tem lições para fazer.
Elsa: Nossa, você é a pessoa mais pessimista que eu já conheci.
Virgínia: Eu acho que posso fazer minhas tarefas quando for mais conveniente para mim. Está bom?
Elsa: Bom, se o meu único crime é cantar, eu me considero uma pessoa feliz.
Virgínia: Eu preferia ver você matar alguém a ouvir você cantando o tempo todo, especialmente quando estou fazendo o meu mapa!

Tempo de reação: seis segundos.
Duração: um minuto e cinqüenta segundos.
Expressões mímicas de Virgínia vs. Elsa: Virgínia balança os braços em gestos de nojo, olhando para longe, como se não suportasse olhar para Elsa. Fica cada vez mais ruborizada. Gagueja duas vezes, ao tentar verbalizar o que aparentemente não quer mostrar em sua expressão facial. Elsa permanece imóvel, aparentemente descontraída, mas suas mãos ficam o tempo todo segurando e largando o encosto da cadeira. Ela também parece estar se contendo, para não perder o controle.

Moreno introduz essa parte do estudo sociométrico, dando-lhe o subtítulo de "registro dos testes de situação e de *role-playing*". Entretanto, como já destacamos, ele faz apenas o relato do que ocorreu entre as jovens nos jogos espontâneos, por isso, esse subtítulo deveria ser: "registro dos testes de espontaneidade". Apesar da ausência desses dados, fica claro no texto que Elsa também participou de grupos de *role-playing*, nos quais viveu "várias situações diferentes daquelas nas quais [suas colegas] estavam acostumadas a vê-la" (MORENO, 1934, v. 2, p. 209).

A análise do que ocorreu nos jogos espontâneos aparece várias páginas depois (MORENO, 1934, v. 2, p. 223-33), e será transcrita aqui apenas quando se referir aos relacionamentos entre Elsa/Maud e Elsa/Virgínia, que foram selecionados em meu estudo do texto.
Começa com:

A MATRIZ SOCIOEMOCIONAL DE UM GRUPO PEQUENO

Análise das respostas espontâneas entre Elsa, o sujeito, e cada uma das quatro parceiras, nas trinta e duas situações de teste, demonstrou que a variedade do aquecimento de cada moça era diferente conforme o relacionamento. Maud preferiu produzir quatro situações nas quais poderia demonstrar empatia para com Elsa, ao passo que Virgínia não produziu situação semelhante em nenhuma ocasião. Joan decidiu fazê-lo uma vez e Gladys duas, nas quatro oportunidades dadas. Virgínia, entretanto, optou por produzir relacionamentos que expressassem raiva ou domínio nas quatro vezes; Joan fez o mesmo três vezes; Gladys, duas; e Maud, nenhuma. Não houve sentimento de medo em nenhuma das dezesseis situações. A tabela abaixo diz respeito às atitudes assumidas pelas quatro meninas em relação a Elsa.

TABELA DE INTERAÇÃO SOCIOEMOCIONAL I

Em relação a Elsa:	Simpatia	Raiva	Medo	Dominação
Maud	4	0	0	0
Gladys	2	1	0	1
Joan	1	2	0	1
Virgínia	0	2	0	2

As atitudes assumidas por Elsa em relação às quatro meninas estão relacionadas na tabela seguinte:

TABELA DE INTERAÇÃO SOCIOEMOCIONAL II

De Elsa para:	Simpatia	Raiva	Medo	Dominação
Maud	4	0	0	0
Gladys	2	1	1	0
Joan	2	1	1	0
Virgínia	0	4	0	0

A tabela II indica que Elsa se aqueceu para produzir quatro situações nas quais poderia demonstrar empatia por Maud, duas situações de empatia por Gladys e Joan e nenhuma por Virgínia. Preferiu, porém, produzir quatro situações de raiva em relação a Virgínia, uma em relação a Joan e Gladys e nenhuma em relação a Maud. Preferiu também produzir situações que demonstrassem medo em relação a Gladys e a Joan.

Ao iniciar a análise da *matriz socioemocional* do grupo, Moreno diz que, nas trinta e dois situações espontâneas que essas moças viveram juntas, cada uma aqueceu-se para diferentes estados emocionais, conforme o relacionamento que mantinha com as outras. Depois dessa afirmação geral, apresenta duas tabelas, nas quais *reclassifica* as emoções veiculadas entre as jovens no *teste de espontaneidade*, buscando, segundo afirma, uma "diferenciação mais acurada, microscópica das relações".

Tentando verificar se os dados dessas tabelas se aplicam aos dois relacionamentos concretos que estamos acompanhando, vemos que os confrontos de Elsa com Maud e desta com Elsa foram reclassificados como sendo de simpatia e os de Elsa com Virgínia e de Virgínia com Elsa como sendo de raiva. Lendo os registros dos confrontos entre elas, fica difícil saber por que ele chegou a essa conclusão, pois os enredos dessas cenas não diferem significativamente entre si, todos são pobres, estereotipados e até um tanto tolos. Os únicos elementos que divergem e que poderiam apontar nessa nova direção aparecem na descrição das expressões mímicas das jovens. No primeiro confronto, Elsa é descrita como mais descontraída e segura em relação a Maud; no segundo, essa jovem tem uma atitude amigável, de camaradagem em relação a Elsa. Com Virgínia há maior tensão, ela é muito agressiva com Elsa, que, nas duas situações, mostra-se aflita e contida. Isso nos leva a pensar em duas possibilidades: ou Moreno está valorizando mais os gestos e as atitudes não-verbais das jovens do que o que elas falam, ou está levando em conta outros dados sobre o comportamento das jovens que não relata no texto. Podemos ver apenas que nas descrições dos motivos das escolhas e do *role-playing* há maior intimidade entre Elsa e Maud do que entre ela e Virgínia.

O texto continua:

> Ao comparar as duas tabelas com as classificações sociométricas e motivacionais dos cinco sujeitos, até agora, descobrimos diferenciação mais acurada, microscópica, das inter-relações entre Elsa e as outras quatro meninas. Notamos que a rejeição de Elsa por Maud, Gladys, Joan e Virgínia tem peso diferente, em cada caso. A maior freqüência de sentimento de raiva em relação a Elsa é produzida por Virgínia; a maior freqüência de empatia, por Maud. Podemos ver, de certo modo, que a repulsa das quatro por Elsa poderia ser expressa em quatro graus diferentes de raiva. A tabela I sugere também que a rejeição a Elsa não é absoluta. Maud demonstra empatia em todas as quatro situações. Assim, o fato de Maud ter rejeitado Elsa no critério de morar em proximidade, mostrando firmeza em suas motivações, pode indicar que quando aplicamos o teste sociométrico, Maud estava com raiva de Elsa, devido a alguma causa específica. Por outro lado, Elsa havia escolhido Maud, Gladys, Joan e Virgínia como as quatro garotas com quem gostaria de morar. Os sentimentos que Elsa revela pelas meni-

nas, através do teste, demonstram empatia dominante apenas por Maud. [...] Por Virgínia, demonstra raiva em todas as quatro situações. Isso também revela claramente que *aquilo que aparece na superfície social como "atração" é um complexo de emoções mistas*. O caso de Elsa demonstra ainda que se um indivíduo é muito rejeitado ou permanece não-escolhido, seu aquecimento para demonstrar atração por outras pessoas pode tornar-se instável. Desejando não ser completamente negativo, o indivíduo pode fazer uma ou mais escolhas que lhe pareçam as melhores nas circunstâncias.

Moreno centra-se agora na comparação entre os dados numéricos das tabelas que construiu. Como elas se afastam muito do material registrado, não há como acompanhar ou validar essas conclusões. Surge, a seguir, outra conclusão distorcida: Moreno diz que Maud rejeita Elsa no *teste sociométrico* devido a uma forte raiva existente apenas no momento do teste. Entretanto, o que a própria Maud afirma nas razões que dá para rejeitar Elsa é o seguinte: "não acredito que valha pena tentar ser amiga dela, porque ela fala comigo o tempo todo sobre as meninas negras e, depois, fala de mim a esse respeito. [...] Eu sempre me meto em confusão quando estou com ela. É melhor eu não morar na mesma casa que ela" (MORENO, 1934, v. 2, p. 206).

De tudo isso, o que podemos acompanhar é que existe um discreto clima de camaradagem entre Elsa e Maud e uma forte raiva entre Elsa e Virgínia, o que evidencia que a escolha positiva da primeira em relação à última não se sustentou no *teste sociométrico*.

O texto termina concluindo que pessoas muito marginalizadas evitam assumir claramente sua raiva e ressentimento no grupo, para não parecerem completamente negativas. Apesar de plausível, essa generalização precisaria estar apoiada na observação de vários grupos, e não apenas no da casa oito. Por outro lado, em outro capítulo do livro, Moreno (1934, v. 2, p. 281) destaca que "é natural que indivíduos ou grupos menos atraentes tentem atingir, por meio da força, o que não conseguem por habilidade".

Assim, apesar de não ser possível aderir a todas as suas teses, por falta de dados comprobatórios, fica evidente que Moreno pensa que as eleições sociométricas podem ter um caráter momentâneo, envolvendo processos completamente alheios aos sentimentos mais constantes do indivíduo pelos outros, podendo ser devidas a estratégias deliberadas para melhorar sua posição e poder no grupo, a sentimentos contraditórios e até a escolhas casuais. Assim, os resultados do *teste sociométrico* devem ser encarados criticamente pelo profissional que coordena o procedimento.

Os dados constantes nas duas tabelas de interação socioemocional foram transformados em um gráfico, que aparece na página 185.

Não vou comentar as configurações dos relacionamentos descritos nesse gráfico, por falta de elementos nos quais me apoiar.

Voltando ao texto temos:

Estudos quantitativos das inter-relações emocionais de indivíduos pertencentes ao mesmo átomo social possibilitam-nos adentrar o meio ambiente interpessoal, que bem pode ser o cenário imediatamente anterior à desordem mental.

É interessante ver Moreno afirmar que os estudos quantitativos das relações emocionais lhe permitiram aprofundar o conhecimento das ligações entre as jovens de um mesmo *átomo social*, pois, como já vimos, esses dados numéricos foram definidos por ele de forma bastante subjetiva, não sendo tabulações estatísticas das escolhas das jovens.

Moreno continua com uma frase que merece ser discutida, pois em 1934 já acreditava que alguns índices relacionais podiam mostrar certas características afetivas dos ambientes compartilhados, que seriam propícias ao adoecer psíquico, o que, segundo Bustos (1975), Naffah Neto (1979) e Fonseca (2000), coloca Moreno como um dos precursores das idéias que transformariam o entendimento da doença mental, desenvolvidas, anos mais tarde, por Laing e Cooper (antipsiquiatria) e por Bateson (teoria da comunicação e duplo vínculo). Como uma conseqüência daquela afirmação de Moreno, posso pensar que a identificação precoce do cenário afetivo causador da doença mental, antes que ela ocorra, possa ser útil para definir que trabalhos grupais profiláticos poderiam ser capazes de modificar as condições vinculares patogênicas.

Em seguida vem:

> Nos dezesseis testes, Elsa produziu oito atitudes expressando empatia e oito expressando antipatia (raiva, domínio ou medo) pelas suas companheiras; estas produziram sete atitudes de empatia por Elsa e nove de antipatia (raiva ou domínio).

TABELA DE INTERAÇÃO SOCIOEMOCIONAL III

	Empatia	Raiva	Medo	Domínio	Empatia × Antipatia	
De Elsa:	8	6	2	0	8	8
Para Elsa:	7	5	0	4	7	9

> Pode-se contar quase tantas reações de empatia das colegas de teste em relação a Elsa (sete) quantas desta em relação às colegas (oito), assim como as relações de antipatia entre elas: para Elsa (nove) e de Elsa (oito). Se a soma total das emoções que cruzam de e para Elsa – em vez de uma emoção ou pessoa em particular – for levada em consideração, o complexo de relações que constitui o átomo social de Elsa parece

ANÁLISE DE GRUPOS PEQUENOS

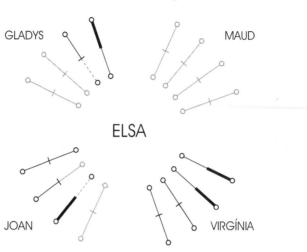

Legenda da matriz socioemocional: cinza indica simpatia; linha tracejada preta, medo; linha fina preta raiva; linha preta espessa, dominação.

Teste de espontaneidade, sujeito Elsa. O gráfico mostra os achados do teste de espontaneidade, que compreendeu trinta e duas situações. Em dezesseis destas, Elsa tomou a direção quatro vezes em relação a Maud, Virgínia, Joan e Gladys; nas outras dezesseis situações, cada uma das meninas tomou separadamente a direção. A descrição de oito das situações do teste de espontaneidade aparecem às páginas 210 a 214. No teste, uma linha cinza indica que o indivíduo em teste gerou simpatia para a outra companheira do par; uma linha tracejada preta indica geração de medo, uma linha preta fina indica produção de raiva e uma linha preta espessa, de dominação. Cada situação está grafada separadamente.

O *teste sociométrico* revelara que todas estas quatro moças tinham sido escolhidas por Elsa, mas rejeitaram-na (cf. p. 217). Os *testes de espontaneidade* de Elsa, em relação a estes indivíduos e vice-versa, clarificaram e diferenciaram o relacionamento existente entre elas, como mapeado no gráfico acima. Reconhecemos que a rejeição de Elsa, por parte de Maud, Gladys, Joan e Virgínia, têm peso diferente em cada caso, assim como sua escolha em relação a elas. Os testes de espontaneidade de Elsa e de Maud mostram cada uma das duas meninas, produzindo simpatia uma pela outra, apesar de Maud ter rejeitado Elsa no teste sociométrico, no critério morar em proximidade. Elsa demonstra persistentemente desprazer em relação a Virgínia, apesar de tê-la escolhido. Virgínia rejeita-a tanto no teste sociométrico como no de espontaneidade. Os relacionamentos existentes entre Elsa e Joan, Elsa e Gladys, mostram ser mais complexos, com todas as três demonstrando sentimentos misturados. Os estados produzidos por Elsa em relação a Gladys e vice-versa, estão divididos: Gladys produziu simpatia por Elsa em metade de seu teste, e raiva e dominação, na outra metade; Elsa reage com sentimentos de medo e raiva. Em último lugar, em um dos testes de espontaneidade, de uma série de quatro, Joan demonstra por Elsa, uma vez simpatia e dominação, e duas vezes raiva. Elsa demonstra medo e raiva, uma vez.

Moreno (1934, v. 2, p. 218)

"equilibrar-se". Essa tendência ao "equilíbrio", ou seja, a tendência das emoções "que saem de" (empatia) e "voltam para" o indivíduo central de um átomo social (retropatia) de contrabalançarem-se e "igualarem-se" umas às outras foi tão freqüentemente encontrada em nossos estudos que passamos a considerá-la fenômeno particular do átomo social.

Surge aqui mais uma conclusão que, como Moreno mesmo afirma, se apóia nos resultados de muitos *testes de espontaneidade* feitos em Hudson. Parece, assim, que ele aproveita a descrição do que aconteceu com esse grupo específico de jovens, para apresentar os resultados de observações mais gerais. Mesmo sem contar com os registros que sustentaram a definição dessa tendência, vale a pena discuti-la, porque ela tem sido verificada por vários pesquisadores contemporâneos do relacionamento, entre os quais:

- Sousa e Silva e Vecina (2002, p. 277-97), que relatam em um estudo sobre violência doméstica, realizado no Núcleo de Referência às Vítimas da Violência, da Clínica Psicológica do Instituto Sedes Sapientiae, que "a maior parte dos agressores foi *vítima* na própria infância e que existem adolescentes que exercem o papel de agressores contra seus irmãos ou até contra um de seus pais".
- Cecília de Camargo (2002, p. 277-97), ao fazer uma leitura kleiniana desse mesmo tipo de violência doméstica, considera-o conseqüência de "uma dificuldade da mãe para lidar com o material que o bebê deposita nela por *identificação projetiva*. Sem condições para lidar com esses conteúdos, ela fica presa da mesma ansiedade do bebê. Essa impossibilidade de conter seus impulsos e ansiedades leva a mãe e a criança a ficarem aprisionadas por um modo único de funcionamento psíquico, que tende a desembocar em atos abusivos e violentos".

A partir do referencial sociométrico, penso que uma das possibilidades de entendimento do relativo equilíbrio entre essas emoções opostas possa assentar-se na dinâmica complementar dos papéis de agressor e de agredido: um indivíduo constantemente atacado pode usar o mesmo padrão relacional violento ao qual foi submetido, quando se encontrar diante de uma pessoa mais frágil do que ele e do que o agressor, perpetuando esse tipo de dinâmica relacional.

Nessas condições, a agressividade pode representar, muitas vezes, uma expressão pouco elaborada de vida e de luta, na medida em que a repetição do comportamento anti-social, que reproduz os atos de crueldade aos quais foi submetida, permite à vítima diminuir sua sensação de impotência.

Podemos pensar, então, que o desequilíbrio entre as forças afetivas presentes no *átomo social* indique formas estereotipadas e repetitivas de o indivíduo central desse espaço relacional ligar-se aos outros, ou seja, um *sintoma* de uma dinâmica relacional a ser mais bem pesquisada. Assim, um dos objetivos da *sociometria*, ao detectar tal condição em um participante do cenário relacional, seria possibilitar um aumento de sua capacidade de compreensão e de manejo de suas emoções, pois, segundo Moreno, os procedimentos centrados nos estados espontâneos e o *role-playing* tendem a favorecer a desarticulação dos estereótipos afetivos.

O gráfico que aparece a seguir ilustra essa hipótese acerca do equilíbrio entre as forças de aceitação e de rejeição presentes no átomo social de Elsa.

O trecho final do texto explicativo do gráfico vai mais longe ainda em suas conclusões:

> Essas proporções indicam que as emoções socialmente agregadoras e aquelas desagregadoras estão, nesse átomo social, ligeiramente abaixo do ponto de equilíbrio. Esse fato sugere que as atitudes levantadas em E na realidade do cotidiano se aproxi-

ANÁLISE DE GRUPOS PEQUENOS

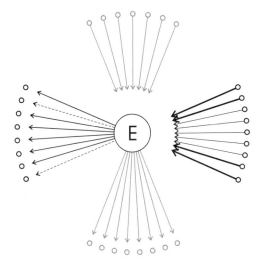

MATRIZ SOCIOEMOCIONAL

O gráfico ilustra o fato de que as emoções que saem do indivíduo E, em direção às quatro outras de seu círculo de conhecimento, M, G, J e V, e aquelas que saem destas quatro em direção a E, encontram-se distribuídas de modo igual dentro do *átomo social* de E. No que diz respeito a E, dezesseis situações de teste revelaram que a proporção entre as emoções que saíam e aquelas que entravam, expressando simpatia, era de oito para sete e a proporção entre emoções que entravam e saíam, expressando medo ou raiva, oito para nove. Em sessenta e quatro situações de teste, as proporções eram de trinta e quatro para vinte e oito e trinta para trinta e seis, respectivamente. Estas proporções indicam que as emoções socialmente agregadoras e aquelas desagregadoras estão, neste átomo social, ligeiramente, abaixo do ponto de equilíbrio. Este fato poderia sugerir que as atitudes despertadas em E na realidade do cotidiano se aproximariam destas proporções, quaisquer que fossem os participantes principais do *átomo social* de E, em momentos diferentes; em outras palavras, estas médias seriam provavelmente mantidas.

Moreno (1934, v. 2, p. 219)

mariam dessas proporções, *quaisquer que fossem os participantes* [grifo meu] do átomo social de E, em momentos diferentes; em outras palavras, essas médias seriam provavelmente mantidas.

Moreno afirma agora que esse tipo de funcionamento das forças afetivas no *átomo social* de Elsa o leva a pensar que, no cotidiano da instituição, esse ligeiro desequilíbrio entre as emoções socialmente agregadoras e aquelas desagregadoras, com viés para as últimas, seria mantido independentemente das pessoas concretas com as quais ela estivesse se relacionando no momento.

Essa proposta sugere a existência de estados coletivos homeostáticos autônomos, que transcendem as pessoas concretas que fazem parte do grupo, dependendo então de algum fator específico não definido aqui.

Tentando entender o que poderia sustentar essa dinâmica, verifiquei que Lewin e alguns autores contemporâneos de filiação psicanalítica trabalham com noções que tentam dar conta de diferentes fenômenos coletivos. Assim, vejamos: segundo Altenfelder Silva (2000, p. 56), Lewin realizou pormenorizados estudos sobre a teoria de campo nas ciências sociais, pesquisando exaustivamente os fatos grupais, visando integrar o estudo dos grupos às ciências sociais e fornecer-lhe instrumentos científicos de análise. Cunhou a expressão *dinâmica de grupo*, estudou a *coesão* e os diferentes tipos de liderança (*autoritária, democrática* e *laissez-faire*). Lewin (1965, p. 213-266) afirma que desde 1940, com Lippit, "se sabia que a simples alteração no *tipo* [grifo meu] de liderança exercida sucessivamente, em um mesmo grupo, era capaz de alterar o grau de agressão entre seus membros". Assim, em suas pesquisas, verificou que a dinâmica entre as forças de apaziguamento/agressividade dependia tanto da amizade entre os membros do grupo como da presença de um líder democrático ou autoritário, como ainda da qualidade do ambiente.

Neri (1995, p. 84) descreve a *atmosfera* do grupo como "algo que exprime de maneira quase táctil e física o momento que o grupo está vivendo". Para esse autor, a atmosfera é a principal fonte de informações sobre as possíveis idéias ou pensamentos, sobre as fantasias e os humores dos membros do grupo. Revela um peculiar *pool* transpessoal, que está além dos participantes e não corresponde simplesmente às relações existentes entre eles, mas reflete também os pactos invisíveis e inconscientes que os condicionam.

Penso que, no corpo conceitual da sociometria, a noção de efeito sociodinâmico, amplamente descrita em *Quem sobreviverá?*, parece ser a que traria mais subsídios para o entendimento dessa verificação empírica. Esse conceito define um sistema de preferências entre os indivíduos, que distribui as escolhas emocionais positivas de forma desigual entre os membros de um grupo, a despeito de sua natureza, tamanho ou crescimento. Isso quer dizer que, em termos comparativos, alguns poucos membros do grupo recebem muito afeto, a grande maioria recebe um número mediano de preferências e um considerável número de indivíduos permanece não-escolhido ou rejeitado (MORENO, 1934, v. 3, p. 187-8). Em outro trecho de *Quem sobreviverá?*, Moreno (1934, v. 2, p. 216) afirma que esse tipo de funcionamento coletivo pode ser atribuído "à necessidade de o grupo sustentar o sistema de valores vigente, que se fortalece à medida que esses valores são incorporados por poucos indivíduos, justamente os mais escolhidos". Nesse pequeno grupo da casa oito, isso fica bastante evidente, pois Joan e Virgínia, que são as líderes, defendem os valores estabelecidos. Elsa, a marginalizada, representa, com suas atitudes desafiadoras, uma constante ameaça de ruptura deles.

Outro conceito moreniano, que também poderia dar conta do entendimento desse funcionamento coletivo, é a noção de *co-inconsciente*[8]. Entretanto, as citações do autor sobre o tema, catalogadas por Rosa Cukier (2002, p. 153-5), evidenciam que Moreno desenvolveu esse tema depois de 1934, quando publicou *Quem sobreviverá?*, o que não permite que seja usado para explicar as experiências em Hudson, que ocorreram antes da criação do conceito.

Moreno analisa a seguir:

A MATRIZ SITUACIONAL DE UM GRUPO PEQUENO

Observemos as interações do ângulo situacional. Notamos que a *resistência para iniciar* de Elsa tem intensidade diferente para cada colega. Seu tempo de reação é mais curto em relação a Maud e tem maior duração com Virgínia. Diferenciamos *a falta de habilidade de iniciar, do início atrasado e do início irregular*; muitas vezes, o atraso é devido à dificuldade de encontrar um enredo.

Nesse momento, Moreno preocupa-se com o que chama de ângulo situacional das interações. Pelo que já foi discutido até agora, podemos concluir que esteja se referindo ao conjunto de falas e de elementos cênicos concretos desenvolvidos pelas jovens, enquanto tentam interagir espontaneamente. Assim, ele acha que, além do conteúdo da comunicação, é necessário observar, também, as correlações entre espaço, tempo, movimentos, atos, pausas, número de palavras e de gestos, quem inicia o diálogo, como o faz, quem

---

8. O *co-inconsciente* é descrito por Moreno (1959, p. 53) como um estado compartilhado que aparece em grupos naturais duradouros, como famílias, parceiros amorosos, amigos ou colegas de profissão que convivem por muito tempo. É descrito também como um conjunto de estados inconscientes que não se originam de um só psiquismo, mas de vários, ligados mutuamente de forma concreta.

transforma ou encerra as cenas. Como já fizera com os atores no *teatro do improviso* em Viena, anota suas observações com meticulosidade, definindo a partir delas uma série de relações numéricas e de tabelas, que considera úteis para indicar as qualidades dos vínculos. Conforme aparece no texto, o tempo de reação mostraria a maior ou a menor dificuldade de Elsa com cada jovem e os diferentes graus de preponderância afetiva de umas sobre as outras.

Essa forma de análise mostra a necessidade de Moreno dar um caráter objetivo a suas pesquisas, pois, na década de 1930, essa tradução matemática era entendida como um sinal da seriedade e do rigor do projeto científico, tanto na área das ciências sociais como da psicologia não-psicanalítica. Segundo Martins e Bicudo, (1989, p.21)

> essa metodologia, que se filia ao *positivismo* de Comte, trabalha com a idéia de *fato*, ou seja, com o que pode tornar-se objetivo e rigorosamente estudado enquanto objeto da ciência, que é entendida como um processo de investigações empíricas, objetivas e passíveis de serem expressas em números.

Segundo esses autores, nesse modelo "todo conhecimento precisa ser provado através do sentido de certeza e de observação sistemática, que asseguram a [sua] objetividade" (MARTINS; BICUDO, 1989, p. 21).

Moreno tenta fazer certa autocrítica a respeito de seu excessivo interesse métrico, dizendo que, nos primórdios da *sociometria*, esse método se limitava a contar palavras, atos, papéis, escolhas e rejeições, o que constituía uma forma "ingênua e rude de medição" (MORENO, 1934, v. 1, p. 129), que visava ao estabelecimento de *unidades padronizadas de validade universal*. Segundo ele, com o tempo, a *sociometria* passou do *quantum* para o *socius*; abandonando o foco prioritariamente numérico, trabalhando também com os dados qualitativos das relações. Entretanto, apesar dessa reflexão, vemos que nosso autor não consegue se descolar completamente do modelo positivista, pois continua acreditando na necessidade de definir as *leis* universais desse *socius*. Como esses inúmeros índices e tabelas criados por Moreno nesse estudo evidenciam uma forma de pensar que não se integrou ao eixo central do desenvolvimento da sociometria, restringindo-se apenas à análise específica e equivocada da comunidade de Hudson, não vou apresentá-los nem os discutir, pois, além de ultrapassados, não são úteis para o entendimento do processo de construção da teoria sociométrica[9].

Sigamos adiante, retomando o texto quando ele apresenta observações sobre os dados empíricos que nos permitem discutir e entender questões que se colocam até hoje. Conforme já foi definido, estou transcrevendo apenas as análises de Moreno que abordam as relações de Elsa com Maud e de Elsa com Virgínia.

Vejamos o que ele privilegia nessa análise:

> A atitude de Elsa em relação às suas colegas é, persistentemente, fraca e indiferente. [...] Quando acusa Virgínia de ter rasgado seu vestido (algo que ela mesma tinha feito a outra menina), ela foi incapaz de enfatizar esse motivo de forma convincente, na situação. Ela praticamente capitulou, ao dizer: "você rasgou o vestido sim, mas eu não vou contar para encarregada nenhuma". Já Virgínia impõe a Elsa, com acentuada raiva, que pare de cantar e de fazer barulho, usando as seguintes palavras: "Eu preferia ver você matar alguém a ouvir você cantar toda hora". Elsa foge desse ataque, respondendo:

---

9. Caso algum leitor mais interessado nos percursos históricos da *sociometria* deseje conhecer o texto dessa análise de Moreno, ela está transcrita na íntegra em *Quem sobreviverá?* (MORENO, 1934, p. 221-33).

"Se meu único crime é cantar, eu me considero uma pessoa de sorte". [...] A sugestão das atividades secretas das quais Maud e Elsa participaram e dos conflitos daí advindos reflete-se no texto de seus diálogos. O aquecimento de Elsa perante Maud permite-lhe se expressar com mais naturalidade.

O *conteúdo* das reações espontâneas entre Elsa e Maud revela um conflito comum [às duas], o relacionamento com as meninas negras, e o medo de serem delatadas à encarregada da casa, sendo punidas. Tal fato relacionou tanto Elsa como Maud à corrente sexual que interliga um grupo de negras a outro, de meninas brancas. Isso explica a freqüente mudança súbita de sentimentos entre Elsa e Maud, como devida ao ciúme. A rapidez com a qual reagem entre si e o modo como "agridem" uma a outra revelam intimidade, que não é repetida por Elsa em interação com nenhuma outra garota. O modo súbito com o qual Maud explodiu em risada, durante um dos testes, quando Elsa a acusou de mostrar à encarregada da casa uma carta amorosa que ela, Elsa, havia escrito para sua amiga de cor, destoava completamente do contexto da situação – raiva mútua – e a naturalidade espontânea de suas ações a partir desse ponto sugere que ambas representaram, diante de nossos olhos, cenas freqüentes de suas vidas. Imediatamente após o fato, ambas riram uma da outra, e ouvimos de seus lábios, como Maud ensinou Elsa a levar suas [de Maud] cartas para as meninas negras e como Elsa começou a escrever à mesma garota, recusando-se a continuar como mensageira.

Moreno começa destacando a dificuldade de Elsa para exprimir raiva em relação às companheiras. Comenta que ela foi pouco convincente diante de Virgínia, acusando-a de uma ação destrutiva, que ela própria havia cometido, o que indica, no mínimo, grande falta de imaginação, bloqueio de pensamento e baixo índice de espontaneidade diante dessa companheira. Esta, por sua vez, tem tanta raiva de Elsa que consegue transformar uma questão banal, "cantar a toda hora", em uma prática insuportável e imperdoável. Tem também uma postura preconcebida em relação a Elsa e pouca flexibilidade.

Moreno prossegue analisando o conteúdo explícito dos diálogos entre Elsa e Maud e suas decorrências para esse relacionamento bastante ambivalente, pois nele aparecem tanto crises de ciúmes e ameaças de delação como cumplicidade, intimidade, fluidez afetiva e troca de experiências. Destaca que Elsa alcança melhor *aquecimento* diante de Maud, com quem consegue ser mais natural. Para Moreno, essa naturalidade indica que Elsa e Maud estavam trazendo para o jogo espontâneo situações de seu cotidiano. Para nós, leitores, coloca-se a seguinte questão: como associar espontaneidade com a simples repetição do vivido no cotidiano?

Pesquisando a *doutrina da espontaneidade-criatividade*, nesse mesmo livro, vemos Moreno (1934, v. 1, p. 149) afirmar que "a espontaneidade opera no presente, no aqui-e-agora, impelindo o indivíduo em direção a uma resposta adequada a uma nova situação ou a uma resposta nova para uma situação já conhecida". Assim, a única brecha para sair dessa contradição é pensarmos que, mesmo que haja repetição dos enredos e dos conteúdos do dia-a-dia, a experiência afetiva é sempre nova, viva e autêntica. Há *espontaneidade* na medida em que, de uma forma nova, Elsa e Maud vivem momentos fugazes de inocência e de alegria, que rompem o estado de constante impotência e submissão de Elsa em relação a suas companheiras de moradia. Em outras palavras, essa experiência só *aparenta* reproduzir os momentos de cumplicidade clandestina entre essas jovens, pois recria, no aqui-e-agora público, uma nova intimidade libertária, que está respaldada pela continência do coordenador e do grupo.

O texto que vem a seguir confirma essa hipótese:

Durante o último minuto da interação de Elsa e Maud, elas pareciam inconscientes da situação em que se encontravam, absorvidas em recapitulações de lembranças passadas. Ambas trocaram abraços, beijos e carinhos, como se a situação o exigisse. Seus gestos e aquecimento, porém, sugeriam que Elsa e Maud estavam revelando traços particulares de personalidade. Parecia que éramos testemunhas de desejos e relacionamentos que estavam ainda acontecendo entre elas, e não da simples reconstrução de um relacionamento passado ou imaginado, e que nós poderíamos prever o comportamento futuro delas a partir daí.

Moreno continua, destacando a seguir que Elsa alcançou um *aquecimento* melhor que Maud, com quem conseguiu ser extremamente natural, o que possibilitou às duas jovens envolverem-se tanto, a ponto de se esquecerem que estavam em uma situação artificial; dizendo de outra forma, o *aquecimento* permite experiências autênticas e presentes, que não reproduzem situações passadas, mas criam algo que "estava acontecendo entre elas" no momento. Como testemunha desse processo, nosso autor recolhe alguns indícios sobre as características das jovens e do potencial desse relacionamento.

Passa, a seguir, para uma nova generalização acerca dos *testes de espontaneidade*:

Como pudemos perceber com o experimento do teste de espontaneidade, uma vez produzido um determinado estado emocional, ele tende a mostrar abertamente, de modo automático, todo material afetivo contido nele, transformando-o em material expresso; e se, como nesse teste, o objeto da expressão não for uma pessoa fictícia, mas uma pessoa do relacionamento atual, bem conhecida na vida real, esse processo libera, como se fosse por uma compreensão intermediária, um processo de aquecimento similar na outra pessoa.

Elsa e Maud não se aqueceram no início porque ambas pensaram que precisavam "representar". Assim que se soltaram, porém, chegaram a uma integração mútua. Ainda assim, *essa facilidade de produção não aconteceu porque criaram algo, mas porque viveram o que são. Foi uma revelação espontânea que não puderam controlar.* Sabemos que Maud é a única da casa com quem Elsa gosta de passar seu tempo de lazer e que a recíproca é verdadeira.

Moreno afirma agora que, no momento em que um estado emocional é produzido entre duas pessoas, ele tende a fazer aflorar de modo natural todo o conteúdo afetivo latente, nele contido, que ganha possibilidade de expressão. Segundo ele, isso se dá por uma "compreensão intermediária", que provoca na outra pessoa um processo de aquecimento similar. Essa expressão pouco clara já fora usada em seu livro *O teatro da espontaneidade*, quando afirma:

existem atores que são conectados entre si por uma reciprocidade de sentimentos invisível, possuem uma espécie de sensibilidade superdesenvolvida em relação a seus processos internos mútuos. Basta um gesto e, às vezes, nem precisam olhar-se; são telepáticos uns em relação aos outros. Comunicam-se por meio de novo sentido, por uma *compreensão intermediária* [grifo meu]. Quanto mais se desenvolve esse sentido, e em igualdade de condições em relação aos demais requisitos, maior é a capacidade para a espontaneidade. (MORENO, 1923, p. 123-4).

Sem dúvida, esse novo fator que opera e determina qualitativamente a ação interpessoal é a *tele*. Quando está presente, as revelações espontâneas seguem seu próprio fluxo e facilitam a integração mútua e a criação.

Moreno desvia-se a seguir para outras considerações sobre as jovens, que não estão descritas no texto, dizendo:

Elas também procuram o apoio uma da outra em várias aventuras. Pertencem socialmente ao mesmo grupo, embora Elsa tenha inteligência superior (QI 115) e Maud esteja na média inferior (QI 72) A amiga de cor de Elsa também possui inteligência bastante inferior à dela (QI 65). *Pode-se ver que sua atração por pessoas mentalmente inferiores a ela não seja devida unicamente ao fato de Elsa não ser aceita por aquelas mais próximas à sua idade mental, mas porque ela gravita em torno de grupos sociais cujo grau de diferenciação corresponde, normalmente, àquele de pessoas mais jovens, seja em idade cronológica ou em desenvolvimento mental.* O que importa, aqui, é a estrutura do grupo como um todo e não apenas os indivíduos que o formam.

O estudo de sua posição sociométrica antes de chegar a Hudson indica cenário mais simples. A falta de habilidade para ajustar-se a pessoas que poderiam tornar-se atraídas por ela, fazendo com que permaneça pessoa isolada e rejeitada em seu grupo de moradia – incapaz de mudar sua posição através de esforço próprio, durante mais de dois anos, sempre perdendo a cabeça –, nos traz à memória a posição de indivíduos em grupos sociais imaturos, como os produzidos por crianças de primeira e segunda séries. Sob a ótica de fatos tais como o estudo do caso sociométrico dessa aluna da terceira série do segundo grau, de dezessete anos e com QI de cento e quinze, a atração por grupos socialmente menos diferenciados parece-lhe mais natural. Isso também explica o motivo de ela ser encontrada invariavelmente misturando-se e interagindo com meninas muito aquém de sua idade e desenvolvimento mental.

Moreno defende agora uma hipótese que correlaciona a dificuldade de Elsa para se integrar com as jovens que têm a mesma idade, escolaridade e quociente intelectual que ela, não apenas ao fato de ser rejeitada por suas iguais, mas porque busca, ativamente, grupos que apresentam baixo grau de organização social. Essa preferência seria determinada por um cenário social mais simples, presente em sua família de origem. Assim, sua falta de habilidade para entender e se adaptar às expectativas relacionais de seu grupo de convivência na comunidade seria devida a uma espécie de *imaturidade social*, que teria feito com que ela permanecesse *isolada* e *rejeitada* na instituição, por mais de dois anos.

Para entender essa questão da imaturidade social, busquei nos capítulos teóricos de *Quem Sobreviverá?* alguma referência a esse processo. Vemos Moreno afirmar que, com o desenvolvimento da inteligência e das emoções de um indivíduo, sua sociabilidade também amadurece. Assim, o confronto entre as diferentes sociabilidades, "emocionabilidades" e inteligências dos indivíduos em grupo podem conduzir ao amadurecimento grupal, pois o grupo também "cresce" na organização de suas relações. Ao mesmo tempo, podem ocorrer problemas que criam condições para a cristalização de certos pontos de vista no grupo. Esse processo foi chamado por Moreno (1934, v. 2, p. 92-93) de *teoria da evolução do grupo* ou *lei sociogenética* e assenta-se na observação empírica e sistemática de grupos de crianças e adolescentes de todas as faixas etárias entre zero e dezoito anos, aos quais foi aplicado o teste sociométrico.

Nesses estudos nosso autor verificou que a organização espontânea dos grupos de crianças e adolescentes desenvolve-se ano após ano a partir de formas simples para outras mais complexas, apesar de os estágios mais simples estarem sempre presentes nos mais complexos. Apesar de essas hipóteses serem bastante interessantes, parece-me difícil acatar essas conclusões de Moreno a respeito das dificuldades sociais de Elsa, sem o conhecimento dos dados comprobatórios correspondentes. Fica assinalado, entretanto, que Moreno creditou as dificuldades de Elsa à sua imaturidade social e a uma tendência, cristalizada no grupo, de rejeitá-la.

Retomando o texto vemos Moreno analisar os fatores desencadeantes da raiva das jovens em relação a Elsa e as motivações dela para seus comportamentos anti-sociais. Comenta também como a raiva de Virgínia por Elsa difundiu-se, por meio das *redes sociométricas*, por toda a comunidade:

Pode ser notado que, em ambas as situações que suscitaram raiva entre Elsa e Maud, o fator desencadeante desse sentimento, relacionado à sexualidade proibida, foi espontaneamente iniciado pelas meninas. O motivo sexual não reapareceu como motivação com nenhuma das outras colegas. A motivação do roubo, porém, foi iniciada espontaneamente três vezes, seja por Elsa, ao acusar suas colegas de roubarem, seja pelas colegas, ao acusarem-na.

[...]

A tendência de coletar coisas sem valor, acumulando-as sob a cama – do que Virgínia a acusou em um teste –, está ligada a seu desejo de obter a afeição que não tem ou da qual sente falta; faz parte de seu esquema para ganhar o amor daquelas que a rejeitam em sua casa, distribuindo pequenas lembranças, bem como para reconquistar a garota negra que preferia Maud. Parece que as ações agitadas e impulsivas de Elsa são atitudes de uma pessoa sonhadora, feliz em seu isolamento, mas descontente quanto à perda da afeição que costumava receber de sua mãe, sendo incapaz de compreender a avalanche de rejeições vindas dos outros.
As atitudes mais fortes de raiva e aversão a Elsa partiram de Virgínia. [...] Esta também é o indivíduo-chave e a líder da casa. Devido a sua posição em suas respectivas redes, parece que a influência da rejeição a Elsa percorreu as correntes psicológicas que interligam diferentes grupos de pessoas em várias redes e determinou ou ajudou a encorajar atitudes semelhantes por parte das outras.

Aparecem dois grandes motivos que fazem as demais garotas rejeitarem Elsa: seu interesse homossexual e seus pequenos furtos. Quanto a esses, Moreno diz que suas motivações para coletar coisas sem valor estão ligadas a seu desejo de recuperar o afeto que costumava receber em casa (de sua mãe), que perdeu e não tem habilidade para conquistar de outra forma na comunidade. Assim, além de seus roubos serem intencionais, sente-se feliz com o uso que faz dos produtos roubados. O sentido de seu interesse homossexual já foi discutido.

Moreno encerra esse bloco de análise da matriz situacional de um pequeno grupo apresentando suas conclusões finais sobre as origens das dificuldades de Elsa na comunidade:

Somos, agora, capazes de clarificar a mais surpreendente característica da conduta de Elsa: sua indiferença e apatia para censurar a agressividade. Esse fato nos deixa mais perplexos, por ser absolutamente contrastante com sua atitude vivaz e combativa, demonstrada em seu antigo ambiente. Tampouco ela demonstrou essa indiferença, assim que começou a participar da comunidade em Hudson. A mudança foi causada, aparentemente, por dois fatores. De um lado, *sua indiferença aumentou proporcionalmente ao afastamento de seu interesse emocional em relação ao grupo com o qual morava, com a transferência desse interesse para outro grupo escondido, no qual lhe era permitido expressar-se sem restrições.* De outro lado, isso pareceu ter se cristalizado a partir da contínua pressão que o grupo, com o qual morava, exercia sobre ela. Elsa parecia desamparada, demonstrando apatia perseverante em relação às situações nas quais se sentia desigual. Era incapaz de diferenciar entre as pessoas que a rejeitavam "diretamente" e aquelas que simplesmente refletiam "indiretamente" a atitude de certos líderes do grupo. A rede que contribuiu para seu conflito estava tão amplamente disseminada que o ajuste espontâneo tornou-se quase impossível de ser conseguido por ela. Uma tentativa de cura naturalmente envolveria toda a corrente de indivíduos interligados a sua posição.

Vemos, mais uma vez, nosso autor transitar da análise dos relacionamentos concretos das jovens para hipóteses que não se apóiam no material apresentado nos textos. Apesar da falta de elementos comprobatórios de suas conclusões, fica evidente, para o leitor, que Moreno entende que as dificuldades de Elsa na comunidade são devidas tanto às suas próprias dificuldades sociais como à dinâmica relacional de seu grupo de moradia, que a coloca, sistematicamente, em situações de marginalização e desamparo, que desembocam em atitudes transgressoras de sua parte. Estas lhe garantem o contato com um outro grupo, o das meninas negras, no qual pode se expressar mais livremente. Assim, qualquer tentativa de "cura" precisa envolver todas as moças interligadas, direta ou indiretamente, a ela. Usa aqui um típico raciocínio médico: diagnostica o problema, busca suas causas e propõe um campo terapêutico para tratar o *organismo social* doente.

A seguir, analisa os registros dos *testes de espontaneidade* sob outro prisma:

A MATRIZ DE PAPÉIS DE UM GRUPO PEQUENO

> Os três papéis proeminentes na vida secreta de Elsa são: o *papel de simpatizante de negras*, o de *autora de pequenos furtos* e o de *rebelde*. Como simpatizante de negras, ela é a líder da clandestinidade sexual da comunidade, pois não somente é praticante, como entrega cartas e serve de intermediária para as outras. Maud é outra simpatizante de negras no grupo. Devido ao sentimento que compartilham pela mesma garota negra, desenvolveu-se certa intimidade entre elas, uma espécie de transmissão circular de afeto. Joan, Virgínia e Gladys ope-

ram nos contra-papéis sexuais, sendo todas a favor das pessoas brancas e do amor heterossexual. Em razão do clima homossexual peculiar que permeia a comunidade e do qual Elsa é figura importante, não obstante quão fortes e superiores pareçam em seus papéis sociais superficiais, essas jovens posicionam-se na defensiva, contra as correntes [sexuais] que ninguém na comunidade pode evitar ou controlar.

O papel de autora de pequenos furtos tem padrão bem organizado, não se trata apenas de um furto impulsivo; Elsa tem de pagar pelo amor que recebe assim como um garoto presenteia sua namorada quando a convida para sair. Sua amiga diz o que gostaria de ter e Elsa tenta consegui-lo; eis para onde vão os pequenos prêmios que Joan e Virgínia ganham tanto por bom comportamento quanto de suas amigas brancas. No papel de rebelde e não-conformista, Elsa está em guerra perene contra Joan e Virgínia, que mantêm papéis conformados, representando o governo da comunidade. Elsa é a armadora de esquemas de fuga e de confusões. É devido a essa dinâmica de papéis sociais que ela é indiferente e apática à censura e à agressividade das autoridades. Essa indiferença e apatia não são características individuais; Elsa não é, de modo algum, uma pessoa indiferente: toda sua expansividade emocional encontra-se desviada e absorvida por metas diferentes. É no *role-playing*, no qual atuava os conflitos com sua mãe e algumas experiências horríveis com homens, que seu outro lado, sua personalidade afetuosa e sonhadora veio à tona. Ela levou a audiência às lágrimas, mesmo suas mais ferrenhas adversárias.

Moreno adentra agora na *matriz de papéis* desse pequeno grupo que, segundo ele, é constituída por papéis sociais e particulares. Com isso, provavelmente quer dizer que essas moças interagem nesse espaço relacional comum, interpretando diferentes *papéis sociais* tanto em seus *denominadores coletivos* como em seus *diferenciadores individuais* (MORENO, 1934,

v. 1, p. 178). Esses contatos possibilitam diferentes complementaridades, que se assentam em territórios móveis onde pulsam entre outras coisas: valores, aspirações, medos e o imaginário das participantes, que veiculam seus "mundos" e são afetadas pelos "mundos" das outras.

Ocupa-se depois em mostrar como Elsa vive e qual o sentido de seus *papéis* preponderantes de *simpatizante de negras*, de *autora de pequenos furtos* e de *rebelde*, e como as demais jovens respondem a suas ações, provocando novas atitudes em Elsa, em um movimento vicioso, que tende a excluí-la do grupo.

Baseando-se, provavelmente, nos depoimentos das cinco jovens e da encarregada, quando elas descrevem as *motivações* que as levaram a realizar suas escolhas no *teste sociométrico*, Moreno (1934, v. 2, p. 231) afirma que, apesar de Elsa não ser uma moça apática, ela mostra nesse grupo grande indiferença; nada lhe importa. Segundo ele, isso ocorre porque seu interesse emocional está colocado fora do grupo de moradia.

Para tentar quebrar essa situação desmotivadora, Moreno recorre ao *role-playing*, no qual Elsa pode viver papéis e enredos de sua vida. Nessa nova situação, ela recupera sua capacidade de se emocionar, mostrando-se comovida e comovente. Assim, esse *role-playing*, ao permitir-lhe viver cenas estimulantes no contexto psicodramático, promove algum *aquecimento* em direção a momentos espontâneos.

Como novidade, esse texto destaca que, apesar de as demais jovens parecerem fortes e seguras em seus papéis sociais, elas sentem que a posição de Elsa é uma ameaça para a manutenção dos valores e da ordem na comunidade, enfim, do *status quo* da instituição. Mostra, também, por que Elsa não se importa com as críticas e castigos da autoridade constituída: ela está completamente absorvida em atingir outras metas, como relacionar-se com algumas moças negras, com as quais sente-se mais livre, escapando da agressividade generalizada da maioria de suas companheiras brancas. Assim, as transgressões das regras oficiais são vividas como momentos de alívio e de satisfação. Nesse trabalho, Moreno parece querer ir mais adiante, não se contenta em vê-la transformar seus desespero e solidão em agressão ou indiferença; pretende ajudá-la a encontrar outras soluções que favoreçam seu crescimento e sua capacidade de elaboração dos conflitos.

Quando os tratamentos por sugestão, pela análise de sua conduta, pela mudança de sua função ou da função de suas colegas na casa falham, Moreno resolve mudar o foco de sua intervenção e passa a usar várias estratégias sucessivas de trabalho grupal, com o objetivo de transformar o ambiente em torno dela.

Vejamos agora suas próprias afirmações:

Quando nossa tentativa de ajustar Elsa ao grupo com o qual morava – tratamento por sugestão, análise de sua conduta, mudança de sua função na casa e de suas colegas de grupo – não obteve êxito em modificar seu comportamento, pensamos em criar um ambiente completamente novo para ela. A questão era, porém, onde colocá-la e com quem. O teste sociométrico foi, nesse ponto, um guia metodológico útil que nos indicou os indivíduos da comunidade que recebiam sua afeição, como, por exemplo, as encarregadas das casas, as professoras ou as outras meninas. Quando descobrimos que seu interesse girava em torno de certas pessoas em três casas diferentes, começamos a prestar atenção nesses indivíduos e, especialmente, nos motivos que Elsa tinha para procurar associar-se a elas e como sua afeição era respondida. Como seu volume de primeiros contatos na comunidade era pequeno, pensamos que poderia haver muitas outras pessoas, além daquelas, que poderiam influir beneficamente sobre ela. Tentamos aumentar o número de suas conhecidas, fazendo-a encontrar-se com outras meninas nos grupos de *role-playing*. Por meio dessa técnica, tivemos a oportunidade de vê-la atuar com as pessoas que havia escolhido no teste sociométrico e também com outras garotas que ela não conhecia, em papéis escolhidos por ela mesma e por nós. Após quatro semanas, quando o teste sociométrico foi repetido, ela acrescentou três pessoas ao número de meninas com quem gostaria de morar; por sua vez, *foi escolhida por outras quatro* [grifo meu]. As garotas pelas quais demonstrou atração foram divididas em três grupos: aquelas que demonstraram atração por ela, as que a rejeitaram e as que lhe eram indiferentes. Para compreender quais associações seriam mais benéficas e duradouras, colocamos Elsa em situações-padrão de vida, nas quais pudesse atuar com as outras, sem levar em consideração o fato de algumas a rejeitarem e de outras sentirem atração por ela, para podermos prever como seria sua conduta em relação a ela, na vida real. Nossa idéia era deixar que as garotas criassem qualquer situação possível de ocorrer na vida real, e que, um dia, elas teriam de enfrentar. A comparação de uma série de oitenta e dois registros de situações indicou-nos que apenas duas das sete garotas escolhidas por Elsa despertaram nela expressões espontâneas que, articuladas à emoção e ao julgamento, contrastavam favoravelmente com seu comportamento cotidiano ou superavam sua tendência para pequenas manias, demonstradas em sua fala e ação, ao interagir com elas naquelas situações. Parecia que ela desejava ter a simpatia de Jeanette e Florence, da casa treze, quando atuava com elas. Após a eliminação gradual das casas inadequadas para Elsa e do exame minucioso de suas relações com essas duas garotas e com a encarregada, a casa treze pareceu ser o alojamento mais apropriado para ela.

Vemos que Moreno adota os mesmos procedimentos que usara para fazer o diagnóstico sociométrico desse pequeno grupo, só que agora com outro objetivo: melhorar a *posição sociométrica* de Elsa na comunidade.

Os passos são os seguintes:

- usa o *teste sociométrico* para mapear as moças que recebem a afeição de Elsa, verificando também como elas respondem a essa escolha: quais mostram atração por ela, quais a rejeitam e quais se mostram indiferentes a ela;
- explora os *motivos* que a levam a querer se associar com elas e por que cada uma responde de forma positiva, negativa ou indiferente a essa necessidade;
- trabalha para aumentar o *volume inicial de seus contatos* na comunidade, fazendo-a interagir com várias jovens desconhecidas, com as quais poderá vir a estabelecer relacionamentos interessantes; e
- realiza grupos de *role-playing*, dos quais participam tanto as moças que ela escolhera no *teste sociométrico* como outras que nem sequer conhece. O objetivo dessa atividade é duplo: ampliar o número de suas conhecidas e promover novas formas de contato entre ela e as demais, intermediadas pelos jogos espontâneos.

Com essas práticas, quer descobrir que relacionamentos podem despertar sua espontaneidade e mobilizar seus melhores recursos, ajudando-a a superar a repetição de suas manias (suponho que esteja se referindo a seus furtos, motivados pelo desejo de ser querida, suas atitudes anti-sociais e seu apego exclusivo às garotas negras), sua falta de ação, seu desinteresse e apatia por tudo que acontece à sua volta.

Consegue, por fim, descobrir que na casa treze ela conta com duas companheiras, Florence e Jeanette, que satisfazem essas exigências, e com uma encarregada interessada nela. Decide então alojá-la ali.

Chama a atenção, entretanto, que a escolha final das novas parceiras de Elsa não inclua Maud, a única participante do grupo original, estudado tão minuciosamente por ele, com quem ela havia conseguido manter um bom relacionamento afetivo. Provavelmente, com essa decisão, ele tenha procurado desestimular o engajamento exclusivo de Elsa nas correntes intersexuais e inter-raciais da comunidade, levando-a a desenvolver uma nova capacidade de relacionar-se com as jovens brancas de sua própria casa.

Encerrando este capítulo sobre o trabalho de Moreno com as moradoras da casa oito, gostaria de ressaltar que, com essa análise, procurei explicitar os principais eixos da ação sociométrica do autor e suas decorrências teóricas. Parece-me que o foco prioritário do trabalho de Moreno em Hudson assentou-se na valorização dos relacionamentos centrados na confiança e na continência mútua, nos quais os processos de aquecimento para os estados espontâneos fluem com mais facilidade, permitindo experiências vinculares construtivas e originais. Assim, cada moça pode ampliar sua capacidade de lidar com as demais e consigo mesmas, reconhecendo os limites, as características e o alcance das situações relacionais em que estavam envolvidas.

Ficou evidente nesse processo que os resultados do *teste sociométrico* constituíram apenas a primeira estratégia do autor, para circunscrever, a partir das escolhas das participantes, um pequeno grupo, que depois foi estimulado a experimentar práticas espontâneas e jogos de papéis que possibilitaram as mudanças necessárias à inclusão de Elsa no grupo de jovens da casa treze.

Parece-me que a principal transformação das primeiras práticas sociométricas, fortemente impregnadas pelo modelo comportamental, em um campo de ação que considera os afetos, as motivações e o interesse das jovens, ocorreu meio por acaso. Como Moreno não faz nenhum comentário acerca de sua intenção de mudar de perspectiva, dá a impressão de que esse percurso tenha ocorrido em conseqüência das etapas qualitativas do *método sociométrico*. Em outras palavras, ao perguntar a cada participante quem desejava, ou não, ter a seu lado como companheira de moradia e por que motivos as havia escolhido, rejeitado ou sido indiferente a elas; ao propor jogos com *papéis sociais* e *psicodramáticos*, bem como trabalhos centrados nos estados espontâneos, Moreno acabou penetrando em um território vincular, que foi além dos comportamentos, incluindo as necessidades afetivas, os projetos e as expectativas das jovens.

Apesar do pouco rigor metodológico no desenvolvimento da pesquisa sociométrica, das generalizações indevidas, das tentativas constantes de definir índices numéricos para entender características qualitativas das relações, a análise dessas práticas contribuiu com elementos importantes para o corpo teórico do que chamamos hoje, genericamente, de psicodrama. Penso que entre eles os mais importantes estão os seguintes:

- o mito de que a *sociometria* rompe com a fase européia do pensamento de Moreno, valorizando apenas o foco métrico, muito a gosto dos norte-americanos e do modelo científico da época, pôde ser questionado. Como vimos, os índices numéricos e os mapeamentos relacionais são apenas um primeiro movimento que se desdobra em uma série complexa de procedimentos qualitativos;
- o estudo sociométrico das relações permite a compreensão e a aplicação prática de uma série de noções teóricas fundamentais, entre as quais as de: *espontaneidade, tele, aquecimento, papéis, role-playing*;
- novos conceitos e práticas são criados pela *sociometria* e incorporaram-se definitivamente ao núcleo do pensamento moreniano, entre eles, as noções de *expansividade social, expansividade afetiva; status, posição* e *critério sociométricos; sociograma; redes sociométricas, correntes afetivas; átomo social, estruturas relacionais*, para citar apenas as mais importantes.

Creio também que essa análise das práticas grupais em Hudson permitiu visualizar que a *sociometria* é um território rico, que foi descrito e estudado por Moreno de forma extremamente meticulosa, apesar de os textos que as descrevem serem tão confusos, que acabam afastando grande número de leitores. Percebe-se, ainda, que a maior parte das conclusões finais de Moreno, bem como suas estratégias para tentar recolocar Elsa em um grupo de moradia mais favorável a ela, advém mais de sua aguçada capacidade de observação direta das relações em grupo do que da utilização dos índices numéricos. Em 1953, Moreno acrescenta à nova edição de *Quem sobreviverá?* um texto intitulado "Prelúdios do movimento sociométrico", no qual inclui uma observação de Gurwitch, que *desloca* o foco da sociometria do quantitativo para o qualitativo, afirmando:

> o que constitui toda a originalidade da sociometria é que a medida (*metrum*) é apenas o meio técnico, bastante limitado, de obter melhor compreensão de relações puramente qualitativas com o *socius*; tais relacionamentos são caracterizados por sua *espontaneidade* e por seus *elementos criativos*, sua ligação com o *momento* e sua integração em configurações concretas e únicas (MORENO, 1934/1953, v. 1, p. 128).

Em vista disso, acredito que quando o coordenador de grupo, com orientação sociométrica, tem experiência vivencial e conhecimento teórico aprofundado e crítico de seus métodos, ele poderá *substituí-los* por procedimentos abreviados e originais propostos *ad hoc*, conforme as necessidades do grupo. Para tanto, os profissionais da área devem, durante sua formação, experimentar os métodos e as práticas sociométricas grupais, de forma a poderem entender vivencialmente o sentido e a importância de seus primeiros suportes técnicos padronizados.

É evidente que a análise das práticas sociométricas de Moreno deixa, além de várias contribuições, muitas dúvidas, constituindo um campo de pesquisa aberto e convidativo para os estudiosos do tema. Encerrando este capítulo, retomo minhas afirmações no livro *Um homem à frente de seu tempo* (KNOBEL, 2001, p. 109-126), quando considero que esse campo de estudo lida

> com um tecido existencial que se constrói vínculo a vínculo, com as cores e com os matizes afetivos de cada relacionamento. Tem certa concretude, possível de ser sentida: quando é forte, nos acolhe, nos dá sustentação e alegria; quando é frágil nos deixa inseguros, aflitos, com medo ou com raiva. Tecer ponto a ponto, durante a vida, as próprias relações, é tarefa às vezes difícil, mas também prazerosa.
>
> A relação de confiança entre o coordenador e os participantes de um grupo, como um tear, pode dar o suporte afetivo necessário para o entrelaçamento dos fios das relações humanas. Cada um é diferente do outro e, no seu conjunto, forma a rede vincular que embala e garante a vida, entrelaçando toda humanidade, pois um fio leva ao outro, que leva ao outro, e assim por diante, em movimentos sem fim.

Parte III

O psicodrama clínico

1935-1940

*No meu hospital eu era
um deus usando o psicodrama como
um remédio cósmico.*
MORENO (apud MARINEAU, 1989, p. 143)

Inicio esta Parte apresentando alguns dados biográficos de Moreno em meados da década de 1930. Com sua pesquisa sociométrica em Hudson ele havia se tornado mais conhecido e respeitado profissionalmente, principalmente, devido a sua amizade com o psicólogo Gardner Murphy, professor da Universidade de Colúmbia, que visitou o Reformatório de Moças do Estado de Nova York, para acompanhar a aplicação das teorias sociométricas na reeducação das internas. Esse prestígio foi reassegurado no Prefácio da primeira edição de *Quem sobreviverá?*, escrito pelo dr. William A. White, um dos mais renomados psiquiatras norte-americanos na época. Nesse texto ele destacava o valor e a especificidade dos conceitos sociométricos, por meio dos quais Moreno retomava a importância do meio ambiente, valorizando, ao mesmo tempo, o aspecto subjetivo, excessivamente enfatizado pela psicanálise infantil (MORENO, 1934, v. 1, p. 112).

Depois da publicação do livro, as idéias de Moreno passam a ter certa visibilidade nos meios acadêmicos, principalmente entre psicólogos e sociólogos. É convidado a dar cursos de sociometria na Universidade de Colúmbia, onde seus diagramas e gráficos fazem grande sucesso por serem facilmente lidos e interpretados. Também ficou conhecido do grande público por publicar, em vários jornais, artigos sobre sociometria e psicodrama.

Em 1937, lança a revista *Sociometry Journal*, que se transforma em um ótimo veículo para divulgação de suas idéias. Convida vários profissionais renomados da sociologia, antropologia, psicologia e psicologia social para colaborarem na publicação. Entre eles estão: Margaret Mead (do Museu Americano de História Natural), Gordon Allport (da Universidade de Harvard), Charles Loomis (da Universidade de Michigan) e Hadley Cantril (da Universidade de Princeton). Além disso, com essa publicação ele e seus colaboradores têm a oportunidade de publicar artigos sobre o desenvolvimento da espontaneidade e sobre a história do movimento sociométrico. Apesar de todo esse intenso movimento cultural em torno da sociometria, depois de Hudson, Moreno não desenvolveu outros projetos nessa área.

O sanatório de Beacon

Por volta de 1936, Moreno já consegue ter uma vida razoavelmente estruturada. Segundo Marineau (1989, p. 138-44), ele tem dois consultórios em Nova York onde pratica a medicina. "Um deles fica em uma zona pobre, onde atende sem cobrar; o outro está localizado em uma área melhor da cidade, onde ganha seu sustento." Continua sua pesquisa em Hudson, dá aulas na Universidade e trabalha com o *teatro do improviso* no Carnegie Hall.

Aos poucos, seu envolvimento com a psiquiatria vai aumentando, levando-o a perder o interesse pelos experimentos teatrais espontâneos. Nessa época é chamado para atender um jovem psicótico que julga ser Jesus Cristo. Usa as técnicas do psicodrama para tratá-lo, colocando *egos auxiliares* para interpretar partes de seu mundo alucinado. O tratamento tem sucesso, o que aumenta seu desejo de ter um pequeno hospital psiquiátrico, onde pudesse fazer esse tipo de tratamento heterodoxo, que lhe parecia útil para outros tipos de clientes.

Em 1936, pede emprestado às filhas de uma paciente psiquiátrica, que havia atendido com relativo sucesso, a quantia de dois mil dólares, com a qual dá a entrada para comprar as instalações de uma antiga escola em Beacon, às margens do Rio Hudson. Descobrira esse local em suas viagens constantes ao Reformatório de Moças do Estado de Nova York.

Nesse mesmo ano, obtém a autorização para abrir o Beacon Hill Sanatorium, um hospital sem nenhum paciente. Começa a se perguntar como pagaria esse investimento, quando, graças a um golpe da sorte, conhece a sra. Gertrude Franchot Tone, uma milionária, que havia lido e se encantado com *Quem sobreviverá?*. Ela o convida para um jantar e para discutir as idéias expressas no livro. Quando Moreno diz que está abrindo um hospital que vai revolucionar a psiquiatria, ela, que é alcoolista, resolve ir morar na clínica para se tratar. Seu pagamento é tão generoso, que permite a construção do teatro de psicodrama e a manutenção inicial do hospital.

Aos poucos, vão aparecendo novos pacientes, em geral, casos difíceis, rejeitados por outros psiquiatras. Gradualmente, o teatro e o hospital de Beacon transformam-se em um centro terapêutico. Os pacientes e a equipe técnica vivem no local, e as famílias dos internos também circulam livremente, integrando-se tanto no processo terapêutico como na vida do hospital. Cria-se ali um estilo de trabalho muito próximo ao que será desenvolvido, anos depois, pelas comunidades terapêuticas.

O centro da vida do hospital é o teatro, onde os pacientes são estimulados a dramatizar sua vida passada e presente, bem como suas fantasias sobre o futuro; nesse local toda a comunidade se encontra para explorar seus ideais e projetos. Não há espectadores, pois todos estão comprometidos, de um modo ou de outro. Entretanto, essas práticas teatrais têm um objetivo diferente das apresentações do Carnegie Hall ou do Stegreiftheater de Viena, pois todas as dramatizações estão a serviço de pacientes psiquiátricos. Espontaneidade, criatividade e encontro ainda são as palavras-chave, mas Moreno começa a praticar ali uma psicoterapia de grupo específica para esse tipo de doente. Para tanto, orienta as dramatizações e se apóia no trabalho de seus *egos auxiliares*.

Por sua habilidade em entrar no mundo imaginário das outras pessoas e pelo fato de sua instituição não estar sujeita a regras ou regulamentos rígidos, pode colocar livremente em cena os mais diferentes mundos imaginários dos clientes. Tem sucesso com pacientes psicóticos, que podem explorar os aspectos delirantes de suas vidas ou, como Moreno chama, sua *verdade* no palco psicodramático.

Aos poucos o sanatório passa a ser mais do que um centro de tratamento, servindo como um laboratório onde Moreno verifica suas hipóteses a respeito da saúde mental e da *sociometria*; aperfeiçoa novas técnicas; desenvolve as funções dos *egos auxiliares* e do *diretor*; além de testar os limites e a eficácia da *psicoterapia de grupo*. Gradualmente, a expressão *psicodrama* passa a ter um uso hegemônico, denominando todos os procedimentos.

À medida que Moreno desenvolve a concepção da cura pela ação psicodramática, Beacon torna-se também uma escola para formação de psiquiatras, psicólogos, enfermeiras, assistentes sociais e educadores, que seguem um percurso estruturado e complexo, para adquirirem capacitação no diagnóstico, nos métodos de tratamento e na ética psicodramáticos.

O sanatório concretiza vários planos de Moreno, levando-o a afirmar que ter seu próprio hospital foi uma espécie de libertação do sistema.

Em um outro nível, foi análogo à minha experiência mais antiga de representar Deus. [...] Naquele tempo eu queria ensinar às crianças como se fazerem de Deus. Agora, eu quis começar com os adultos, aqueles mais doentes mentalmente, a fim de curá-los por meio do psicodrama. (MORENO apud MARINEAU, 1989, p. 142-143).

Um desses atendimentos realizados no Sanatório de Beacon foi descrito por Moreno em seu livro *Psychodrama II*, de 1959, sob o título *Psicodrama de Adolf Hitler* (MORENO, 1959, p. 207-17). Esse texto havia sido publicado originalmente em 1956 em *Progress in Psychotherapy* (FROMM-REICHMANN e MORENO, 1956, v. I). Trata-se da descrição do tratamento de um psicótico de cerca de 40 anos que julgava ser Adolf Hitler, e procurou Moreno em seu sanatório, no início da Segunda Guerra Mundial. Esse livro, escrito em colaboração com Zerka Moreno, foi elaborado de forma a permitir um debate de idéias entre o autor e vários profissionais de diferentes áreas, a saber: dezessete psiquiatras, dez psicólogos, seis sociólogos e dois teólogos, o que levou Moreno a afirmar que os aspectos mais importantes do livro poderiam, muitas vezes, não ser colocados por ele, mas por algum dos participantes convidados a discutir os temas (MORENO, 1959, p. 13-14). Está organizado em seis capítulos, cada um deles dividido em três fases:

a. uma palestra, que serve como aquecimento para a discussão;
b. os comentários dos profissionais convidados; e

c. as respostas do autor.

Foi traduzido para o português por Maria Silvia Mourão Neto e publicado pela Summus em 1983, com o título: *Fundamentos do psicodrama*.

O texto que será analisado aqui constitui a *Quinta Palestra* e teve como debatedor o sociólogo Jiri Nehnevajsa, um professor, de origem tcheca, que havia chegado aos Estados Unidos em 1951 como refugiado de guerra. Ele trabalhava, na época, na Universidade de Colúmbia, transferindo-se mais tarde para a Universidade de Pittsburgh, onde lecionou até 1996, quando faleceu. Sua principal área de interesse era sociologia aplicada ao progresso da organização social e às relações internacionais.

As considerações iniciais de Moreno foram divididas por ele mesmo em quatro partes: introdução, tecnologia, produção psicodramática e o grupo, que são seguidas pelos comentários do convidado e por sua réplica.

A seguir transcrevo e analiso esse *protocolo*, dividindo-o em seus movimentos teóricos, tendo o cuidado de usar para a fundamentação das práticas descritas apenas os textos contemporâneos a elas, ou seja, as publicações de Moreno até 1939.

1. O método psicodramático

[§1-§4]

QUINTA PALESTRA

Psicodrama de Adolf Hitler

O psicodrama explora a verdade por meio de métodos dramáticos. É a terapia grupal profunda. Começa onde a psicoterapia de grupo acaba e a amplia, a fim de torná-la mais eficiente. O objetivo expresso da terapia de grupo é o de funcionar como sociedade em miniatura para seus membros, de modo que estes possam adaptar-se mais harmoniosamente do que até então. Se esse objetivo for levado a sério, devem ser acrescentados outros métodos além da conversação, da entrevista ou da análise, a fim de que esse objetivo – uma catarse de integração – possa ser cumprido. A necessidade de ultrapassar o nível da ab-reação e da discussão e a necessidade de estruturar eventos interiores e exteriores tornam-se imperativas. Não é suficiente reagirmos às ideologias particulares e coletivas das sessões de grupo de modo simbólico, devemos estruturar essas ab-reações e relacionar nossos sentimentos e pensamentos às corporificações desses princípios e a personagens concretos.

Essa introdução sobre o método e os comentários que a seguem, apresentados como os primeiros tópicos desse *protocolo*, correspondem, quase que completamente, a um texto dedicado à apresentação do psicodrama no livro *Quem sobreviverá?* (MORENO, 1934, v. 1, p. 183-188). Esse mesmo escrito reaparece em *Psicoterapia de grupo e psicodrama* (MORENO, 1969, p. 97-98) para delinear os princípios e os instrumentos do psicodrama. Essa colagem de fragmentos de artigos publicados em um período de tempo que engloba mais de vinte anos é uma constante nos livros de Moreno, fazendo com que seja difícil estabelecer a cronologia clara do desenvolvimento de suas idéias.

Voltando ao texto, vemos que ele começa afirmando que o psicodrama explora a verdade usando métodos psicodramáticos. Em *Psicoterapia de grupo e psicodrama* a formulação é um pouco diferente; diz que *drama* é uma palavra grega que significa ação e que, em vista disso, o psicodrama pode ser definido como o método que penetra a verdade da alma por meio da ação. Fica evidente que Moreno usa a palavra verdade no sentido estabelecido pelo senso comum, como algo consoante com o psiquismo de determinado indivíduo.

A seguir, enaltece esse método, considerando-o mais eficiente que os demais, um tipo de comentário desnecessário em sua proposta de abertura ao diálogo com renomados debatedores de áreas distintas do conhecimento e com filiações teóricas diversas.

Continua, afirmando que o psicodrama é uma terapia grupal profunda e eficiente, que propõe a vivência e a estruturação dos eventos interiores e exteriores, promovendo o que ele chama de *catarse de integração*, um tipo de experiência que, além de provocar ab-reações, possibilita, ao mesmo tempo, a elaboração e a integração do vivido. Segundo nosso autor, para que isso ocorra, é importante que, além da explicitação de ideologias particulares e coletivas, haja a corporificação dos pensamentos e dos sentimentos relacionados com a vida dos pacientes, em *personagens* concretos. Como o grupo tende a funcionar como uma sociedade em miniatura, além da discussão de idéias, acaba se estabelecendo um compromisso existencial entre todos, algo bastante diferente de uma simples adaptação individual à vida grupal. O valor e as características da *catarse de integração* para o trabalho psicodramático já foram amplamente destacados.

O texto continua:

> Freqüentemente, no decurso de sessões grupais, onde é típica a interação verbal, um membro do grupo pode experienciar um determinado problema com tanta intensidade que apenas as palavras sejam insatisfatórias. Ele tem a necessidade premente de atuar a situação, de estruturar um episódio; atuar significa "vivê-lo", estruturá-lo mais exaustivamente do que a vida externa o permitiria. O problema é muitas vezes compartilhado por todos os membros do grupo. Esse paciente se torna a corporificação dos demais, na ação. Em mo-

mentos tais, o grupo dá-lhe espontaneamente espaço, pois espaço é a primeira coisa de que precisa. Ele se move até o centro do grupo ou coloca-se à frente do mesmo, de modo a poder comunicar-se com todos. Um ou outro dos participantes do grupo pode tornar-se igualmente envolvido em um contrapapel e sobe à cena, para co-atuar com o primeiro. Essa é a transformação natural e espontânea de uma simples terapia grupal em um psicodrama de grupo. Psicoterapeutas de grupo autoritários poderão deter um desenvolvimento desse tipo e poderão, em certas ocasiões, ser ajudados nesse sentido, pela resistência do grupo contra o *acting out* espontâneo e contra a exposição da dinâmica mais profunda do grupo. Mas a história dos últimos vinte anos demonstra que o desenvolvimento não pode ser detido. Tornou-se lógico, com o passar do tempo, que a pessoa não deveria deixar ao acaso a realização do *acting out*, resignando-se a uma discussão verbal devido à ausência de alternativas. A colocação de uma plataforma ou de um palco em uma sala ou a designação de uma área especial para a produção deu permissão "oficial" para uma prática tacitamente aceita. Ficou entendido, então, pelo grupo que, quando suas emoções profundas estivessem se esforçando por uma expressão dramática, esse lugar poderia ser usado para sua produção. O palco não se localiza fora, mas sim dentro do grupo.

Nesse trecho Moreno propõe que a dramatização deve ocorrer sempre que existir uma vivência tão intensa que não possa ser expressa pelas palavras e/ou precise ser vivida além dos limites que a realidade social impõe.

Destaca também que, nessas circunstâncias, o membro do grupo que vive essa premência passa a representar os demais em sua ação, ganhando a atenção de todos e espaço no grupo. Mais tarde, Moreno (1946, p. 141) chamará esse representante do grupo de *protagonista*. Espontaneamente pode ocorrer que um outro participante comece a contracenar com ele, interpretando o *papel complementar* necessário ao desenvolvimento da ação, o que transforma a psicoterapia de grupo em um psicodrama de grupo. Nesse sentido, diz que "o palco não se localiza fora, mas dentro do grupo", ou seja, as cenas dramatizadas dependem e se inserem na dinâmica coletiva e na necessidade pessoal de cada participante. Afirma também que, apesar de toda essa mobilização, algumas vezes podem surgir resistências tanto entre os participantes como entre os coordenadores do grupo, para a introdução desse *acting out* espontâneo, já que ele pode provocar grande exposição de todos, além de alto nível de emoção. Moreno diz ainda que essa expressão costuma dar margem a várias confusões, mas que, quando descreveu o fenômeno em 1923, em seu livro *O teatro da espontaneidade*, estava pensando em uma *vivência expressiva* e na representação criadora, que se desenvolvem no psiquismo do paciente, em oposição a um *papel* constituído por um *script* dramático preestabelecido.

Assim, para o pensamento psicodramático, *acting out* é uma expressão em inglês que indica um *agir do interior para o exterior*. É uma fase necessária da evolução da terapia, que dá ao terapeuta a possibilidade de avaliar a conduta do doente e permite a esse último avaliar-se e tomar consciência de suas próprias ações (MORENO, 1969, p. 348). Como vemos, o sentido do *acting out* psicodramático difere daquele definido por Laplanche e Pontalis (1988, p. 27), como

um termo usado em psicanálise para designar ações que apresentam, na maior parte das vezes, um caráter impulsivo, rompendo com os sistemas de motivações habituais do indivíduo, relativamente isolável no decurso de suas atividades e que toma muitas vezes uma forma auto ou heteroagressiva. [...] no aparecimento do *acting out*, vê o psicanalista a marca da emergência do recalcado [...] tendo que ser compreendido, no decorrer de uma análise, em sua conexão com a transferência e, freqüentemente, como uma tentativa para a desconhecer radicalmente.

Para facilitar esse trânsito, do interior para o exterior, que Moreno considera necessário e irreversível historicamente, propõe-se que as salas de grupo devam ter praticáveis ou *palcos* à disposição dos pacientes, para marcar, de forma concreta, a possibilidade da ação cênica.

O texto segue:

> Na medida em que uma única pessoa estava em terapia, o processo terapêutico só podia limitar-se a um diálogo entre os dois que se defrontavam mutuamente. O mundo podia ser deixado de fora, mas no momento em que o grupo entrou em terapia, o mundo todo – suas angústias e seus valores – teve que passar a fazer parte da situação terapêutica. Enquanto tratávamos o indivíduo por métodos individuais, podíamos deixá-los encontrar um teste para o êxito do tratamento no âmbito da realidade exterior. Mas agora que trouxemos o mundo todo para dentro da situação terapêutica, a adequação de seu comportamento no seio do mesmo pode ser testada segundo o referencial da própria terapia. Os problemas da sociedade humana tanto quanto os problemas individuais – o retrato das relações humanas, do amor e do casamento, da doença e da morte, da guerra e da paz, descrevendo o panorama do mundo em geral – pode ser apresentado agora em miniatura dentro de uma ambientação deslocada da realidade, dentro do referencial do grupo.

Moreno dedica-se agora a mostrar as vantagens da psicoterapia de grupo em relação ao atendimento individual, um processo no qual o mundo podia ser deixado de fora do contexto terapêutico. Diz ele, no momento em que o grupo entra em terapia, a realidade social compartilhada por todos os seus membros é introduzida, mesclando temas individuais com coletivos. Esse é um aspecto da terapia grupal considerado importante por vários autores: Neri (1995, p. 6), por exemplo, destaca que "uma das qualidades específicas do processo terapêutico em grupo é o de possibilitar que os participantes possam sair do isolamento, percebendo que fazem realmente parte de um grupo e têm existência como seres sociais". Essa idéia aparece também como um dos fatores terapêuticos da psicoterapia de grupo apontados por Yalom (*apud* HOLMES, 1992/1996, p. 222-30). Ele destaca a possibilidade de o paciente perceber a *universalidade* de suas preocupações pessoais recebendo certo grau de *informação* acerca de diferentes princípios da psicologia e da vida em geral, o que o ajudaria a *desenvolver técnicas de socialização*, melhorando suas habilidades sociais.

Moreno afirma também que, com o mundo presente na situação terapêutica, a *adequação* (grifo meu) do comportamento do paciente pôde ser testada mediante o referencial da própria psicoterapia. Essa palavra polêmica, que aparece inúmeras vezes na obra de Moreno, foi bastante discutida por Garrido Martín (1978, p. 130-135) e por Naffah Neto (1979, p. 48-50).

Mais recentemente, Zerka Moreno (2000, p. 21) afirma que, quando seu marido usava a expressão adequação, não pensava em comportamentos padronizados, mas em uma ação integradora para todos os envolvidos na relação. Mais tarde, o próprio Moreno, em seu livro *Psicodrama*, considera a adequação como uma forma de espontaneidade, como uma "aptidão de adaptação plástica", mobilidade e flexibilidade do eu, "indispensáveis para um organismo em rápido crescimento em um meio em rápida mudança" (Moreno, 1946, p. 142-4).

O *protocolo* passa a seguir para um novo foco de interesse:

TECNOLOGIA

O *locus* do psicodrama, se necessário, pode ser designado em qualquer lugar, onde quer que estejam os pacientes – o campo de batalha, a ala hospitalar, a sala, o lar. Mas a resolução última de conflitos grupais profundos beneficia-se mais de um *setting* objetivo, ou seja, o teatro terapêutico. O palco fornece ao paciente um espaço vívido, multidimensional e flexível ao máximo. O espaço vital da realidade é muitas vezes estreito e restritivo; ali ele pode facilmente perder seu equilíbrio. No palco, o paciente o reencontra devido à metodologia de liberdade que caracteriza esse contexto, liberdade da tensão insuportável e liberdade para experimentar e expressar. O espaço cênico é uma extensão da vida além dos limites do teste de realidade da vida em si. A realidade e a fantasia não estão em conflito, sendo ambas as funções pertinentes a uma esfera mais ampla, o mundo psicodramático de objetos, de pessoas e eventos. Dentro da lógica psicodramática, o fantasma do pai de Hamlet é tão real quanto o próprio Hamlet, tendo tanta permissão para viver quanto o último. Delírios e alucinações ganham carne – corporificação no palco – e adquirem uma igualdade de *status* com as percepções sensoriais normais. O projeto arquitetônico do palco é elaborado de acordo com os requisitos terapêuticos. As formas e níveis circulares do palco – níveis de aspiração – conduzem para a dimensão vertical, estimulam o alívio das tensões e permitem mobilidade e flexibilidade de ação. Bem acima do palco está o balcão, onde o megalomaníaco, o Messias, o herói se comunica com o grupo. O espaço que circunda o palco é projetado para acolher o grupo. A estrutura arquitetônica permite a cada membro do grupo enxergar todos os demais, de modo que se assegura sempre a interação e a participação. O grupo tem duas funções: poderá servir para ajudar os pacientes no palco ou poderá tornar-se o próprio paciente. Esse instrumento permite a suplementação da produção com psicodrama, com psicomúsica, com psicodança, com a gravação de sons e com a influência da luz e da cor. Da mesma forma que o cirurgião exige uma mesa especial, luz e instrumentos especiais e enfermeiras, um palco especial como esse, suas formas circulares, suas luzes e cores servem exclusivamente ao propósito de ajudar na criação de uma atmosfera favorável à obtenção do melhor efeito terapêutico e de um desempenho com o mínimo de riscos.

Sob o estranho título de tecnologia, Moreno descreve agora os elementos técnicos do psicodrama. Começa com o *palco*, um de seus cinco *instrumentos*.

Logo na primeira frase, destaca que o psicodrama pode ser feito *in situ*, em qualquer lugar onde os pacientes estejam, mas que para se obter maior aprofundamento na análise e na resolução dos conflitos é importante a existência de um *setting* mais definido, ou seja, o *palco*. Esse espaço, que tem uma arquitetura própria para atender diferentes requisitos terapêuticos, introduz também a *lógica psicodramática*, que permite que o paciente:

- tenha liberdade para experimentar e para se expressar;
- livre-se de suas tensões;
- viva além dos limites do princípio da realidade; e
- corporifique suas vivências internas, sejam elas percepções sensoriais normais ou não.

Além disso, o espaço que circunda o *palco* é montado de forma a acolher o grupo, permitindo sua total participação, seja como colaborador do *protagonista*, seja ele próprio como o foco da ação terapêutica.

Destaca ainda alguns métodos suplementares de ação dramática, como a *psicomúsica* e a *psicodança*, além do uso de som, luzes e de cores como formas de potencializar a eficácia do processo, com o mínimo de riscos. Em 1931 Moreno já havia formulado e publicado um artigo com sua teoria sobre a *psicomúsica* na *Revista Impromptu* (*apud* MORENO, 1946, p. 333-341). Definia ali os objetivos e as diferentes formas de trabalho com as práticas musicais de improviso, que permitiam influenciar a imaginação e aumentar a inspiração. A *psicodança*, por sua vez, só aparece descrita no livro *Psicodrama* (MORENO, 1946, p. 272), sem nenhuma referência sobre a época em que começou a ser usada, como uma forma de psicodrama sem palavras, na qual o corpo pode se expressar com uma semântica própria, produzindo o entrelaçamento de uma série de complexos afetivos.

Vale destacar que o fato de Moreno discutir a necessidade e a importância do *palco*, na própria introdução da Quinta Palestra, indica quanto esse elemento técnico foi fundamental para o tratamento desse paciente.

2. O método psicodramático em ação

[§5-§17]

Este movimento inicia com a:

PRODUÇÃO PSICODRAMÁTICA

Cristos e Napoleões são corporificados freqüentemente pelos pacientes mentais, mas não me recordo que algum pseudo-Hitler já tenha alguma vez sido relatado na literatura. Foi sorte minha ter tratado de um caso desses, no início da Segunda Guerra Mundial. A fim de esclarecer a teoria e a técnica do psicodrama, seguem-se alguns excertos, especialmente selecionados desse caso.

Vemos Moreno enfatizar o quanto julgou interessante atender um paciente delirante que pensava ser Hitler durante a Segunda Guerra Mundial.

Destaca que selecionou o material a ser apresentado de um conjunto de dados mais volumoso, usando como critério, "esclarecer a teoria e a técnica do psicodrama". Essa afirmação vem ao encontro das considerações que fiz na Introdução deste livro, quando, a partir de alguns estudiosos da narrativa, ressaltei que qualquer descrição clínica deve ser tomada como um discurso do autor, que traz nele mesmo várias intenções. Nesse caso, Moreno mesmo diz que sua principal finalidade foi elucidar como o psicodrama funciona.

Continua o texto de forma curiosa, criando vários diálogos, que colocam o leitor como um espectador que tem acesso tanto às cenas que ocorrem em seu consultório como também aos *solilóquios* que revelam seus pensamentos, emoções e dúvidas a respeito do que fazer. Assim, vejamos:

Eu (médico) estou no meu consultório. A porta se abre, a enfermeira entra.
(E): Doutor, há um homem aí fora; ele quer vê-lo.
(Doutor): Você sabe que não posso atender ninguém, porque já estou indo fazer uma sessão no teatro e os alunos estão esperando.
(E): Ele insiste em dizer que tem hora marcada e não quer dizer seu nome.
(Doutor): Tente descobrir quem ele é e o que deseja.
A enfermeira sai e retorna.
(E): Ele insiste que tem hora marcada com você, e não irá embora de jeito nenhum.
(Doutor): Bom, faça-o entrar.
A porta se abre; entra um homem, tem quarenta e poucos anos. Olhamo-nos, nossos olhares se encontram. Ele me parece conhecido. Ele me encara desafiadoramente.
Homem: Você não sabe quem sou eu?
(Doutor): Sinto muito, mas não sei.
(H): Bem (rispidamente) meu nome é Adolf Hitler.

O médico é tomado de surpresa; na verdade o homem lembra mesmo a personagem – o mesmo olhar hipnótico, o modo de pentear o cabelo, o bigode. O médico levanta-se da cadeira; (pensa) aquele homem tem a mesma postura corporal, realiza os mesmos gestos, fala com a mesma voz penetrante e que dá arrepios.

Esse trecho do relato mostra, em primeiro lugar, que se trata de um paciente em surto psicótico, que não era esperado, mas que insistiu até ser atendido. Moreno preparava-se para dirigir uma sessão de grupo com os alunos que freqüentavam seu pequeno hospital, tendo de mudar seus planos e falar com o desconhecido O estilo, propositadamente informal da narrativa, além de prender a atenção do leitor, cria certa tensão e curiosidade, que servem para valorizar a frase que vem a seguir:

(Doutor): Claro, agora estou reconhecendo-o. (O médico está agitado e incomodado, senta-se de novo e tenta ser tão formal quanto possível). Não gostaria de sentar-se, sr. Hitler?.

Surge agora certa ambigüidade na atitude do médico que, de um lado, se propõe a aceitar naturalmente o delírio do paciente, mas, de outro, faz questão de revelar que está tenso e agitado. Qual poderia ser a causa desse desconforto? No que se refere ao método, sabemos que Moreno já vinha utilizando havia algum tempo essa forma de abordagem da doença mental que não se opõe aos delírios e às alucinações do paciente, tendo publicado em 1939, na revista *Sociometry* (1939, v. 2 apud MORENO, 1969, p. 129), um artigo no qual propunha o que chamou de terapia de *choque psicodramático*. Esse método pedia ao paciente, imediatamente depois da remissão do surto psicótico, para situar-se novamente em sua vivência alucinatória, não a descrevendo apenas, mas representando-a, agindo como costumava fazer na vigência do surto. Segundo nosso autor, essa prática era o melhor caminho para protegê-lo de uma recidiva, aumentando sua resistência em relação à doença. Como nesse caso o paciente estava em surto, a própria entrevista inicial serviu como espaço relacional no qual ele pôde viver, sem restrições, seu estado de confusão e de afastamento da realidade compartilhada.

Assim, se não foi a falta de experiência prévia com o método que deixou o médico tenso, a ponto de ter de disfarçar sua agitação com uma atitude bastante formal, o que mais o estava perturbando?

É provável que esse incômodo fosse decorrente da completa falta de preparação de suas intervenções. Moreno sempre teve grande cuidado em planejar e organizar minuciosamente todas as etapas que estruturam e garantem o trabalho espontâneo. Como vimos, esse tipo de atitude foi uma constante em suas práticas com o *teatro do improviso* e também em suas pesquisas em Hudson.

O *protocolo* continua, ainda sob a forma de diálogos, mostrando o fluir da ação entre o médico e esse inusitado *Adolf Hitler*.

Assim, vejamos:

> Ele escolhe uma cadeira. O médico abre o livro de anotações.
> (Doutor): Seu primeiro nome, por favor?
> (H): Mas você não sabe? Adolf!
> (Doutor): Ah, sim, Adolf Hitler. Onde o sr. mora?
> (H): (surpreso e aborrecido) Em Berchtesgaden[1], claro.
> (Doutor): Em Berchtesgaden, claro. Mas por que foi que me procurou?
> (H): Você não sabe? Ela não lhe contou?
> (Doutor): Quem?

---

1. Casa de campo de Adolf Hitler, situada na região pré-alpina do sudoeste da Alemanha, às margens do rio Reno.

(H): Minha esposa?
(Doutor): Ah, sim, agora me lembro. (Ele se recordou de que não muito tempo atrás, uma mulher havia procurado por ele; ela lhe falara a respeito do marido, dono de um açougue na 3ª. Avenida; no centro de Yorkville[2]. Atravessou como um relâmpago em sua mente a recordação de que a mulher estava deprimida e chorara. Ela dissera: "Meu marido mudou; está doente; seu nome verdadeiro é Karl e agora chama a si mesmo de Adolf. Acredita que é Hitler. Não sei o que fazer com ele". O médico a aconselhara: por que você não o faz vir "ver-me?"). Cerca de três meses haviam decorrido e, agora, aqui estava ele.
(H): Há algo que você possa fazer por mim?
(Doutor): Talvez, mas antes me diga o que aconteceu.

É interessante ver como Moreno vai acompanhando as idéias do paciente, aceitando e explicitando suas afirmações. Seu objetivo parece ser fazer com que o próprio paciente exponha os acontecimentos que vivencia, possibilitando que seu mundo delirante passe a ter existência relacional.

Quando *Adolf* (a personagem do delírio) lhe pergunta se sua esposa (de Karl) não lhe havia dito o que estava acontecendo, Moreno, apesar de mostrar ao leitor que se lembra do que essa senhora lhe havia dito, opta por continuar investigando a versão do entrevistado acerca do que estava acontecendo.

O relato do doente é o seguinte:

(H): Mas ela não lhe contou? (Tornando-se novamente excitado). Eu organizei o partido para ele e ele me roubou o

---

2. Pequena cidade no centro do Estado de Nova York, perto da capital do Estado, Albany, e não muito distante de Beacon.

nome; eu escrevi *Mein kampf*[3] mas ele o roubou de mim! Estive preso por dois anos; ele roubou tudo que tenho, minha inspiração, meu poder mental, minha energia. Neste exato momento, tão certo como eu estar sentado aqui, ele rouba tudo de mim, a cada minuto. Aquele miserável! Eu não consigo detê-lo, talvez você possa (coloca a cabeça no ombro do médico e lamenta-se). Ah, me ajude, me ajude! Farei de você o chefe de todos os médicos do III Reich.

Aparece agora todo o delírio de Karl: um impostor rouba tudo o que é seu, sua identidade, suas obras e até seu poder mental. Sente-se completamente desamparado, pedindo ajuda para se defender desse usurpador[4]. Tenta também

---

3. Livro escrito por Hitler em 1923, enquanto se encontrava na prisão, após uma tentativa frustrada de golpe de estado em Munique. Nesse livro ele apresenta suas idéias sobre diferentes estratégias militares, sobre arte, economia e, principalmente, seu projeto de construção da *Grande Alemanha*, uma potência hegemônica sem fronteiras, que privilegiaria a raça ariana, considerada superior a todas as demais.

4. Para acompanharmos melhor essa produção psicótica, solicitei ao psiquiatra Pedro Altenfelder Silva que fizesse uma avaliação diagnóstica desse paciente. Ele afirma que, sob a ótica da psiquiatria atual, o paciente Karl, que acreditava ser Adolf Hitler, seria diagnosticado como portador de um *transtorno delirante do tipo grandioso*, pois o tema central dos delírios é a convicção de que ele possui algum talento ou conhecimento especial. Segundo o DSM-IV (manual de diagnóstico e estatístico de transtornos mentais), o transtorno delirante pode ser definido como a presença de um ou mais delírios não-bizarros, que persistem por pelo menos um mês e não preenchem critérios para esquizofrenia. Em geral, o funcionamento psicossocial de tais pacientes está preservado, podendo, porém, sofrer certo prejuízo secundário às crenças delirantes. De acordo com a descrição da literatura, o tratamento medicamentoso para tais pacientes emprega terapêutica antipsicótica, pois o trans-

apoiar-se no médico, apesar de vê-lo através das lentes de seu mundo delirante.

O texto segue, evidenciando como Moreno aborda as vivências psicóticas de Karl:

O médico começa a sentir-se mais à vontade na situação, pega o telefone e fala com a enfermeira. Um momento depois, dois homens entram – um gordo e um magro. O médico faz as apresentações.
(Doutor): Sr. Goering, sr. Hitler; sr. Goebbels, sr. Hitler. É notável como o homem (que, de agora em diante, chamaremos Adolf) os aceita sem perguntas, fica feliz ao vê-los e aperta-lhes as mãos. (São dois enfermeiros treinados como egos auxiliares, Hitler parece conhecê-los bem.)

Parece que depois de decidir sua estratégia para aquele momento, Moreno se acalma. Introduz inesperadamente dois *egos auxiliares* que interpretam duas *personagens* socialmente (e até fisicamente) possíveis no delírio de Karl: Goering[5] e Goebbels[6]. Apesar de esses dois chefes do III Reich, colaboradores do verdadeiro *Führer*, serem figuras políticas de grande visibilidade pública na época, Moreno introduz elementos alheios àqueles trazidos pelo próprio paciente.

---

torno delirante é, por definição, um transtorno psicótico. A internação poderá ser necessária, se o paciente apresentar comportamento que ofereça risco a si próprio e a terceiros. Em geral esses pacientes têm pouco controle do impulso, da tensão psíquica e da angústia. Ideação suicida pode estar presente, o que indica cuidados mais intensivos. A abordagem psicoterápica está sempre indicada (2003, comunicação pessoal).

5. Herman Goering era o comandante-em-chefe da Força Aérea Alemã (Luftwafe) e o segundo homem na hierarquia do III Reich.
6. Joseph Goebbels, chefe da propaganda nazista, era outro importante colaborador de Hitler.

Parece ter como objetivo criar um *útero* social para o delírio de Karl, a partir do qual pode propor algum tipo de ação dramática. Privilegia, assim, a construção de um espaço vincular, no qual o paciente possa se relacionar com os *egos auxiliares* e com os membros do grupo, constituído por funcionários, alunos de Beacon e outros pacientes. Esse tipo de ação do diretor apóia-se em um artigo de 1937, publicado em *Sociometry*, vol. I, intitulado "Psicodrama e a psicopatologia das relações interpessoais", no qual afirmara que

> com certos tipos de doentes graves que não conseguem ter interesse emocional pelas pessoas de seu meio era necessário construir uma realidade poética, um *mundo auxiliar* a sua volta, para que nesse contexto virtual, eles mesmos pudessem dar pistas a respeito de seus sentimentos, fracassos ou conflitos (*apud* MORENO, 1946, p. 231-272).

Seriam ajudados, então, pela habilidade do médico, pela participação de diversos *egos auxiliares* nos *papéis* que sua situação exigisse e pela ressonância de suas cenas na *platéia*. Surge, assim, diante de nossos olhos, um mundo virtual no qual o *Hitler* vivido por Karl pode existir concretamente. Segundo Moreno, essa estratégia dá certo, pois o cliente, antes agitado e tenso, acalma-se e fica feliz por não ser contestado e por encontrar *seus* colaboradores, encarnados pelos enfermeiros. Provavelmente, se o cliente não validasse essa intrusão, Moreno lhe pediria para corrigir a cena, mas, de qualquer modo, o contexto psicodramático já estaria instituído.

Ao encarar *Hitler* como uma *personagem*, estendendo o *palco psicodramático* à entrevista feita em seu consultório, Moreno propõe também um tipo de procedimento no qual ele e sua equipe podem assumir *papéis* compatíveis com as vivências que o doente tem em seu cotidiano. Esse tipo de intervenção aproveita justamente a ruptura das regras que presidem o intercâmbio entre a realidade percebida e pensada pelo sujeito e a realidade comum, acessível aos demais, um fenômeno que, segundo Ramadan (1978 *apud* ALTENFELDER SILVA, 2000, p. 95), ocorre nas psicoses. Na época, essa proposta constituiu uma forma inovadora de manejo da doença mental, pois, segundo Altenfelder Silva, o tratamento de psicóticos até a década de 1930 reduzia-se ao uso de purgantes, vomitórios, sangrias e tratamentos por choque (eletroconvulsoterapia – ECT –, choques químicos e insulinoterapia) e *reeducação moral*. Além disso, poucos psicoterapeutas atendiam pacientes graves ou seus familiares em grupo.

O texto continua, ambientado, agora, no teatro de Beacon, onde os alunos aguardam Moreno para outra atividade.

(Doutor): Dirijamo-nos todos para o teatro. O sr. Hitler deseja fazer um pronunciamento. (Os quatro dirigem-se para o teatro psicodramático. O grupo de alunos está esperando.) A sessão inicial é crucial para o decurso do tratamento psicodramático. O médico tinha a pista dada pela esposa de Karl. Ela havia voltado para casa após um breve período de férias e havia visto as paredes do apartamento cobertas com fotografias de Hitler. Ao longo do dia, seu marido (Karl) havia se postado à frente de um espelho, tentando imitar o discurso de Hitler, o modo como falava e andava. Deixou de lado os negócios e arrumou um emprego como porteiro de um cinema, de tal modo que pudesse usar um uniforme e conseguir adeptos para a causa. Ele e a esposa não dormiam mais no mesmo quarto; agora ele tinha quarto separado. Ele não parecia mais ligar para ela. Ela lhe havia perguntado o que é que tudo aquilo queria dizer, mas isto só o deixava zangado. Teoricamente, isto teria sido uma pista excelente para o primeiro episódio, mas poderia ter arruinado toda a produção porque "nesse momento" sua esposa não tinha realidade para ele; falando em jargão psicodramático, ele não estava aquecido para esse episódio. Mas estava intrigado com as pessoas que representavam Goering e Goebbels; portanto, o médico seguiu a pista dada pelo próprio paciente. Comparando com o psicodrama de Cristo[7], exaustivamente planejado e preparado, ou mesmo com o psicodrama de Maria[8], que alucinou João, esse foi praticamente destituído de planejamento. Portanto, o médico deveria seguir cuidadosamente as pistas apresentadas pelo protagonista. Deu-lhe completa autonomia de produção.

Na primeira parte de sua reflexão, ele destaca a importância da sessão inicial no desenvolvimento do tratamento, ponderando consigo próprio por onde ir. Lembra que Marie, a esposa de Karl, havia lhe fornecido vários dados interessantes a respeito do comportamento do marido: em que condições seu delírio começara, como incorporara diante do espelho as características mais evidentes do verdadeiro Hitler, sua necessidade de usar uma farda (mesmo que de porteiro de cinema), enfim, muitas pistas para o encaminha-

---

7. Provavelmente Moreno esteja se referindo ao atendimento que fez de um jovem psicótico que julgava ser Jesus Cristo, algum tempo antes de abrir o sanatório de Beacon Hill, em 1936.
8. O atendimento de Maria, conhecido como o *Tratamento psicodramático de uma paranóia*, foi realizado em cinqüenta e uma sessões de noventa minutos cada, durante cerca de dez meses. Está descrito em um livro escrito originalmente em alemão, *Gruppenpsychotherapie und Psychodrama*, que foi publicado em Stuttgart em 1959. Posteriormente traduzido para o inglês pelo próprio Moreno com a colaboração de Zerka Moreno, sendo publicado em 1969 como *Psychodrama third volume*. Em português o título é *Psicoterapia de grupo e psicodrama*, estando em sua terceira edição (MORENO, 1969, p. 345-369).

mento do tratamento. Qualquer desses elementos poderia ser útil como ponto de partida para a compreensão e abordagem do que estava acontecendo com o doente.

Entretanto, nada disso chama a atenção de Moreno; sua ação centra-se em um único objetivo: manter o foco naquilo que mobiliza Karl. Procura fazer com que o doente se sinta validado, estabeleça algum tipo de comunicação com ele e percorra livremente as associações cênicas que surgirem no momento. Ao começar o trabalho psicodramático com o que interessa ao cliente, tenta colocar em prática o que havia proposto em 1937, quando afirmara que: "os estados mentais alcançados através dessa técnica de aquecimento preparatório são *complexos de sentimentos* que, como tal, constituem *guias* para a *personificação* gradual dos papéis"[9] (grifos meus). Ou seja, partindo do que se apresenta difuso/confuso para Karl, seus intensos sentimentos persecutórios, Moreno transita com ele pelo que pode ser vivido de forma mais estruturada: as cenas com seus colaboradores mais próximos. Usa como instrumentos desse percurso os *papéis* (comandantes do III Reich) e as *personagens* (*Hitler, Goebbels* e *Goering*).

A seguir, o texto introduz um conjunto de cenas encadeadas pelo próprio Karl-*Adolf*:

Karl dá alguns passos à frente e faz um pronunciamento para o povo alemão, falando através de um sistema de comunicação de massa. Ele declara que é o Hitler real e que o outro é um impostor. O povo alemão deveria eliminar o impostor! Ele retornará triunfalmente à Alemanha, para recuperar a coroa. O grupo recebe sua proclamação com aplausos espontâneos. Seguem-se rapidamente algumas cenas; Hitler retorna de bote à Alemanha. Convoca uma reunião de seu

---

9. Psychodrama and the psychopathology of inter-personal relations, *Sociometry*, vol I. 1937 (*apud* MORENO, 1946, p. 236).

gabinete, planejando com seus ministros o futuro do III Reich. Conclui a primeira sessão com uma cena emocionante à beira do túmulo da mãe que havia perdido com a idade de 18 anos.

O *protocolo* mostra que nesse processo de externalização psicodramática de suas vivências delirantes, o paciente vive a seguinte seqüência de cenas:

* a necessidade de declarar publicamente quem é, pedindo ao povo alemão (vivido pela platéia de alunos) que elimine o impostor, para que ele possa voltar triunfalmente à Alemanha;
* o retorno à pátria, onde acontece a reunião com os membros de seu gabinete; e, por último,
* a cena emocionada diante do túmulo da mãe perdida aos 18 anos.

Em seu artigo "Tratamento psicodramático das psicoses", escrito apenas três anos após a abertura de seu sanatório, Moreno (1934, v. 1, p. 173) já havia mostrado a importância do conhecimento do *átomo cultural* (conjunto dos papéis e das ligações existentes entre eles, que um indivíduo pertencente a determinada cultura assume na vida) dos pacientes psiquiátricos, afirmando que, a partir dele, "podem configurar-se os *papéis* nos quais o doente se vê e aqueles nos quais acredita que os outros estejam ao interagir com ele" (MORENO, 1939 *apud* FOX, 1987, p. 68-80). Até esse momento, o *átomo cultural* de Karl confundia-se com o da *personagem* delirante *Hitler*, o que nos permite entender por que os dois mais importantes colaboradores de *Hitler*, *Goebbels* e *Goering*, foram tão bem aceitos por Karl. Foi nesse solo confuso e cindido em relação à realidade compartilhada que a equipe profissional e esse paciente psiquiátrico puderam se encontrar. Para nosso autor, outro fator determinante para o diagnóstico e para o tratamento de psicóticos é o modo como o paciente atua com os membros de sua família e com os vários membros de sua rede de relações sociais, ou seja, seu *átomo social*. Nesse caso, vemos que Karl, que julgava ser *Hitler*, aceitava no início do tratamento apenas as figuras de seu delírio, confirmando as afirmações de Fonseca (2000, p. 267), que assegura que "o *átomo social* de um psicótico se vê inundado e coberto por um novo *átomo social*, no qual entram os *papéis* produzidos pelo mundo delirante". Esse autor destaca também que essa mudança nas *tele-relações* do *átomo social* configura uma experiência tremenda tanto para o paciente como para os indivíduos a seu redor, em geral, seus familiares.

Mais adiante no texto, em seus comentários sobre esse atendimento, Moreno afirma ainda que o *papel* psicótico que Karl havia escolhido (*Hitler*) era um poderoso acontecimento social daquela época, cheio de símbolos coletivos, que provocava fortes emoções em todos os membros da platéia. Assim, foi muito importante para o paciente assumir seu delírio publicamente e ser validado pelo grupo.

Essas encenações estabelecem várias pontes entre os elementos delirantes e a história de vida de Karl, ajudando-o a compreender o sentido de seu surto psicótico a partir de suas próprias associações. Sergio Perazzo (1994, p. 64) chama os nexos singulares que o paciente faz em seus movimentos existenciais no *contexto social*, ou no *contexto dramático* de uma sessão de psicodrama, de *equivalentes transferenciais*. Por meio deles, o psicoterapeuta pode reconhecer o caminho a seguir no emaranhado de possíveis associações que a ação psicodramática provoca.

Naffah Neto (MORENO, 1969, p. 10), na apresentação brasileira de *Psychodrama – Second Volume*, traduzido para o português como *Fundamentos do psicodrama*, mostra que, por meio de várias dramatizações, foi-se revelando, pouco a pouco, a trama que estrutura a vida enlouquecida de Karl[10].

Dessa forma, Karl teve a oportunidade de viver cenas que não aconteceram, mas que aconteciam nas dramatizações, com as mesmas pessoas do momento original, encarnadas pelos *egos auxiliares*. Durante essa etapa do tratamento, adquire a possibilidade de suportar as emoções e integrar os conteúdos que evitara ou temera na vida real.

Vem a seguir um longo parágrafo, que introduz as idéias do autor a respeito das funções, objetivos e técnicas dos *egos auxiliares* no psicodrama. Apesar de se afastar da descrição do tratamento de Karl, essa pequena digressão se justifica, devido à importância desses profissionais nesse caso.

Os agentes terapêuticos cruciais são os egos auxiliares. São assistentes do terapeuta principal, mas, ao mesmo tempo, estão intimamente relacionados ao mundo do paciente. O ego auxiliar assume deliberadamente o papel que o paciente precisa ou deseja que ele assuma. O êxito da intervenção depende de quão bem o terapeuta auxiliar seja capaz de encarnar a pessoa com a qual o paciente deseja encontrar-se. Se o ego auxiliar for capaz de suprir as exigências do paciente – por exemplo, no papel de mãe, que é crucial no caso

---

10. A *Alemanha usurpada* (nível delirante) surge a partir da *esposa ausente* (nível transferencial), desembocando, por fim, na cena da *mãe ausente*, morta precocemente (nível real). Assim, para esse autor, "o delírio de Karl se formou por uma *passagem em ato* de uma vivência de perda (a mãe), quando o suporte transferencial do ente perdido (a mulher) se fez ausente e, na solidão, seu luto eclodiu violento e não pôde se fazer *palavra* (nível simbólico). O delírio não é, pois, uma distorção do pensamento, uma aberração ou uma doença; é apenas a única forma possível de expressão de uma vivência, quando as outras malogram" (NAFFAH NETO In: MORENO, 1969, p. 10).

de Karl (Hitler seu nome psicodramático) – este será estimulado a atuar dentro do papel complementar – de filho. A interação decorrente irá então recordar bastante bem a realidade interior do mundo do paciente seja ela amorosa ou hostil. O protagonista vê aspectos diferentes de sua mãe, conforme a ocasião; portanto, é esperado que o ego auxiliar a retrate, de certo modo, em uma determinada ocasião e, mais tarde, de outro, dependendo da disposição atual do paciente ou de suas necessidades, tal como ele mesmo ou o terapeuta principal as indicarem. O progresso do paciente poderá depender da habilidade do ego auxiliar para obter dele pistas essenciais e para incorporá-las rapidamente na representação. Por exemplo, se a relação mãe-filho é problemática, o ego auxiliar deve ter em seu repertório muito mais variedades de mães do que a verdadeira mãe do protagonista, a fim de que a encenação possa funcionar de forma corretiva. Acreditamos que, se a mãe tivesse sido capaz de assumir o papel ou papéis exigidos oportunamente pelo paciente, este talvez não tivesse desenvolvido percepções distorcidas da feminilidade. O paciente pode ter se tornado confuso devido à rigidez de sua mãe, à sua insensibilidade em relação às pistas dadas pelo filho. Devido à "ausência" de uma figura materna adequada em seu mundo mental, o paciente pode ter começado a projetar e a desenvolver uma substituta alucinada de sua mãe. Alucinações são papéis que poderão tornar-se condições indispensáveis no mundo de determinados pacientes. O ego auxiliar esforça-se para tornar as alucinações do paciente desnecessárias ou para enfraquecer o impacto das mesmas, na medida em que lhe fornece corporificações concretas e tangíveis de uma figura materna aceitável. Se o ego auxiliar não for uma encarnação satisfatória da alucinação do paciente, este é solicitado a representar por si mesmo sua alucinação; aí o ego auxiliar aprende, por meio de sua observação do paciente, repete a ação e incorpora aquilo que o paciente lhe demonstrou (reforçamento).

Aparecem no texto as inúmeras funções desses terapeutas no tratamento de Karl. Organizando-as vemos que os *egos auxiliares*:

a. são definidos como terapeutas assistentes do terapeuta principal, que se relacionam intimamente com o mundo do paciente;
b. têm por tarefa:

- interpretar os *papéis* que os pacientes necessitam, encarnando pessoas ausentes. Inicialmente o êxito de sua ação depende da verossimilhança entre sua *performance* e a visão que o paciente tem do indivíduo representado;
- permitir que o *protagonista* revele como age no *papel complementar* ao que interpreta, desvelando a realidade interior do mundo do cliente;
- conferir múltiplas facetas aos *papéis* que assumem, suprindo psicodramaticamente as necessidades do paciente, que as figuras de sua vida real não haviam atendido;
- interpretar os *papéis* requisitados de forma flexível, com o objetivo de atender tanto às necessidades delirantes do paciente como a suas demandas mais saudáveis;
- ser capaz de corporificar com rapidez as menores pistas que o paciente oferecer, pois muitas vezes o sucesso do psicodrama depende dessa prontidão e habilidade do *ego auxiliar* em atender às demandas sutis do doente; e
- ter sua atuação corrigida pelo próprio cliente, quando não conseguir interpretar os delírios ou alucinações a contento. Nesse caso, o paciente mostra como quer que o *papel* seja interpretado e o *ego auxiliar* repete a ação que lhe foi demonstrada.

Antes de continuarmos, penso que valha a pena refletirmos um pouco sobre essas propostas. Por que será que Moreno dá tanta importância aos *egos auxiliares* neste texto? Apesar de defini-los como terapeutas auxiliares, acaba lhes atribuindo algumas tarefas fundamentais do método psicodramático. De forma sucinta, afirma que a ação desses profissionais deve envolver sensibilidade, flexibilidade, delicadeza e *timing* para atender às demandas psicológicas de pacientes que, na maioria das vezes, foram pouco atendidos por seus pais nas etapas precoces de seu desenvolvimento. Fica claro aqui que Moreno correlaciona o trabalho dos *egos auxiliares* com o *tratamento* da doença mental, pois acredita que, se esta se instala a partir de uma sucessão de experiências relacionais desastrosas com as figuras parentais, ela pode ser reformulada por meio de novas experiências relacionais intencionalmente sintonizadas com as necessidades do cliente, promovidas pelos agentes terapêuticos.

Em 1939, no artigo "Tratamento psicodramático das psicoses" já afirmara que, freqüentemente, os egos auxiliares da vida real do paciente psicótico, ou seja, seus cuidadores, foram incompetentes em lhe proporcionar as sensações de potência e de bem-estar precoces, necessárias a um bom desenvolvimento. Quando as barreiras entre o paciente e essas figuras fundamentais tornam-se grandes demais ou quando as tentativas de reconhecimento social são inúteis, esse indivíduo pode adoecer, substituindo alguns padrões da realidade por produtos de sua imaginação, que parecem ser mais satisfatórios do que o mundo e as pessoas reais. Torna-se então indiferente ou hostil em relação às pessoas de seu *átomo social*, preferindo suas invenções (MORENO, 1939 *apud* FOX, 1987, p. 76-7).

Cabe aos *egos auxiliares* reverter essa situação, pois, como profissionais treinados, estão muito mais disponíveis e são muito mais adequados à realização das tarefas vinculares que os pais, irmãos ou amigos do paciente o foram. Em conseqüência, o doente tenderá a incorporá-los em seu mundo imaginário, permitindo que esses novos *seres*, em parte reais e em parte imaginários, façam uma ponte para o mundo fora dele, que havia abandonado ou rejeitado. O *ego auxiliar* psicodramático tem, assim, uma dupla função: ser uma extensão ideal do paciente (um *duplo*) em seu mundo auto-suficiente e um elo de ligação, um intérprete entre ele e as pessoas do mundo real. Esta é uma tarefa fundamental, porque, devido às dificuldades apontadas, a maior parte dos *papéis* do paciente acaba permanecendo em um estado rudimentar de desenvolvimento ou com possibilidades práticas bastante distorcidas. Moreno diz ainda que nesse trabalho o *ego auxiliar* deve ajudar o paciente a se encaminhar em direção a suas próprias aspirações.

O *protocolo* continua, afirmando:

> Durante muitas semanas tivemos sessões com Hitler, realizadas a intervalos regulares. Fornecemos-lhe todos os personagens de que necessitava para pôr em operação seus planos de conquistar o mundo (técnica da auto-realização). Ele parecia conhecer tudo de antemão; muitas coisas do que apresentou no palco chegaram muito perto daquilo que se passou anos depois. Parecia ser dotado de uma sensibilidade especial para se adequar a estados de espírito e a decisões que eram tomadas a milhares de quilômetros de distância. Na realidade, em certos momentos, especulávamos se ele, o paciente, não seria o verdadeiro Hitler e se o outro na Alemanha, não seria seu duplo. Tínhamos a estranha sensação de que o Hitler verdadeiro estava conosco, trabalhando desesperadamente no sentido de encontrar uma solução para si mesmo. Muitas vezes o víamos sozinho com sua mãe ou namorada, explodindo em lágrimas, exigindo dos astrólogos uma resposta quando ficava em dúvida, orando a Deus por ajuda, ao se sentir muito só, batendo com a cabeça na parede, temendo ficar louco antes de conseguir alcançar sua grande vitória. Em outros momen-

tos, apresentava estados de espírito de profundo desespero, sentimentos de que havia fracassado e de que o Reich seria conquistado pelos inimigos. Em um desses momentos, subiu ao palco e declarou que era chegado o momento de pôr fim a sua vida. Pediu que morressem com ele todos os líderes da Gestapo que lotavam a platéia – desde Goering, Goebbels, Ribbentrop[11], Hess[12], até o último homem. Ordenou que, para acompanhar a orgia fúnebre, fosse executada a música do *Gotterdammerung*[13]. Atirou em si próprio na frente da platéia. Muitos anos mais tarde, quando o verdadeiro Hitler matou-se e assassinou a esposa em algum subterrâneo de Berlim, eu (o médico) lembrei-me da estranha coincidência que o pobre açougueiro de Yorkville tivesse antecipado tão de perto o futuro da história mundial. Várias foram as vezes em que ele e eu ficamos cara a cara, envolvidos em diálogos. "O que é que acontece comigo?", ele dizia, "Será que esta tortura jamais terá fim? É real ou um sonho?" Essas conversas mais íntimas mostraram-se de valor inigualável para o progresso da terapia. É no auge da produção psicodramática que são alcançados níveis raros de intensa reflexão.

---

11. Joachim Von Ribbentrop, diplomata alemão, foi ministro do Exterior do III Reich, negociando a formação do *Eixo*, um sistema de alianças entre a Alemanha, a Itália e o Japão.
12. Rudolf Hess, secretário e amigo pessoal de Hitler, participou da elaboração de *Mein kampf*. Em 1941 foi preso ao descer de pára-quedas na Escócia, com o intuito de tentar fazer um acordo com o rei Jorge VI. Ficou encarcerado por cerca de 46 anos, sendo o último prisioneiro de guerra da prisão de Spandau, onde morreu em 1997, com 93 anos de idade.
13. *Gotterddammerung* (1876), *Crepúsculo dos deuses* em português, é a ópera de Richard Wagner que marca o fim da era dos deuses. Esse drama musical é a quarta obra da tetralogia *O anel dos Nibelungos*. Também fazem parte desse conjunto: *O ouro do Reno* (1869), *A Valquíria* (1870) e *Siegfried* (1876).

Moreno destaca agora que o tratamento de Karl durou muitas semanas, com sessões regulares, evidenciando que ele participou de um *processo* de psicoterapia, fato que se contrapõe à idéia freqüentemente veiculada em nosso meio de que Moreno realizava apenas atos psicodramáticos pontuais. Além desse atendimento, há outros exemplos de processos psicoterápicos, como o de Elisabeth, atendida em 1938, que realizou cinqüenta sessões[14], e o de Marie, uma jovem paranóica de 23 anos, atendida durante cerca de dez meses, por volta de 1942. Ela participou de cinqüenta e uma sessões de noventa minutos[15].

Vemos que, nesse período do tratamento, Karl realiza todos os seus planos de conquista (técnica de *auto-realização*), transpondo seu mundo alucinado para o *palco* psicodramático e, quando necessário, para toda instituição. Um dos objetivos desse tipo de trabalho é fazer com que, por meio do *psicodrama*, o mundo imaginário do paciente acabe adquirindo um relativo equilíbrio com a realidade oficial, de forma que ele possa viver na comunidade aberta, sem causar danos aos outros e sem frustrar suas próprias aspirações. Outro aspecto importante desse método consiste em possibilitar aos pacientes psiquiátricos, que na maioria das vezes são indivíduos sociometricamente *isolados*, experiências relacionais dos *papéis*, que antes só viviam na fantasia. Com o decorrer das dramatizações isso implica, necessariamente, aceitar alguns dos limites impostos pela convivência.

O texto continua, descrevendo as diferentes aflições desse *Hitler*, associando suas atitudes no *palco* psicodramático àquelas que o verdadeiro Hitler acabaria tendo alguns anos depois. Moreno chega a afirmar: "especulávamos se

---

14. In: "Tratamento psicodramático de uma paranóia" (MORENO, 1969, p. 329-43).
15. In: "Tratamento de choque psicodramático" (MORENO, 1969, p. 343-71).

ele, o paciente, não seria o verdadeiro Hitler, e o outro, na Alemanha, não seria seu duplo". Essa frase mostra quanto o grupo formado pelos profissionais e pelos participantes da audiência estava envolvido com o paciente. Lembremo-nos de que essa confusão era potencializada pela co-existência da *personagem* vivida pelo paciente com o verdadeiro ditador. Além disso, um dos fatores que deve ter contribuído fortemente para tal impressão foi que a solução encontrada por Karl face à derrota certa, o suicídio, acabou sendo também a mais cabível para o verdadeiro Hitler. É provável que essa coincidência tenha sido devida ao fato de ambos sofrerem de uma síndrome de grandiosidade e não suportarem a possibilidade de qualquer derrota.

A aceitação total do paciente por parte do grupo permitiu-lhe ainda se expressar afetiva e socialmente, levando-o a expandir significativamente sua *rede sociométrica* no grupo. Conforme vimos com Elsa TL, a interna do reformatório para moças em Hudson, estudada anteriormente, a inclusão no grupo favorece sobremaneira o ajustamento emocional de um indivíduo.

Além de todas essas experiências, que se deram em relacionamentos capazes de conter seus delírios e alucinações, Moreno acrescenta mais um elemento. Diz que "no auge da produção psicodramática, são alcançados níveis raros de intensa reflexão". Ou seja, o processo psicodramático, além de possibilitar ações estruturadas e alívio catártico, constitui ao mesmo tempo um espaço vincular propício para a elaboração. Como já havíamos destacado ao discutirmos a passagem do teatro espontâneo para o teatro terapêutico, isso pode ocorrer porque a dramatização constitui um *espelho psicológico* que permite que cada um se veja por inteiro, possibilitando um tipo de *catarse* que traz consigo, além de alívio, o contato com a dor, a experiência de cenas e enredos estruturados que permitem certa integração do vivido. Especialmente no caso de Karl, a função espelho das dramatizações e do grupo parece ter sido definitiva em sua transformação, pois a dinâmica de seus sintomas apontava fortemente para problemas ligados à falta de integração de sua auto-imagem e para questões ligadas ao seu valor pessoal. Assim, vejamos: o relato de sua esposa afirma que, quando ela voltou das férias, descobriu que, ao longo do dia, seu marido (Karl) havia se postado à frente de um *espelho* (grifo meu), tentando imitar o discurso de Hitler. Aparece aqui a necessidade de Karl corresponder a um *eu ideal*[16] grandioso, que ele deposita na figura todo-poderosa do *führer*, que *vê* como imagem de si no espelho. Instala-se então a cisão entre essa *personagem*, na qual, nas palavras de Moreno, ele se transfigura, e o pobre açougueiro de Yorkville, sua verdadeira identidade social. Nosso autor descreve também que a sucessão de cenas dramatizadas vividas por esse paciente acaba desembocando na falta de sua mãe, com quem provavelmente havia configurado o cenário e o enredo para esse eu grandioso, que não conseguiu se transformar em um ideal possível de ser vivido[17], ficando aprisionado em um lugar ideal que sua mãe teria fantasiado para ele. Segundo Vera Rolim, esse tipo de mandato em geral ocorre quando "os pais desejam que o filho os complete nos aspectos ideais que eles próprios não conseguiram atingir". Nesses tipos de organização, a criança cria forte dependência do outro, que muitas vezes pode ser sentida como garantia da própria existência. Essa vivência pode explicar por que o desencadeamento do surto psicótico de Karl ocorreu na ausência da esposa, su-

---

16. Para Lagache, o ego ideal serve de suporte para a *identificação heróica*. Diz ele: "O Ego ideal é ainda revelado por admirações apaixonadas por grandes personagens da história ou da vida contemporânea, caracterizados pela sua independência, pelo seu orgulho" (*apud* LAPLANCHE e PONTALIS, 1988, p. 190).
17. Para Kohut (1978, p. 15), nossos ideais são nossos guias internos; nós os amamos e aspiramos atingi-los.

cessora imaginária de sua mãe e depositária do valor do marido. Segundo Rolim (1996, p. 15-7):

a meta terapêutica, a ser atingida nesses casos, é fazer o paciente suportar *a morte do filho ideal*, buscando encontrar suas próprias necessidades que, aos poucos, irão delineando um *eu* real que possa aceitar a incompletude e a finitude da vida, como seus atributos naturais.

O texto continua, destacando:

3. O processo de reorganização psicodramática do paciente

[§18-§26]

A hospitalização não parecia indicada, pois sua esposa garantia uma supervisão excelente; ela empregou os dois enfermeiros que representavam os papéis de Goering e Goebbels. No começo, fora das sessões, ele se portava de modo bastante distante quando estava na companhia de seus acompanhantes assíduos.

Mas, certo dia, devido à relação de forte intimidade que estabelecera com eles na construção de sua vida interior, começou a mostrar-se mais próximo deles. Durante o intervalo de uma determinada sessão, disse a Goering: "Ô Goering, o que você achou da piada que contei hoje no palco?" E os dois riram juntos. De repente, porém, Hitler deu um tapa em Goering, que foi revidado na mesma moeda. Passaram a se engalfinhar em uma luta corporal, no decorrer da qual Hitler levou a pior. Depois foram saborear juntos uma cerveja e daí em diante o gelo começou lentamente a derreter.

Se for para o benefício do paciente, o contato e o ataque físico – do abraço e do carinho até o empurrão e as batidas – são permitidos na terapia psicodramática. É óbvio que, nessa situação, deve-se ter a mais extrema cautela para que os excessos sejam prevenidos e para impedir que os egos auxiliares se prevaleçam do paciente a fim de satisfazerem suas próprias necessidades. Cabe ao ego auxiliar uma grande responsabilidade. É natural que no desempenho de um pai brutal, o ego auxiliar tenha realmente que bater no filho, não apenas "como se", para poder provocar em seu filho respostas de ação e a percepção de seus sentimentos em relação a seu pai. É habitual na lógica psicodramática que um soldado doente, de volta para casa, vindo da guerra, deva abraçar e acariciar a mãe ou a esposa auxiliar no palco, se isso é o que ele iria fazer na vida real. Também cabe à lógica psicodramática que, se um ego auxiliar assume o papel de irmão mais velho que é subitamente atacado pelo paciente, deva acontecer um momento físico no palco, ou nos aposentos verdadeiros do paciente, se é aí que está ocorrendo a sessão.

O resultado do contato físico entre Hitler e Goering fez com que Hitler permitisse a seu ego auxiliar chamá-lo pelo prenome – Adolf – e com que começasse a chamá-lo de Herman. Agiam como amigos íntimos; o relacionamento entre ambos estava matizado de nuanças homossexuais. A partir daí, Herman começou a apreender mais intimamente os pensamentos e os sentimentos de Hitler. Começamos a nos valer desse relacionamento como guia terapêutico, pois desse momento em diante Hitler tornou-se capaz de aceitar correções feitas por Herman. Nossas criações no palco foram muito facilitadas, na medida em que se obtinham indicações de como dirigi-las, a partir do ego auxiliar (Herman).

Moreno destaca agora que a hospitalização de Karl não foi necessária, pois sua esposa contratou os dois enfermeiros que representavam os *papéis* mais significativos de seu *mundo auxiliar* psicodramático, que dessa forma foi expandido até a casa de ambos. Assim, além de contracenarem com ele no *palco* psicodramático, esses dois profissionais agiam também em seu ambiente cotidiano, cumprindo a função que hoje chamamos de *acompanhante terapêutico*. Segundo Carlota Zilberleib (2002):

cabe ao acompanhante terapêutico oferecer aos pacientes graves e em estado de sofrimento agudo uma aproximação por meio da convivência, que lhe permita suportar a distância que o tratamento psicoterapêutico convencional lhe impõe. Esse tipo de trabalho se apóia na compreensão de que o paciente poderá se desenvolver, caso encontre condições favoráveis em seu meio ambiente.

Surge em seguida o relato de um episódio de luta física entre *Hitler* e *Goering* que, além de ser bem suportado pelo paciente, aumentou em muito a familiaridade entre os dois, levando-os a se tratarem pelos prenomes (das *personagens* do delírio) *Adolf* e *Herman*. A partir desse novo patamar de intimidade, o *ego auxiliar* pôde conhecer as sutilezas das fantasias de Karl, agindo exatamente como ele imaginava que as cenas deveriam ocorrer. Conseguiu também corrigi-las terapeuticamente, possibilitando experiências afetivas capazes de gerar certa sensação de valor pessoal. Com isso, as antigas experiências, geradoras da doença, puderam ter contrapontos diferentes, tornando-se gradualmente menos importantes.

Moreno faz a seguir uma nova digressão acerca da validade e, em alguns casos, até da necessidade de o *ego auxiliar* estabelecer um contato físico agressivo com o paciente, desde que o diretor não permita práticas abusivas, tanto do *ego auxiliar* em relação ao paciente, como vice-versa. Atribui esse imperativo ao que chama de *lógica psicodramática*, que me parece ser aquilo que mantém a continuidade e a coerência do relacionamento afetivo entre o paciente e as *personagens* de seu delírio encarnadas pelos *egos auxiliares*. Nessas circunstâncias pode surgir um tal nível de comprometimento entre os participantes que até atitudes fisicamente agressivas podem ser cabíveis.

O texto segue:

> A questão é que o terapeuta incapaz de estabelecer uma relação eficiente com o paciente não-cooperativo, em uma situação médico-paciente, pode ser capaz de produzir uma relação desse tipo valendo-se do método psicodramático. Por exemplo, no caso de nosso pseudo-Hitler, que era extremamente não-cooperativo, foi possível aquecê-lo até que atingisse um nível comunicacional, a partir do momento em que um ego auxiliar passou a representar o papel de Goering em um episódio relevante de seu mundo psicótico. Uma vez estabelecido o relacionamento com o terapeuta auxiliar, no palco psicodramático, ele foi capaz de desenvolver um relacionamento com a pessoa particular existente atrás do papel de Goering, pessoa essa que nada mais era do que um simples enfermeiro, com o qual começara espontaneamente a comunicar-se em um nível realista. Esse foi o momento decisivo do processo terapêutico.

Moreno faz primeiro algumas considerações acerca das possíveis estratégias do diretor para lidar com pacientes não-cooperativos. Diz que, quando o terapeuta se sente incapaz de estabelecer uma relação eficiente com esse tipo de cliente, ele pode superar essa dificuldade usando o método psicodramático, por meio do qual o *protagonista* pode ser suficientemente aquecido para interagir. Nessas circunstâncias, ele tenderá a reagir positivamente às ações do diretor, comunicando-se com as *personagens* de seu mundo particular, encarnadas pelo *ego auxiliar* e, depois, com a pessoa desse terapeuta.

Penso que nesse momento de construção da teoria psicodramática, Moreno não tinha alternativa, senão recorrer intensamente aos *egos auxiliares* para descobrir nas diferentes situações relacionais concretas o que o paciente precisava para compreender e superar seus sintomas. Provavelmente esse tipo de ação era necessário, porque nosso autor não havia formulado ainda sua teoria sobre o desenvolvimento infantil, que só foi publicada em 1946 em seu livro *Psicodrama I* (MORENO, 1946, p. 97-135). A partir dessa teorização que correlacionou as etapas de desenvolvimento humano com a organização seqüencial das *técnicas básicas* do psicodrama, o diretor passou a entender o que acontecia com o doente, podendo definir, com maior precisão, as estratégias mais eficientes para cada estágio de desenvolvimento do psiquismo do paciente.

O *protocolo* descreve a seguir um fato marcante no tratamento:

Cerca de três meses após o início do tratamento ocorreu um evento incomum. O grupo estava reunido no teatro, aguardando a próxima sessão de Hitler. Goering aproximou-se de mim e disse: "Adolf quer cortar o cabelo".
(Doutor): Então chame o barbeiro.
Essa era a primeira vez, desde que adoecera, que iria permitir a alguém tocar em seu cabelo. Veio o barbeiro e cortou o cabelo de Hitler, no palco, de acordo com suas instruções. Quando o ritual foi concluído, o barbeiro começou a guardar seus pertences, aprontando-se para partir. De repente, Hitler olhou asperamente para o grupo e para mim (médico), e depois para o barbeiro.
(Hitler): Tire isso fora! (apontava para seu bigode. O barbeiro começou imediatamente a ensaboar o seu rosto, aplicou a navalha e tirou-lhe o bigode! Um silêncio bastante tenso pairava na platéia. Hitler ergueu-se da cadeira, apontando para o seu rosto).
(Hitler): Sumiu, sumiu, sumiu, acabou! (Começando a choramingar). Eu o perdi, perdi! Por que foi que eu fiz isso? Não deveria ter feito isso!

O que chama a atenção, em primeiro lugar, é o entrelaçamento das vivências imaginárias de Karl, expressas no *palco* pela *personagem* psicodramática Hitler, com as funções concretas (realistas) do barbeiro que, mesmo sendo uma *personagem* interpretada por um enfermeiro, corta de fato o cabelo e o bigode de *Hitler*. Esse procedimento mistura intencionalmente esses dois mundos, funcionando como uma espécie de *passagem* entre o universo delirante de Karl/*Hitler* e a realidade social do pequeno hospital de Beacon, Estado de Nova York. Esse acontecimento foi importante para Karl *e* para *Hitler*, estabelecendo uma ponte entre o indivíduo doente e sua *personagem* psicodramática. Desencadeou, também, uma forte emoção tanto na platéia como no *protagonista*, que, desesperado, não foi capaz de integrar de imediato esse gesto que pôs em risco a estabilidade de seu mundo delirante.

O texto afirma que:

> Aos poucos foi-se processando uma mudança; de sessão para sessão, assistimos às transformações de seu corpo e de seu comportamento – a expressão de seus olhos, seu sorriso, as palavras que pronunciava. Mais tarde, ainda, pediu para ser chamado de "Karl" e não de "Adolf". Pediu à esposa que comparecesse às sessões. Pela primeira vez em diversos meses, ele a beijou em uma cena no palco.

Como Moreno mesmo assinala, "aos poucos foi se processando uma mudança, de sessão para sessão". Assim, não foi o simples gesto do barbeiro obedecendo à ordem de *Hitler* que marcou a remissão do delírio, mas uma longa sucessão de pequenos *insights* e experiências psicodramáticas. Entretanto, a forma teatral e poética com a qual Moreno descreve aquele fato acaba causando certa perplexidade no leitor, pois parece sugerir uma transformação mágica do quadro delirante. Tanto assim que uma das perguntas do professor Jiri Nehnevajsa, ao comentar em 1959 a descrição deste caso clínico, investiga justamente o que desencadeou a *volta à realidade*, manifestada pela primeira vez pelo desejo de Karl ter o bigode aparado.

O texto se encerra com as seguintes afirmações:

(Esses episódios pertencem a um volumoso prontuário psicodramático e esclarecem rapidamente o quadro diagnóstico apresentado pelos protagonistas, muitas vezes em uma única sessão.)
O paciente realizou uma boa recuperação social, tendo retornado à terra natal alguns anos mais tarde. Esse caso confirma a hipótese segundo a qual as "técnicas de *acting out*" são o tratamento preferencial para "síndromes de atuação".

Fica claro, mais uma vez, que essa descrição clínica foi construída por Moreno a partir de um material muito mais amplo, com o objetivo de mostrar os aspectos relevantes do diagnóstico e do tratamento psicodramático de um paciente em surto psicótico. Com os episódios descritos, nosso autor percorreu as etapas teóricas e técnicas necessárias para descrever como opera o que ele chama de terapia de grupo profunda, um método que encoraja o paciente a "atuar e mergulhar [...] no estado mórbido, e nele se perder, por mais que esse momento lhe pareça assustador, feio e irreal" (MORENO, 1939 *apud* MORENO, 1969, p. 128).

Destaca, por fim, que o paciente teve boa recuperação social, retornando a sua terra natal (provavelmente a Alemanha), depois do fim da guerra.

Moreno termina dizendo que as *técnicas de acting out* são o tratamento de escolha para *síndromes de atuação*. Já vimos que Moreno usa a expressão *técnicas de acting out* para se referir aos aspectos do método psicodramático que permitem ao paciente viver sua insanidade dentro de uma situação protegida.

Quando fala em *síndromes de atuação* deve estar se referindo aos quadros psicóticos, pois, segundo Ramadan (1978 *apud* ALTENFELDER SILVA, 2000, p. 95):

a doença [mental] é um *acontecimento* que se dá em um *espaço* (real ou virtual) e apresenta uma *duração* (tempo) determinada. O espaço refere-se ao grau de interioridade (espaço virtual, subjetivo) ou exterioridade (espaço real, objetivo) que o paciente e o observador *atribuem* aos fenômenos. Um paciente com alucinação tem a convicção de que tal *acontecimento* se situa no espaço exterior, ao passo que o observador tem certeza que se situa no espaço interior do paciente alucinado.

Em vista daquela convicção, os pacientes psicóticos tendem a atuar experiências de seu espaço interior no mundo social.

4. O grupo

[§27-§28]

O GRUPO

O ponto alto das sessões acima descritas foi a intensa participação do grupo. Quanto mais avançadas iam as sessões, mais nos dávamos conta de que o verdadeiro herói desse psicodrama foi a audiência. Depois da segunda sessão, Hitler começou a se sentar na platéia, enquanto um dos membros do grupo tornava-se o centro de atrações e de repulsas. Em alguns momentos, envolviam-se de forma negativa, reagindo a sua pessoa como se de fato ele fosse Hitler. Muitos episódios resultantes das interações foram atuados no palco, misturando eventos do sonho de Hitler com as realidades do grupo. Sociogramas e diagramas de papel[18], que eram comparados de sessão a sessão, mostraram que houve mais alguns Hitlers naquele grupo. Um panorama magnífico do mundo de nossa época emergiu para alívio geral, como que aprisionado no espelho em miniatura que era o grupo. Uma análise cuidadosa das respostas, bem como da produção, sugeriu que Adolf Hitler teria se beneficiado enormemente caso houvesse participado de sessões psicodramáticas durante sua adolescência; talvez a Segunda Guerra Mundial pudesse ter sido evitada ou, pelo menos, poderia ter tomado um rumo diverso.

Nesse primeiro trecho a respeito do grupo, Moreno revela que, ao mesmo tempo em que Karl era tratado, outras pessoas também tinham espaço para rever suas questões. Além desse trabalho com cada participante, muitos problemas advindos do relacionamento entre eles também eram considerados terapeuticamente.

Assim, nesse momento inicial, o foco centra-se nas histórias de cada um e nas relações entre os participantes. Esse tipo de abordagem é muito importante, pois permite que cada um se apresente com suas características próprias, impedindo que o grupo se transforme em um aglomerado sem forma. É o que Moreno chama de momento de *diferenciação horizontal*, que discuti longamente no artigo "Estratégias de direção grupal" (KNOBEL, 1996, p. 49-62; In: FONSECA, 1999, p. 338-51). Aparecem nessa etapa as diferentes características e fantasias de cada um, algumas das quais semelhantes

---

18. Os *diagramas de papel* são esquemas gráficos usados por Moreno para ilustrar as correlações entre a pessoa privada de um ator e os papéis teatrais que ele interpreta, entre a pessoa privada e seus diferentes *papéis sociais*, como também para evidenciar certos tipos de *papéis sociais* que englobam a pessoa privada (Cristo, por exemplo), ou também, o conjunto de *papéis* de um indivíduo (MORENO, 1946, p. 208-12).

às de Karl. Esse mosaico de individualidades discriminadas que constitui o grupo emerge como um *espelho em miniatura do mundo* naquela época.

Surge a seguir uma afirmação de Moreno acerca dos benefícios que o psicodrama poderia ter trazido para o verdadeiro Hitler em sua adolescência, se ele tivesse participado de um grupo. Esse tipo de idéia expressa o que Neri (1995, p. 57) chama de *esperança messiânica* grupal, que é típica dos momentos iniciais de um grupo. Nessa fase, seus membros e, às vezes, o terapeuta tendem a acreditar que são excepcionais, vivendo um tipo de ilusão coletiva que é, em geral, uma resposta à necessidade de segurança e de garantia da preservação do eu que parece ameaçada nesse momento do tratamento.

O *protocolo* continua:

Em um nível estrutural mais profundo, vimos as figuras familiares da vida de Hitler refletidas no relacionamento com figuras correspondentes da vida de cada membro do grupo. Também vimos, porém, as figuras do mundo em geral – imperadores e reis, governantes autocráticos de nações, tais como Stalin e Mussolini, governantes de regimes livres tais como Roosevelt e Churchill – em meio à figura crucificada de Cristo, símbolo do sofrimento e do desespero. Depois vimos o joão-ninguém, o soldado anônimo, as vítimas dos campos de concentração, os refugiados, um estudante negro do Harlem se identificando com os rebeldes asiáticos e africanos, todas as nuanças do amor e do ódio, dos preconceitos e da tolerância, sobrepondo-se ao drama com uma tal intensidade que o drama real e particular de Karl foi relegado a um segundo plano. Quanto mais o próprio Karl participava daquele drama, mais aprendia a ver seu próprio mundo paranóico particular segundo a perspectiva do mundo maior que, inconscientemente, ele mesmo provocara.

Aparecem agora inúmeras associações produzidas pelo grupo a partir das cenas iniciais de *Hitler*, a *personagem* delirante de Karl. Não surgem apenas cenas íntimas, relacionadas com a história de vida dos participantes do público, mas cenas da época, o que leva Pedro Mascarenhas (1995, p. 48-53) a afirmar que a estrutura de atendimento montada por Moreno nesse caso construiu um dispositivo grupal que adotou dois eixos de trabalho, aceitar o delírio do paciente, centrando a ação dramática nesse *protagonista*, o que já foi amplamente discutido nos movimentos anteriores, e criar um espaço comum capaz de acolher e de misturar episódios provenientes dos sonhos e delírios de um paciente psicótico com as histórias familiares dos membros do grupo e com *personagens* públicas que personificavam nuanças de amor e de ódio, de preconceito e de tolerância.

Todos esses elementos são tratados com a mesma importância e intensidade que os sintomas de Karl, levando Moreno a afirmar que "quanto mais o próprio Karl participava daquele drama, mais aprendia a ver seu próprio mundo paranóico particular, segundo a perspectiva do mundo maior que, inconscientemente, ele mesmo provocara".

Segundo Mascarenhas, esse dispositivo grupal se assemelha muito ao da *multiplicação dramática*[19], pois parte das cenas do *protagonista* Karl adentra em cenas produzidas pelo grupo com base nas *ressonâncias* de todos em relação a ele (dramatizações que podem não ter uma ligação direta com as do *protagonista*) como também em fatos da época. A partir dessa prática ampliam-se os estados de espontaneidade/criatividade compartilhados, que atravessam o grupo e incluem o *protagonista*.

---

19. O conceito de *multiplicação dramática* foi formulado em 1987 por Frydlewsky, Hesselman e Pawlowysky, que continuam suas pesquisas sobre o tema até hoje. Conceitualmente, está na interseção do psicodrama com teatro, com a psicanálise, com a semiótica e com a esquizoanálise. Seu ponto central é a *di-versão*, ou seja, ver de outra forma. A verdadeira multiplicação dramática ocorre quando as pessoas têm prazer e se divertem com isso (MASCARENHAS, 1995, p. 48-53).

O texto segue, confirmando a importância dessa experiência grupal para Karl:

Ele nos apontou diversas pistas, sugerindo as forças dinâmicas que atuavam no desenvolvimento de sua síndrome mental. Por que foi que ele quis tornar-se Hitler? Certa vez ele disse: "Desde menininho tenho um sonho: conquistar o mundo ou destruí-lo e imitei Hitler porque ele tentou fazer o mesmo". O que o auxiliou a recuperar-se de sua obsessão? Respondeu: "Surpreendi-me de ver no grupo tantas outras pessoas que, além de mim, tinham o sonho de tornar-se Hitler. Isso me ajudou".
O psicodrama de Adolf Hitler tornou-se o psicodrama de nossa cultura toda, espelho do século XX.

Vemos quanto foi importante para Karl perceber que, de alguma forma, era parecido com os outros participantes do grupo, constituído não só por pacientes do hospital, mas também por residentes e estudantes de psicodrama. Essa sensação de semelhança e de continência é fundamental para diminuir o sentimento de solidão do paciente psiquiátrico, melhorar sua auto-estima e aumentar sua sensação de força. Alternam-se, assim, momentos de solidão e de contato consigo mesmo, necessários ao entendimento e à elaboração dos temas individuais, com outros de compartilhamento e comunhão. Essa dinâmica, longe de conduzir a uma síntese unitária dos conteúdos expressos, permite a experiência continente e administrável de um existir simultâneo e, às vezes, contraditório, de diferentes pontos de vista.

Esse movimento termina com a afirmação de Moreno de que esse psicodrama foi o "espelho do século XX", no qual as notícias do III Reich apareciam como variantes das cenas vividas no grupo e estas como realidades da vida, e assim por diante, em um encadeamento sem fim. Surge uma mistura multifacetada dos delírios do *protagonista* e das interações no/do grupo que se transformam em novas versões dos temas de Karl. Todo esse movimento conduz, no dizer de Naffah Neto, a uma dupla inovação: além de

criar um novo método terapêutico para a loucura – pois é nessa área que a psicanálise mais mostra seus limites – conseguiu, através desse mesmo método, revelá-la não como fenômeno intrapsíquico, mas como explosão das contradições intersubjetivas cujo berço é a História (1983 In: MORENO, 1959, p. 11).

Passemos agora ao último movimento do texto, em que aparecem:

5. As questões do debatedor e as respostas de Moreno

[§29-§34]

No início desse movimento são transcritos os comentários do debatedor:

Jiri Nehnevajsa

Nesse artigo Moreno ilustra os usos do psicodrama com um adulto, "Adolf Hitler". Embora possam ser levantadas diversas questões, uma parece de grande importância para este comentarista: o que é que o tratamento psicodramático realiza nesse caso, que outros métodos de terapia, especificamente a psicanálise, não realizariam? O que se ganha? Em lugar algum encontrei explicações de Moreno (apresentadas sistematicamente) a respeito de como é que cedendo ao delírio de "Hitler" e fornecendo-lhe um "Goering" se contribuiu para sua recuperação. O que parece ter desencadeado a "volta para a realidade", manifestada pela primeira vez em ter seu bigode aparado? E, ainda mais concretamente, o que foi que, dentro do *setting* psicodramático, determinou esse fato? E o que foi que esse procedimento realizou "melhor" do que o teriam realizado outros procedimentos? Pode-se mencionar mais um assunto: o paciente retrata "Adolf Hitler" – estereótipo do homem em sua própria mente. De alguma forma, me parece, o sociodrama e o psicodrama relacionam-se entre si nesse fascinante episódio de "Hitler". Mas como exatamente?

Vemos o professor Nehnevajsa propor quatro questões que não lhe parecem suficientemente explicitadas no texto, a saber:

a. O que o psicodrama faz a mais e melhor que as outras terapias?
b. Como é que, cedendo ao delírio, se contribui para a recuperação do paciente?
c. O que desencadeou a volta à realidade [de Karl] manifestada pela vontade de ter seu bigode aparado? e
d. Como se relacionam sociodrama e psicodrama?

Moreno, por sua vez, responde da seguinte maneira:

J. L. Moreno

1. No psicodrama, o paciente interpreta uma sinfonia estruturada de papéis e de relações de papéis, tal como estão em sua mente. É uma coisa real e "física" e não só verbal e "fictícia". O espaço vivencial por inteiro é trazido para uma concretização. Os locais imaginários, na mente do paciente, quando ele faz associação livre no divã, são postos em nível de visualização. Os espaços, objetos, cadeiras, mesas, porta da cozinha etc., de seu universo particular, são emparelhados a sinais e espaços coletivos, a bandeira alemã, o uniforme alemão, a Nação alemã, Ber-

lim, Londres, Paris, Nova York. Os horários particulares, o ontem, o hoje, o amanhã e o daqui a dez anos da vida pessoal do indivíduo encontram seus paralelos em seqüências coletivas de tempo, o golpe de Munique, a prisão de Hitler, o aparecimento de *Mein kampf*, o tornar-se *führer* do Reich etc.
2. O Karl não-cooperativo não iria aceitar o "enfermeiro" Bill. Não havia meios de torná-lo comunicativo. Seus motivos: "Estou perfeitamente são. Não preciso de terapeuta nem de enfermeiro. Não tenho lugar dentro de um hospital no meio de gente louca". Mas quando Bill, apareceu no papel de "Goering", papel pertencente a seu mundo psicodramático, estabeleceu-se uma nova situação. À medida que ele (Karl) desempenhava Hitler e Bill, Goering, cresceu um relacionamento que para Karl foi significativo. "Hitler" era o si mesmo real, não um "papel"; em seu relacionamento com Goering ele tinha condições de colocar todo o poder emocional de seu Hitler delirante e, desse modo, estabelecer, no nível psicodramático, uma "ponte" entre ele mesmo (Karl) e Bill; essa "ponte", ele não conseguia construir no plano da realidade. Esse não é um "processo transferencial", na transferência o paciente projeta no terapeuta uma imagem que não é real. Mas a dificuldade de Karl era que ele não conseguia transferir alguma coisa que pudesse servir de ponto de apoio entre ele e o terapeuta. Esperava várias coisas do terapeuta: primeiro, a aceitação de que ele era "Hitler"; segundo, que ele desempenhasse o papel de uma pessoa significativa em seu mundo psicodramático, por exemplo, Goering; terceiro, que lhe fosse permitido não só ser Hitler, mas também "viver Hitler até as últimas conseqüências" no sentido mais completo possível do termo. Não é "transferência", é "transfiguração" de Karl em Hitler e de Bill em Goering. O relacionamento no nível transfigurado é *real*, é uma relação tele. Mas como Karl está em Hitler e Bill em Goering, esperamos que venham a se desvencilhar de suas máscaras quando estas não mais servirem a seus propósitos,

continuando seu relacionamento como Karl e Bill. Quando Hitler novamente se tornar Karl, não se trata de um "retorno à realidade", mas sim de uma transferência de uma realidade (psicodramática) para outra (social) que é mais capaz de manipular. Quando Karl "se torna" Hitler – no psicodrama que ele próprio conduziu na própria vida – deixou crescer um bigode que lhe parecia a mais notável característica física de Hitler. Quando o psicodrama foi conduzido pelo terapeuta, deixar o bigode desaparecer era o traço mais importante na reconstrução de "Karl".

Havia uma pessoa no psicodrama que não era só ego auxiliar, mas também uma pessoa de sua vida anterior como Karl – sua esposa. Ela raramente foi ao palco; no começo, ou era rejeitada ou passava desapercebida, mas, nos últimos estágios, foi tanto Eva (a mulher de Hitler) quanto Marie (a mulher de Karl). Na cena final, contudo, Karl e Marie estavam no palco docemente abraçados como dois renascidos que se reencontram novamente. A participação dela no psicodrama, que estava cheio de egos auxiliares psicodramáticos, nos forneceu um forte elemento tele.

A íntima conexão entre as técnicas psicodramáticas e sociodramáticas estava claramente visível, porque o "papel" psicótico que "Karl" havia escolhido para encarnar "Hitler" era um poderoso acontecimento social de nossa época, cheio de símbolos coletivos como a "mãe", "Cristo", "super-homem", "demônio", "escravo", "comunismo", "democracia" etc., símbolos que, naquele tempo, estavam carregados de fortes emoções, emanadas de todos os membros do grupo. Foi como um profundo ritual religioso reencenar esse sociodrama, no qual cada homem foi um protagonista participante, para depois reagir contra ele próprio. Para cada símbolo particular do psicodrama de Hitler houve um símbolo coletivo correspondente no mundo em redor de Hitler.

Como seria de esperar, as respostas de Moreno às questões do debatedor convidado apenas retomam alguns dos

aspectos descritos no *protocolo*. Organizando-os em função de cada pergunta temos:
Para a questão: "O que o psicodrama faz a mais e melhor que as outras terapias?" Moreno diz que ao externalizar as vivências do paciente, concretizando-as em múltiplos *papéis*, o psicodrama os reconhece, explora as relações entre eles, permitindo que as dimensões espaciais e temporais do mundo particular do cliente tenham a mesma importância que o universo coletivo e histórico. Assim, o delírio psicótico pode ser experimentado até suas últimas conseqüências. Quando essas vivências se esgotam, o paciente consegue estabelecer uma ligação realista entre ele mesmo (e não mais a *personagem* delirante) e a pessoa do *ego auxiliar*. Começa então a abandonar os elementos alucinados, substituindo-os pelos dados compartilhados na relação terapêutica. Fica implícito aqui que a vivência da situação estereotipada no *palco* pode conduzir à *catarse* e que ambas precedem a elaboração. Deve existir assim uma extensão de espaço e de tempo para que tudo isso possa ocorrer.

Para a segunda questão: "Como é que cedendo ao delírio se contribui para a recuperação do paciente?" Moreno mostra que foram as condições de Karl que o levaram a trabalhar dentro dos parâmetros de seu quadro delirante, pois o paciente:

- não percebia suas dificuldades, não aceitava nenhum tipo de tratamento, não se mostrava acessível nem interessado em manter qualquer tipo de comunicação acerca de seus sintomas;
- não conseguia estabelecer um relacionamento transferencial com o terapeuta, não tendo a menor possibilidade de interagir com o médico em um *setting* centrado na transferência; e
- interessava-se e podia manter relacionamentos com as *personagens* de seu mundo psicótico, encenado como

mundo psicodramático, o que permitia a interação com os *egos auxiliares* que os encarnavam.

Segundo Moreno, todas essas circunstâncias apontavam para a necessidade de trabalhar com o delírio do paciente. Essa hipótese foi confirmada, na prática, quando Karl começou a criar uma *ponte* entre ele mesmo e o enfermeiro Bill, estabelecendo algum tipo de comunicação entre as *personagens* delirantes e entre o doente e a equipe profissional. Geraldo Massaro (1994, p. 120), que vem trabalhando com pacientes psicóticos há muitos anos, também aponta como primeira etapa do trabalho psicoterápico com um psicótico em surto o *estabelecimento do vínculo* entre ele e o terapeuta.

À terceira pergunta: "O que desencadeou a volta à realidade manifestada pela vontade de ter seu bigode aparado?", Moreno responde dizendo que esse bigode, que era a mais notável característica de Hitler, foi incorporado por Karl como um elemento distintivo daquela *personagem*. Na medida em que ele pôde transitar da realidade psicodramática para a realidade social, escanhoar o bigode foi uma expressão desse descolamento do *papel* delirante. Ou seja, quando o surto remitiu, foi possível a passagem de uma realidade, singular e bizarra, para uma outra, reconhecida coletivamente. "Deixar o bigode desaparecer" acabou representando o "traço mais importante na reconstrução de Karl".

Destaca ainda que a presença de Marie, a esposa de Karl, que participou dos últimos estágios do tratamento, tanto na função de *ego auxiliar* como na de esposa do paciente, foi um fator importante nessa transformação de *Hitler* em Karl, pois ela pôde contribuir com muitos elementos *télicos* acerca da relação com seu marido.

Por fim, para a última pergunta: "Como se relacionam psicodrama e sociodrama?", Moreno diz que o trabalho sociodramático ocorre quando os acontecimentos sociais de uma época, carregados de fortes emoções para muitos membros do grupo, são apresentados no *palco* por meio de *papéis coletivos*, como *a mãe, o Cristo, o escravo.*

O psicodrama, por sua vez, trabalha com símbolos, emoções e acontecimentos particulares. Nesse trabalho, esses dois métodos co-existiram de forma articulada, pois cada aspecto particular do psicodrama desse paciente em surto psicótico mobilizou intensas vivências coletivas, decorrentes e/ou consoantes com a *personagem* delirante *Hitler*.

Vale ressaltar, mais uma vez, que essas observações finais de Moreno apenas apontam de forma bastante esmaecida para todos os elementos técnico-teóricos que já foram abordados na análise desse *protocolo*.

Antes de encerrar este capítulo sobre o atendimento de Karl, gostaria de resumir os principais pontos da seqüência metodológica adotada por Moreno e sua equipe com este paciente.

O primeiro movimento do texto introduz o método psicodramático como uma terapia grupal profunda, que propõe ao cliente a vivência e a estruturação de acontecimentos interiores e exteriores a ele, conduzindo-o à *catarse de integração*. Também descreve e discute alguns dos instrumentos técnicos usados nesse percurso, entre os quais o *palco*, a *psicodança* e a *psicomúsica*.

Vem depois a *aceitação* do doente, tal como ele se apresenta e a realização cênica de seus delírios. Ao experimentar essa *realidade auxiliar*, construída conforme suas necessidades, tanto o *átomo social* como o *átomo cultural* do paciente passam por transformações, deixando de ser apenas fontes de desconfirmação e de sofrimento, para tornarem-se complexos relacionais povoados pelos *egos auxiliares*, oferecendo ao cliente uma nova realidade vincular vital e diversificada.

Esse *acting out* psicodramático busca colocar todo o poder do quadro psicótico em cena, para que, a partir da *catarse* e de experiências relacionais sintonizadas, o paciente possa começar a entender e a elaborar o sentido de seus sintomas.

Moreno também discute como entende a gênese da doença mental de Karl e que condutas técnicas podem beneficiá-lo. O terceiro movimento ocupa-se em aprofundar a compreensão de como os *egos auxiliares* e o *mundo auxiliar* aproximam o mundo psicótico da realidade compartilhada. Moreno mostra que Karl, ao viver suas fantasias no *palco*, além de torná-las públicas, passa a ter também uma experiência relacional dos *papéis* que antes só vivia na fantasia. Isso permite que os *egos auxiliares* e os membros do grupo possam interferir em seu mundo exclusivo, introduzindo ali alguns limites da realidade. Vemos assim como o psicodrama aproveita justamente a ruptura das regras que caracterizam o intercâmbio entre a realidade psicótica e a realidade acessível aos demais.

A importância do grupo como *ambiente* para a psicoterapia e também como *protagonista* de temas próprios, coletivos e/ou particulares aparece a seguir. Moreno enfatiza a riqueza desse intercâmbio entre o delírio do paciente e as fantasias dos membros do grupo, que se alimentam mutuamente, de forma viva e articulada, beneficiando e comovendo todos os envolvidos. Segundo Moreno, esse grupo foi um *espelho em miniatura do mundo naquela época*.

Por fim, o último movimento traz as questões do professor Jiri Nehnevajsa, o debatedor convidado, e as respostas de Moreno. Encerrando a análise do *Protocolo de Adolf Hitler*, gostaria de trazer as afirmações de Moreno (*apud* MARINEAU, 1989, p. 143) quanto às metas da psicoterapia psicodramática com uma outra paciente psicótica. Diz:

> nosso objetivo deve ser o de reintegrar na cultura nosso doente e suas normas de comportamento aberrantes, como se tudo fosse compreensível e natural, dando-lhe a oportunidade de se revelar em todos os campos da atividade criadora. É possível que nossa mania de ajustamento seja responsável pelo preço enorme que temos que pagar pelos asilos de alienados.

Conclusões

É interessante chegar ao fim de um percurso que durou mais de três anos de escrita, para, a partir dele, comentar o que se configurou. Isso ocorre porque, neste processo de pesquisa, não estruturei *a priori* um projeto muito detalhado, mas apenas um objetivo e um método. Assim, foi meu caminhar que desenhou o caminho, as descobertas foram se configurando aos poucos, possibilitando-me experimentar inúmeras vezes o contato com o inusitado e com o novo.

Espero que os leitores deste texto tenham tido também as pequenas revelações que o estudo detalhado de um autor muito conhecido acaba por oferecer.

O método de análise das estruturas do texto serviu-me de guia, permitindo que eu relesse Moreno sob uma nova óptica, tentando entender a articulação interna do conjunto de idéias e práticas existentes em cada área de atuação: no teatro espontâneo, na sociometria e no atendimento clínico. Muitas vezes, devido ao pouco distanciamento entre mim e o autor, mergulhei em especulações pessoais, que me afastavam do fluir das propostas de Moreno. Nesses momentos, foram fundamentais as observações seguras e competentes de Alfredo Naffah, meu orientador, bem como as sugestões sensíveis de meus colegas de grupo de orientação de mestrado, que me traziam de volta ao foco proposto. Uma vez garantida a fidelidade ao autor, creio que se instituiu uma interação de pensamentos, que fez com que o Moreno que comento apresente-se com as cores que eu lhe estou atribuindo. Isso porque, como já vimos na

Introdução, qualquer texto revela sempre a perspectiva de quem escreve. Assim, estas conclusões acerca do uso do método apóiam-se nos aspectos das práticas que valorizei como mais importantes, nas escolhas que fiz dos escritos teóricos complementares utilizados para apreciar as práticas, e em minhas próprias concepções sobre o psicodrama desenvolvidas em anos de trabalho clínico. Nesse sentido, este texto deve ser encarado como uma das análises possíveis das práticas de Moreno. Com certeza, outros psicodramatistas valorizariam aspectos diferentes como mais importantes.

Minhas conclusões focam-se em dois tipos de resultados:

A. as *constâncias do método psicodramático* presentes nas três práticas analisadas;
B. as *decorrências do uso do método de análise das estruturas (ou tempo lógico) do texto.*

A. As constâncias do método psicodramático que fazem dele um modelo de trabalho original e singular são as seguintes:

1. O primeiro elemento constante em todos os exemplos analisados foi: *a aceitação do cliente e das particularidades de sua forma de ser no mundo,* associada à *encenação de suas dificuldades no como se.* Esse tipo de postura, que se expressa pela ação empática, foi, provavelmente, uma decorrência da longa experiência do autor com os marginalizados sociais e psicológicos, que se iniciou na década de 1910, quando ele e Chaim Kellmer abrigavam migrantes em trânsito pela Europa.

Qual mobilização psicológica que esse tipo de trabalho suscita em um cliente?

Já de início instaura-se uma aproximação específica, na qual o profissional se dispõe a ver, ouvir e sentir o paciente, a partir da perspectiva dele, introduzindo técnicas e procedimentos que permitem estruturar em cenas ou em *persona-*

gens os elementos conflitivos da realidade interna ou relacional do *protagonista*. Isso pode ocorrer tanto em um espaço relacional concreto, um *palco*, como apenas por um contexto delimitado subjetivamente, como acontece, por exemplo, no *psicodrama interno*.[1]

Assim foi com Bárbara, que atuava inicialmente em *papéis* angelicais, encantando com sua graça a todos os participantes do *teatro espontâneo*, que viviam a ilusão de se aproximarem de um ideal de feminilidade que valorizavam muito. Quando George denuncia *seu* comportamento violento em casa, Moreno, usando como artifício a vontade do público de assistir a cenas mais *terra a terra*, pede à atriz que evidencie seu talento dramático, encenando *personagens* vulgares. Essa passagem permite que o *jogo dramático de papéis* concretize publicamente formas recorrentes de ela ser na intimidade. Segundo Héctor Fiorini (1978 apud FONSECA, 2000, p. 23): "busca-se que a *compulsão à repetição* transforme-se em *repetir diferenciado*".

Mas como isso se dá?

Sabemos que o *jogo dramático* de *personagens* produz a ocorrência de um tipo de acontecimento descrito por Moreno (1923, p. 89) da seguinte forma: quando o nível de *aquecimento* é adequado e há espontaneidade, "cada personagem é sua própria criadora. Ao ator/poeta, tomado por ela, cabe apenas combinar suas facetas em um todo harmonioso".

Vemos que a interpretação de *papéis* acaba desembocando em aspectos conscientes e inconscientes da história do sujeito, possibilitando a expressão cênica de suas fantasias. Vale lembrar aqui que o inconsciente moreniano caracteriza-se por ser um inconsciente compartilhado, um *co-inconsciente*, constituído pela e na interação entre as pessoas.

Além disso, segundo Camila Salles Gonçalves (1999, p. 179-91):

---

1. Para mais esclarecimentos sobre o tema, recomendo a leitura do texto de José Fonseca, *Psicodrama interno* (FONSECA, 2000, p 54-73).

o psicodrama cria um mundo auxiliar, que permite a ilusão de podermos penetrar no passado, tornando a vivê-lo, para desdramatizar sentidos dados aos fatos naquele tempo. Assim, mesmo que o passado seja historicamente fechado, se ele corresponde a um espaço mítico, é nesse lugar que os fantasmas nos envolvem e, portanto, é nele que pode ser resolvido.

Dessa perspectiva, as histórias dos clientes e suas dramatizações traduzem versões da realidade que permitem atingir, entender e transformar os mitos e as expectativas familiares (ou próprias) com os quais convivemos muitas vezes sem saber.

Outro caminho privilegiado e muito usado no psicodrama, que está contido no *jogo espontâneo de papéis*, é a *função espelho* das encenações, graças à qual os *protagonistas* podem se aproximar, com menos horror e dificuldades, de partes suas que antes negavam.

Assim aconteceu com Bárbara e George ao reviverem cenas de seu cotidiano; com Elsa T L, quando mostrou no *role-playing* antigas situações de abandono e violência. Com Karl também, quando, como *Adolf Hitler*, visitou o túmulo da mãe e realizou, por meio dessa figura grandiosa, o mandato de poder que ela lhe outorgara, mas que ele desconhecia. Assim é com nossos pacientes, que cotidianamente criam *personagens* ou *concretizações* reveladoras, que permitem *insights* dramáticos, *catarse* e elaboração.

2. Outra constância do método moreniano é a *construção de um espaço relacional continente*, um verdadeiro *útero social*, que o psicodrama oferece àqueles que sofrem psicológica e/ou socialmente, proporcionando-lhes a oportunidade de viver os mesmos conflitos de sempre em um ambiente afetivo especial, no qual podem experimentar a sensação de serem compreendidos. Podem também, graças às intervenções dos *egos auxiliares* (profissionais treinados ou demais mem-

bros do grupo), examinar e interrogar suas dificuldades. Vale esclarecer que se questionam os sintomas e as contradições apresentadas, não aquele(a) que os vive, que é aceito tal como se apresenta.

A proposta teórica que sustenta esse tipo de prática centra-se na concepção de que, se um problema se constituiu a partir de relações inadequadas, ele pode ser corrigido por meio de relacionamentos sintônicos. Como em geral é muito difícil que o próprio indivíduo carente consiga buscar por ele mesmo a satisfação de suas necessidades, cabe ao diretor, à sensibilidade dos *egos auxiliares* e dos demais participantes do grupo permitir e possibilitar que isso ocorra.

Bárbara foi convidada a contracenar com seus colegas atores, transformados em *egos auxiliares*, em muitas cenas públicas carregadas de hostilidade, que permitiram que ela visualizasse as possíveis conseqüências e os diferentes manejos de sua violência.

Descobrimos pelos depoimentos das companheiras de Elsa o sentido de seus pequenos roubos e de suas preferências secretas em relação às garotas negras, transgressões que, além de aliviar sua raiva, eram formas de obter afeto e atenção, pois, mesmo sendo aceita entre as negras, acreditava que precisava oferecer à garota que amava objetos roubados.

Vimos Karl viver seus delírios à exaustão, contracenando com os dirigentes do III Reich, encarnados pelos enfermeiros do Sanatório de Beacon. Sua grandiosidade, seu choro e desespero por medo do fracasso foram acolhidos pelos membros do grupo que também mostraram angústia, medo e fantasias semelhantes às dele, permitindo-lhe sentir-se igual a eles.

Para concretizar essa proposta relacional, Moreno usa os participantes dos grupos e principalmente seus colaboradores, como os funcionários de sua clínica, simples enfermeiros treinados como *egos auxiliares*, que têm por função:

- ser extensões do cliente (seu *duplo*), traduzindo suas necessidades e explicitando seus sentimentos;
- encarnar pessoas ausentes (*técnica de tomar o papel do outro*), ou o próprio cliente (*técnica do espelho*), trazendo nessas ações o bom senso e os limites que qualquer indivíduo comum introduziria;
- oferecer ao paciente os cuidados que na vida real lhe haviam sido negados pelas pessoas responsáveis em zelar por ele, fazendo-o adoecer.

Nesse tipo de atuação empática esses profissionais agem, a maior parte do tempo, nas fronteiras entre a fantasia e a realidade, visando atingir os distúrbios desse trânsito. Outro objetivo do trabalho dos *egos auxiliares* é favorecer o desenvolvimento da *função télica* do *protagonista*. Como isso pode ocorrer? Usando como ponto de partida suas vivências em consonância afetiva com os clientes, os *egos auxiliares* conseguem nomear suas sensações, afetos e fantasias, e agir de forma télico-espontânea em relação às necessidades do *protagonista*. A partir desse processo de intimidade, reconhecimento e discriminação do vivido, o paciente acaba desenvolvendo sua habilidade em manter certa distância emocional ótima de si mesmo ou dos outros, uma capacidade que podemos chamar de *télica*. Como vemos, em um primeiro momento, há uma tentativa de promover estados de fusão intencional entre o *ego auxiliar* e o cliente, para criar, em seguida, a possibilidade de discriminação dual entre *eu–outro* e *eu–eu*.

Nesse espaço relacional também se incluem os outros pacientes do grupo, que têm uma função fundamental no psicodrama: misturar de forma pulsante o real com o fantasiado, o individual com o coletivo, sendo *agentes* terapêuticos uns dos outros. Além disso, cada um é um *protagonista* em potencial. Quando o próprio grupo é o centro das atividades, adentra-se na esfera do *sociodrama*.

Assim, podemos concordar com Betty Milan (1976, p. 8), quando ela afirma que:

não é só pela ação que o psicodrama se diferencia das outras terapias grupais, mas por estar ancorado em uma teoria que visa o grupo e o indivíduo, sem nunca descartar um dos termos, nem reduzir um ao outro.

3. Outro elemento sempre presente em todas as práticas analisadas é o *acting out* do *protagonista*, seja ele um indivíduo ou um grupo. Esse tipo específico de ação, definido anteriormente, permite tornar a enfermidade ou as dificuldades visíveis a partir do próprio cliente, que exterioriza, concretiza e até maximiza seus problemas no *aqui-e-agora*. Concomitantemente, o *aquecimento* e a *qualidade dramática* do diretor e dos *egos auxiliares* fomentam o aparecimento desse tipo de espontaneidade no *protagonista*, que lhe permite viver, com vitalidade, ampla gama de *papéis* que acabam por influir em seu jeito de ser, descentrando-o da estereotipia, do ressentimento e da repetição não-télica.

Nesse tipo de prática espontânea, a atenção do coordenador não está focada apenas em buscar os motivos ocultos dos problemas, mas em possibilitar que eles sejam exteriorizados e vividos publicamente em um contexto relacional propício. O agir espontâneo estruturado em cenas e em *papéis* escolhidos pelo diretor ou *protagonista* é uma prática transformadora e enriquecedora, pois, em geral, conduz à *catarse de integração*, ao distanciamento de si mesmo (*função espelho*) e à capacidade de cada participante se aceitar como alguém que é igual, mas que também é diferente dos outros.

Bárbara, depois de dramatizações sucessivas, viu-se em um *espelho psicológico* que lhe permitiu rir de si mesma e diminuir a intensidade de suas crises de fúria.

Elsa, além de comover suas colegas no *role-playing*, levando-as às lágrimas, ao mostrar seu sofrimento e sua sensibilidade, aos poucos foi deixando de lado sua apatia e suas atitudes transgressoras, passando a se interessar por novas colegas de moradia, que também a acharam atraente. Karl pôde interagir de forma íntima e discriminada com Herman, a *personagem* vivida pelo enfermeiro Bill, com quem havia se engalfinhado em uma luta corporal autêntica e comprometida. Nessa etapa de seu tratamento ocorreu o que Moreno (1969, p. 359-63) chamou anos mais tarde de *período de substituição*, no qual os relacionamentos fantasiados foram sendo substituídos gradativamente por um tipo de convivência mais realista com o *ego auxiliar* e com os seus companheiros do hospital.

Como vemos, os mecanismos de ação do psicodrama são completamente dependentes uns dos outros, misturando-se caleidoscopicamente, sem que seja possível estabelecer uma ordem ou prioridade entre eles. Incluem sempre: a aceitação do cliente e a encenação de seus temas, a revelação do *co-consciente* grupal ou familiar; a criação de um espaço relacional no qual se produz o *acting out* psicodramático e o interpretar espontâneo de *papéis* ou de *personagens*.

B. *A análise da arquitetura dos três textos* considerados permitiu outras descobertas:

Tanto com Bárbara e George, como no estudo de Elsa T.L e suas companheiras de moradia em Hudson, como com Karl, o paciente que pensava ser *Adolf Hitler*, os escritos se estruturam em uma seqüência de movimentos razoavelmente equivalentes. Começam com a apresentação do problema, em geral o primeiro movimento (só no caso de Karl essa introdução inclui o segundo movimento), depois desdobram-se no trabalho cênico que configura no *como se* do *palco* os conflitos ou o cenário social do *protagonista*. Nessa fase ocorre a pesquisa psicossociodramática, que culmina em algum tipo de *insight* e/ou elaboração decorrente da aplicação de diferentes técnicas. Esta etapa é descrita nos dois ou três momentos centrais de cada relato. Por último, há a discussão do ocorrido, quando o autor destaca os efeitos dos procedimentos.

Assim, a desorganização que existe no fluir dos textos não me parece ser estrutural, mas apenas da seqüência lógica do discurso. Talvez esse tipo de confusão seja devido ao fato de, segundo Fonseca[2], na América, Moreno não escrever seus artigos, ditando-os para que outra pessoa (na maior parte das vezes Zerka Moreno) os datilografasse. Ou, ainda, porque Moreno compôs seus livros por meio de colagens de escritos de várias épocas, que encadeava segundo algum tipo de afinidade que muitas vezes só ele percebia. Esse sistema faz o leitor ter a impressão de que perdeu, ou não entendeu bem, a passagem de um capítulo para outro, pois, apesar de haver contigüidade nos assuntos, não há fluência natural na narrativa.

Entretanto, mesmo com esses problemas, a macroorganização dos três procedimentos analisados conserva a mesma coerência global: colocação do problema, diferentes manejos e conclusões.

Outra implicação interessante do uso do método, que permitiu apenas referências contemporâneas às práticas (publicações feitas até 1923 para o atendimento de Bárbara e George, até 1934 para o estudo sociométrico de Elsa TL e suas colegas, e até 1940 para o *Protocolo de Adolf Hitler*), foi a descoberta de uma série de artigos publicados antes ou na mesma época de cada atendimento, que tratavam dos princípios teóricos que podiam dar fundamento às práticas. Como esse material aparece publicado de forma dispersa, em vários livros, não era possível perceber as correlações entre eles. Quando ordenados em função das datas de sua publicação e dos temas abordados, revelaram um conjunto de idéias que constituiu certa *teoria da prática*. Ficou evidente,

---

2. Comunicação pessoal no Grupo de Estudos de Moreno (GEM).

então, que Moreno não agia irrefletidamente em função de algum impulso do momento, mas, ao contrário, sua espontaneidade fluía por entre diferentes possibilidades já pensadas e elaboradas anteriormente. Confirma-se a importância do planejamento da ação do coordenador como uma condição *sine qua non* para um encaminhamento eficiente e seguro das montagens cênicas, o que já havia sido destacado desde 1923, com o *teatro do improviso*. O *aquecimento* do diretor (e conseqüentemente do *protagonista* e do grupo) baseia-se, em grande parte, em seu entendimento do que e do como fazer em diferentes situações. Mesmo com essa preparação do diretor, o fluir das cenas e dos enredos delas resultantes institui-se apenas no momento da ação, já que são construções relacionais espontâneas, livres e, muitas vezes, inesperadas.

Encerrando este percurso, no qual os temas, as cenas e as tramas das práticas de Moreno foram minuciosamente revisitados, penso que posso considerar que o estudo analítico dos textos permitiu aprofundar a compreensão de alguns dos sentidos do método psicodramático, deixando também muitas questões para serem mais pesquisadas.

Cabe a cada psicodramatista o exercício final: referir estas reflexões às experiências concretas das próprias práticas psicodramáticas. Só esse movimento de introspecção permite dar um nexo singular, estético e pulsante aos percursos do método, criando um mosaico de vida, no qual as *cenas* constituem seus recortes particulares, as *personagens* revelam seres queridos, temidos, odiados ou entes assombrosos ou persecutórios. O *palco* é o espaço da liberdade e da criação, a *catarse* o processo de aliviar e purificar a alma. A *tele-espontaneidade* é o próprio fluir da vida, que se faz alegre e inocente, qualquer que seja a idade que se tenha ou a dor que se sinta. O *compartilhar* permite o saber-se humano, com e como os outros, desfazendo pela *com*paixão a vergonha e a humilhação.

Por fim, o *processamento* que amplia a compreensão sobre si e sobre os outros permite melhor aceitação das dificuldades.

Referências bibliográficas

ALTENFELDER SILVA FILHO, Luis M. *Psicoterapia de grupo com psicóticos*. São Paulo: Lemos, 2000.
ALTENFELDER SILVA, Pedro. Integração entre a psicoterapia e a psicofarmacologia. In: ALTENFELDER SILVA FILHO, Luis M. *Psicoterapia de grupo com psicóticos*. São Paulo: Lemos, 2000. p. 183-193.
ANCELIN-SCHUTZENBERGER, Anne. *Meus antepassados*: vínculos transgeracionais, segredos de família, síndrome de aniversário e práticas de genossociograma. São Paulo: Paulus, 1997.
ARISTÓTELES. *Poética*. São Paulo: Abril, 1973. p. 443-471. (Coleção *Os Pensadores*, v. IV).
BASTIN, G. *As técnicas sociométricas*. Lisboa: Livraria Morais, 1966.
BIRMAN, JOEL. Se eu te amo, cuide-se. In: BERLINCK, Manoel Tosta. *Histeria*. São Paulo: Escuta, 1997. p. 89-132.
BLATNER, A. Comentários sobre a Monografia Sociométrica 5, 31 ago. 1931. Disponível em: <grouptalk@albie.wcupa.edu e <internationalpsychodrama@yahoogroups.com>. Acesso em: 26 set. 2001.
BUSTOS, Dalmiro Manuel. *Actualizaciones en psicodrama*. Buenos Aires: Momento, 1997.
_____. *El psicodrama: aplicaciones de la técnica psicodramática*. Buenos Aires: Plus Ultra, 1974.
_____. *Novas cenas para o psicodrama, o teste da mirada e outros temas*. São Paulo: Ágora, 1999.
_____. *Novos rumos em psicodrama*. São Paulo: Ática, 1985/1992.
_____. *Perigo... amor à vista! Drama e psicodrama de casais*. São Paulo: Editora Aleph, 1990.

_____. *Psicoterapia psicodramática.* São Paulo: Brasiliense, 1979.
_____. *Psicoterapia psicodramática, acción + palabra.* Buenos Aires: Editorial Paidós, 1975.
_____. *O teste sociométrico.* São Paulo: Brasiliense, 1979.
CALVENTE, Carlos. *O personagem na psicoterapia: articulações psicodramáticas.* São Paulo: Ágora, 2002.
_____. Personaje – roles – identificación, articulación y epistemologia. In: III CONGRESSO IBERO AMERICANO DE PSICODRAMA. La Plata: Oporto, 2001.
CAMARGO, Cecília N. M. F. de. Agressor ou vítima, a falta básica e as duas faces da mesma moeda. In: FERRARI, Dalka; VECINA, Tereza (Orgs.). *O fim do silêncio na violência familiar: teoria e prática.* São Paulo: Ágora, 2002. p. 277-297.
CASTELLO DE ALMEIDA, Wilson. *Moreno: encontro existencial com as psicoterapias.* São Paulo: Ágora, 1991.
CIAMPA, Antonio C. *A estória do Severino e a história da Severina – Um ensaio de psicologia social.* São Paulo: Brasiliense, 1986.
_____. Identidade. In: LANE, Silvia. T. M.; CODO (Orgs.). *Psicologia social: o homem em movimento.* São Paulo: Brasiliense, 1984.
CONTRO, Luiz. *Temas protagônicos contemporâneos à luz da concepção de narcisismo: uma leitura psicodramática.* Monografia para obtenção do título de professor supervisor. IPPGC – Febrap, Campinas, 2000.
CUKIER, Rosa. *Palavras de Jacob Levy Moreno: vocabulário de citações do psicodrama, da psicoterapia de grupo, do sociodrama e da sociometria.* São Paulo: Ágora, 2002.
DELEUZE, Gilles. *Crítica e clínica.* São Paulo: 34, 1993/1997.
ENTRALGO, Pedro Laín. *El medico y el enfermo.* Madri: Gadarrama, 1969.
FALIVENE R. Alves, L. O protagonista: conceito e articulações na teoria e na prática. *Revista Brasileira de Psicodrama*, São Paulo, v. II. fasc. 1, p. 49-55, 1994.
FAVA, Stela. Os conceitos de espontaneidade e tele na educação. In: PUTTINI, Escolástica F.; LIMA, Luzia M. S. (Orgs.). *Ações*

Educativas: vivências com psicodrama na prática pedagógica. São Paulo: Ágora, 1997. p. 25-32.

FERREIRA, Aurélio B. H. *Aurélio, século XXI*, o dicionário da língua portuguesa. Rio de Janeiro: Nova Fronteira, 1999.

FONSECA, José. *Lista de livros brasileiros de psicodrama*. Comunicação pessoal, 2000.

_____. *Psicodrama da loucura*. São Paulo: Ágora, 1980.

_____. *Psicoterapia da relação: elementos de psicodrama contemporâneo*. São Paulo: Ágora, 2000.

FOX, Jonathan. *The essential Moreno*. Nova York: Springer, 1987.

FREUD, Sigmund. Las primeras aportaciones a la teoria de las neurosis, 1892-1899. *Obras completas*. Madri: Biblioteca Nova, 1967. v. I, p. 121-230.

FROMM-REICHMANN, Frieda; MORENO, J. L. *Progress in Psychotherapy* – vol. I. Nova York: Grune & Straton Inc. 1956.

GARRIDO MARTÍN, Eugenio. *Psicologia do encontro: J.L. Moreno*. São Paulo: Ágora, 1984/1996.

GOLDSCHMIDT, Victor. Tempo histórico e tempo lógico na interpretação dos sistemas filosóficos (1953). In: _____. *A religião de Platão*. São Paulo: Difusão Européia do Livro, 1963. p. 139-147.

GOMES, Purificacion B. Como se narra a psicanálise no final do milênio? *Percurso, Revista de Psicanálise*. São Paulo, ano XII, nº 23, p. 63-72, 2º semestre 1999.

GUERROULT, Martial. La méthode en histoire de la philosophie (1970). *Philosophiques*, Paris, v. 1, nº 1, p. 7-19, abril 1974.

_____. O problema da legitimidade da história da filosofia. In: GUERROULT. *A filosofia da história da filosofia*. Paris: J. Vrin, 1956. p. 45-68.

HARE, A. P. Bibliography of the work of J. L. Moreno. *Journal of Group Psychotherapy, Psicodrama & Sociometry*, p. 95-108, 1986. Disponível em: <~portaroma/iagp_ pdb.htm>.

HOLMES, Paul. *A exteriorização do mundo interior:, o psicodrama e a teoria das relações objetais*. São Paulo: Ágora, 1992/1996.

KNOBEL, Anna Maria A. A. C. A função da palavra e da ação no psicodrama. In: 10ª JORNADA DO IPPG DE CAMPINAS. Campinas, 1992.

_____. Átomo social, o pulsar das relações. In: PAMPLONA DA COSTA, Ronaldo (Org.). *Um homem à frente de seu tempo: o psicodrama de Moreno no século XXI*. São Paulo: Ágora, 2001. p. 109-126.

_____. Estratégias de direção grupal. *Revista Brasileira de Psicodrama*, São Paulo, v. 4, fasc. I, p. 49-62, 1996. e In: FONSECA, José. *Psicoterapia da relação: elementos de psicodrama contemporâneo*. São Paulo: Ágora, 1999. p. 338-351.

_____. *O teste sociométrico centrado no indivíduo*. Monografia para obtenção do título de professor supervisor. 151 f. SOPSP – Febrap. São Paulo, 1981.

KOHUT, Heinz. *Self e narcisismo*. Rio de Janeiro: Zahar, [1978] 1984.

LAPLANCHE, J.; PONTALIS, J.-B. *Vocabulário de psicanálise*. São Paulo: Livraria Martins Fontes, [1967] 1988.

MARINEAU, René F. *Jacob Levy Moreno 1889-1974: pai do psicodrama, da sociometria e da psicoterapia de grupo*. São Paulo: Ágora, 1989.

MARTINEZ BOUQUET, Carlos. *Fundamentos para una teoria del psicodrama*. Cidade do México: Siglo Veintiuno, 1997.

MARTINS, Joel; BICUDO, Maria Aparecida V. *A pesquisa qualitativa em psicologia: fundamentos e recursos básicos*. São Paulo: Moraes/ Educ-PUC/SP, 1989.

MARX, Karl; ENGELS, Friedrich. Manifesto do Partido Comunista. In: _____. *Obras escolhidas*. São Paulo: Alfa-Ômega, s/d. v. 1, p. 21-31.

MASCARENHAS, Pedro. *Multiplicação dramática: uma poética do psicodrama*. Monografia para obtenção do título de professor supervisor. 83 f. SOPSP – Febrap. São Paulo, 1995.

MASSARO, Geraldo. *Loucura: uma proposta de ação*. São Paulo: Ágora, [1990] 1994.

MEZAN, Renato. *Freud: pensador da cultura*. São Paulo: Brasiliense, 1985.

_____. *Tempo de muda: ensaios de psicanálise*. São Paulo: Companhia das Letras, 1998.

MILAN, Betty. *O jogo do esconderijo: terapia em questão*. São Paulo: Novos Umbrais, 1976.

MONTEIRO, Regina F. *Jogos dramáticos*. São Paulo: McGraw-Hill do Brasil, 1979.

MORENO, J. L. *As palavras do pai*. Campinas: PSY, [1919] 1941/1992.

_____. *Autobiografia*. São Paulo: Saraiva, 1985/1997.

_____. *Fundamentos do psicodrama*. São Paulo: Summus, 1959/1983.

_____. *El teatro de la espontaneidad*. Buenos Aires: Vancu, 1923/1977.

_____. *Group method and group psychoterapy: Sociometry Monographs nº 5*. Nova York: Beacon House, 1931.

_____. *Psicodrama*. São Paulo: Cultrix, 1946/1997.

_____. *Psicoterapia de grupo e psicodrama*. São Paulo: Mestre Jou, 1969/1974.

_____. *Psychodrama & Group Psychotherapy*, 1º vol. Mclean, VA: American Society for Group Psychotherapy & Psychodrama, 1946/1994.

_____. *Quem sobreviverá? Fundamentos da sociometria, psicoterapia de grupo e sociodrama*. Goiânia: Dimensão, 1934/1994. 3 v.

_____. *Sociometry, experimental method and the science of society: an approach to a new political orientation*. Nova York: Beacon House, 1959.

_____. The religion of God-father. In: JOHNSON, P. E. (Ed.). *Healer of the mind*. Nashville: Abington, 1972. p. 197-215.

MORENO, Zerka; BLOMKVIST, Leif Dag; RUTZEL, Thomas. *A realidade suplementar e a arte de curar*. São Paulo: Ágora, 2000/2001.

NAFFAH NETO, Alfredo. Dez mandamentos para uma psicanálise trágica. *Percurso, Revista de Psicanálise*. São Paulo, ano XV, nº 28, p. 15-22, 1º semestre 2002.

_____. *O inconsciente como potência subversiva*. São Paulo: Escuta, 1992.

_____. *O terceiro analítico e o sem fundo corporal: um ensaio sobre Thomas Ogden*. Comunicação pessoal, 2000.

_____. *Paixões e questões de um terapeuta*. São Paulo: Ágora, 1989.

_____. *Psicodrama: descolonizando o imaginário*. São Paulo: Brasiliense, 1979.

_____. *Psicodramatizar*. São Paulo: Ágora, 1980.

NERI, Cláudio. *Grupo: manual de psicanálise de grupo*. Rio de Janeiro: Imago, 1995/1999.

NOVO MICHAELIS, DICIONÁRIO ILUSTRADO 9ª ed. São Paulo: Melhoramentos, 1970. v. 1: Inglês-Português.

PAVIS, Patrice. *Dicionário de teatro*. São Paulo: Perspectiva, 1996/1999.

PAWELL, Claudio H. O status científico do psicodrama. In: PAMPLONA DA COSTA, Ronaldo (Org.). *Um homem à frente de seu tempo: o psicodrama de Moreno no século XXI*. São Paulo: Ágora, 2001, p. 35-45.

PERAZZO, Sergio. *Ainda e sempre psicodrama*. São Paulo: Ágora, 1994.

PORCHAT, Oswaldo. Prefácio. In: GOLDSCHMIDT, Victor. *A religião de Platão*. São Paulo: Difusão Européia do Livro, 1963, p. 5-10.

RIBEIRO, Jorge Ponciano. *Psicoterapia grupo analítico: teoria e técnica*. São Paulo: Casa do Psicólogo-Livros Néri, 1995.

ROLIM, Vera. *Sentimento de ódio no narcisismo: trajetória de uma transformação em uma psicoterapia psicodramática*. Monografia para obtenção do título de terapeuta de alunos. 34 f. Instituto de Psicodrama J. L. Moreno – Febrap, São Paulo, 1996.

RUSSO, Luis. Breve história dos grupos terapêuticos. In: CASTELLO DE ALMEIDA, Wilson. *Grupos: a proposta do psicodrama*. São Paulo: Ágora, 1999, p. 15-34.

SALLES GONÇALVES, Camila. Mitologias familiares. In: CASTELLO DE ALMEIDA, Wilson. *Grupos: a proposta do psicodrama*. São Paulo: Ágora, 1999, p. 179-191.

_____. WOLFF, José Roberto; CASTELLO DE ALMEIDA, Wilson. *Lições de psicodrama: introdução ao pensamento de J. L. Moreno*. São Paulo: Ágora, 1988.

SAMPAIO, Gecila. Ação dramática: seu sentido ético e suas roupagens ideológicas. In: AGUIAR, Moysés (Org.). *J. L. Moreno: o psicodramaturgo*. São Paulo: Casa do Psicólogo, 1989, p. 135-140.

SEIXAS, Maria Rita d'A. *Sociodrama familiar sistêmico*. São Paulo: Aleph, 1992.

SOUSA E SILVA, Maria Amélia de; VECINA, Tereza C. C. Mapeando a violência doméstica. In: FERRARI, Dalka; VECINA, Tereza (orgs.). *O fim do silêncio na violência familiar: teoria e prática*. São Paulo: Ágora, 2002, p. 277-297.

TEIXEIRA COELHO. *Uma outra cena, teatro radical, poética da artevida*. São Paulo: Polis, 1983.

VERNANT, Jean-Pierre; VIDAL-NAQUET, Pierre. *Mito e tragédia na Grécia Antiga*. São Paulo: Perspectiva, 1981/1999.

VOLPE, Altivir J. *Édipo: psicodrama do destino*. São Paulo: Ágora, 1990.

WILLIAMS, Anthony. *Psicodrama estratégico: a técnica apaixonada*. São Paulo: Ágora, 1989/1994.

WINNICOTT, D. W. *O brincar & a realidade*. Rio de Janeiro: Imago, 1971/1975.

ZILBERLEIB, Carlota M. O. Vieira. *Anotações sobre uma convivência II*. Campinas: 2002. Inédito.

ANNA MARIA ANTONIA ABREU COSTA KNOBEL formou-se em pedagogia pela Faculdade de Ciências e Letras Sedes Sapientiae, especializando-se, inicialmente, em Psicologia Institucional.
Sua segunda especialização foi em Psicologia Clínica, área na qual atua até hoje.
Ela foi da primeira turma de psicodramatistas formada pela Sociedade de Psicodrama de São Paulo – SOPSP.
É psicodramatista didata supervisora pela Federação Brasileira de Psicodrama – Febrap, tanto para abordagem clínica quanto institucional.
É especialista em Psicologia Clínica pelo Conselho Regional de Psicologia.
Este livro baseia-se em sua tese de mestrado em Psicologia Clínica pela PUC-SP, na qual foi orientada por Alfredo Naffah Neto.

IMPRESSO NA
sumago gráfica editorial ltda
rua itaúna, 789   vila maria
02111-031   são paulo   sp
telefax 11 **6955 5636**
sumago@terra.com.br